高等职业教育应用型规划教材·基础课系列

现代企业管理实务

（第2版）

主　编　李利斌　周如美　孙槐利

副主编　任　雯　刘　丹　钱　莉
　　　　张文婷　王亚丽

电子工业出版社
Publishing House of Electronics Industry
北京·BEIJING

内 容 简 介

本书按照职业教育教学改革的要求，依据企业管理活动的规律，积极响应国家提出的"大众创业，万众创新"的号召，以"小李"从创建企业到企业成长、发展过程中在管理方面存在的问题及解决策略为主线，从对一般管理问题和管理知识探讨的导论开始，逐步介绍企业的组建、企业经营战略的确定、企业组织结构设置、企业人力资源管理、企业生产运作管理、企业供应链管理、企业市场营销管理、企业质量管理、企业财务管理内容。本书把明确的学习目标、具体的职业岗位技能分解、经典的导入案例、丰富的知识链接与特定的经营序幕、完善的培训体系表、高效的培训班学习模式结合起来，真正做到了"工学结合"。

本书既可作为高等职业院校、中等职业院校工商管理、经济管理、市场营销、会计、金融、电子商务等专业企业管理课程的教材，也可作为企业相关人士阅读参考书。

未经许可，不得以任何方式复制或抄袭本书之部分或全部内容。
版权所有，侵权必究。

图书在版编目（CIP）数据

现代企业管理实务 / 李利斌，周如美，孙槐利主编. —2 版. —北京：电子工业出版社，2019.9

ISBN 978-7-121-37154-7

Ⅰ．①现… Ⅱ．①李… ②周… ③孙… Ⅲ．①企业管理—高等学校—教材 Ⅳ．①F272

中国版本图书馆 CIP 数据核字（2019）第 160888 号

责任编辑：贾瑞敏
印　　刷：河北鑫兆源印刷有限公司
装　　订：河北鑫兆源印刷有限公司
出版发行：电子工业出版社
　　　　　北京市海淀区万寿路 173 信箱　邮编　100036
开　　本：787×1 092　1/16　印张：12.75　字数：326.4 千字
版　　次：2011 年 8 月第 1 版
　　　　　2019 年 9 月第 2 版
印　　次：2023 年 1 月第 6 次印刷
定　　价：43.00 元

凡所购买电子工业出版社图书有缺损问题，请向购买书店调换。若书店售缺，请与本社发行部联系，联系及邮购电话：（010）88254888，88258888。

质量投诉请发邮件至 zlts@phei.com.cn，盗版侵权举报请发邮件至 dbqq@phei.com.cn。

本书咨询联系方式：（010）88254019，jrm@phei.com.cn。

前　言

国家中长期教育改革和发展规划纲要指出，要大力发展职业教育，发展职业教育是推动经济发展、促进就业、改善民生、解决"三农"问题的重要途径，是缓解劳动力供求结构矛盾的关键环节，必须摆在更加突出的位置。《国家教育事业发展"十三五"规划》提出要推行产教融合的职业教育模式。坚持面向市场、服务发展、促进就业的办学方向，科学确定各层次、各类型职业教育培养目标，创新技术技能人才培养模式。推行校企一体化育人，推进"订单式"培养、工学交替培养，积极推动校企联合招生、联合培养的现代学徒制。建立健全对接产业发展中高端水平的职业教育教学标准体系。以增强学生的核心素养、技术技能水平和可持续发展能力为重点，统筹规划课程与教材建设，对接最新行业、职业标准和岗位规范，优化专业课程结构，更新教学内容。强化课堂教学、实习、实训的融合，普及并推广项目教学、案例教学、情境教学等教学模式。该规划明确了未来职业教育的发展方向和奋斗目标。

管理是每个组织必须进行的活动，管理者是管理的主体，管理者管理技能的高低直接影响组织运行效率，高等职业管理人才的培养是面向基层管理岗位的，着重培养基础性事务的管理能力。本书就是立足企业基层管理岗位对管理技能的需求进行编写的，采用项目导向的任务驱动式教学模式，凸显工学结合的人才培养理念，以技能培养为主线，实现零距离上岗的目标。

本书是重庆市高等教育研究重点项目"高职院校营销与策划专业整体项目化改革研究与实践"（项目编号：132131）和重庆市高等教育研究重大项目"高职财经类专业'多方位、全过程'工学结合人才培养模式研究与实践"（项目编号：1201025）两个项目研究成果的体现，也是项目组成员集体智慧的结晶。其主要的特色有如下几点。

（1）选题理念的先进性。

本书选题立足职业教育先进的教学理念，体现"工学结合"的鲜明特征，注重学生技能的提升，突出对岗位技能分解的基础上的知识体系构建，注重创业需求和职业发展规划的结合。每个模块对应企业具体的管理职能，每个模块的职业岗位能力分解对应企业完成管理职能所需要的基本技能，这些职业岗位技能都是在综合企业实际岗位技能要求和工作胜任的基础上提炼而成的，缩短了学生从学员到职员的距离，真正做到了"工学结合"。

（2）任务设置的实用性。

在确定编写体系时，我们充分考虑了课时对教学内容的限制，因此，我们大胆地对企业管理的教学模块和教学任务进行了整合，以实用为原则对部分知识进行了必要的删除和优化：其一是把基层管理岗位上不需要或根本用不上的教学内容进行删除；其二是淡化各类概念性的知识点，突出实际操作性的培养，每项任务都是按照企业实际岗位的要求进行设置的，既考虑教材的理论性，又注重教材的实用性。

（3）教学设计的独特性。

本书在教学设计上具有很强的独特性，把整个教学过程虚构为一场戏剧，有主人公，有情节，开始有经营序幕，后面有经营的续集，始终保持整体内容的衔接性和连贯性，这样的安排既考虑教师教学水平的发挥，又考虑学生学习兴趣的培养。把教师教学的主观能动性和学生学习的积极性紧密结合，改变理论性较强课程的课堂无趣的状况，使得理论性强的课堂既有趣味性，又有竞争性，教师不仅爱教，学生也爱学。

（4）整体结构的创新性。

本书对整体结构进行了大幅度的创新，从主人公毕业创业面临的问题开始，以其在自己企业经营中遇到的问题为主线，以寻求解决问题的方法来开展教学。主人公在企业经营中遇到问题时想通过参加培训班的方式学习，而培训班的培训内容就是我们的课堂教学内容，把教学过程看作培训过程，改变学习的传统性质，注重学生企业人士身份的塑造，真正体现"工学结合"的理念。

（5）内容表现的简洁性。

本书在编写过程中，考虑了读者的需求，用词简单明了，用句通俗易懂，各类管理观点的表达在保持其原意不变的基础上进行了简化处理，不让读者把时间花在文字上，适合大众口味。

本书由李利斌、周如美、孙槐利担任主编，由任雯、刘丹、钱莉、张文婷、王亚丽担任副主编。具体编写分工如下：导论、模块四、模块七由李利斌、张文婷（重庆航天职业技术学院）编写，模块一、模块三由周如美（重庆航天职业技术学院）编写，模块二由刘丹（重庆航天职业技术学院）编写，模块九由孙槐利（重庆航天职业技术学院）编写，模块五、模块六由任雯（重庆航天职业技术学院）编写，模块八由王亚丽（山东省邹城市兖州矿区职工大学）和钱莉（重庆航天职业技术学院）编写。全书最后由李利斌进行总纂和定稿。

本书在编写过程中，得到了重庆航天职业技术学院的同事和校企合作企业专家的大力支持，他们对本书的整体设计理念及架构提出了宝贵的建议，并对本书进行了校对和审核，同时还得到了电子工业出版社及各位编辑的支持和帮助，在此一并表示衷心的感谢。另外，本书还配有电子课件等教辅资料，可登录华信教育资源网（www.hxedu.com.cn）免费下载。

本书在体系、教学内容、教学设计、教学方法等方面进行了积极的探索和大胆的创新，但由于编者水平有限，书中难免有不足之处，恳请广大读者批评指正，我们在此表示衷心的感谢。

编　者

目　录

导论 ·· 1
　　任务一　管理概述 ·· 1
　　　　一、管理的概念 ·· 1
　　　　二、管理的要素 ·· 2
　　　　三、管理的职能 ·· 3
　　　　四、管理者的素质 ··· 3
　　任务二　企业管理 ·· 4
　　　　一、企业管理的概念 ·· 4
　　　　二、企业管理的内容 ·· 4
　　　　三、企业管理的方法 ·· 5
　　　　四、企业管理的作用 ·· 5
　　　　五、先进企业管理理念介绍 ··· 6
　　　　六、"互联网+"环境下企业管理的重大变革 ····································· 10

模块一　企业的组建——企业使命及范围的思考 ·· 12
　　任务一　企业组建的方式 ··· 13
　　　　一、个人独资企业 ··· 14
　　　　二、一人有限责任公司 ··· 15
　　　　三、合伙企业 ··· 16
　　　　四、公司制企业 ·· 17
　　　　五、特许经营 ··· 18
　　　　六、网络创业 ··· 20
　　任务二　企业组建的实施程序 ··· 22
　　　　一、组建企业初期的准备 ·· 22
　　　　二、创业必备 ··· 23

模块二　企业经营战略的确定——指导企业前进的灵魂 ······························ 25
　　任务一　企业经营战略 ·· 26
　　　　一、企业经营战略的概念 ·· 27
　　　　二、企业经营战略的内容 ·· 27
　　　　三、企业经营战略的特点 ·· 28
　　　　四、企业经营战略的作用 ·· 29
　　任务二　企业经营战略的制定 ··· 30
　　　　一、制定企业经营战略的必要性和重要性 ······································· 30
　　　　二、制定中小企业经营战略的有效方法 ·· 31
　　　　三、企业经营战略的制定过程 ·· 33
　　　　四、企业经营战略的选择 ·· 34

模块三 企业组织结构设置——企业最坚实的骨架 39

任务一 现代企业制度 40
一、所有权和经营权 41
二、股东与股东（大）会 41
三、董事与董事会 42
四、监事与监事会 44
五、我国现代企业制度 45

任务二 公司治理的形式 46
一、直线型组织结构 47
二、职能型组织结构 47
三、直线职能型组织结构 48
四、事业部制组织结构 48

任务三 企业文化与企业形象 49
一、企业文化 49
二、企业形象 50
三、企业形象设计 51

模块四 企业人力资源管理——人岗匹配、活力无限 54

任务一 人力资源规划 56
一、人力资源管理概述 56
二、人力资源规划的含义与作用 58
三、人力资源规划的内容 59
四、人力资源规划的流程 59

任务二 人力资源的招聘与培训 60
一、人力资源招聘 61
二、人力资源培训 65

任务三 人力资源的绩效考核 65
一、绩效考核的概念和作用 66
二、绩效考核的内容 67
三、绩效考核的流程 67
四、绩效考核的方法 68

任务四 人力资源的薪酬管理 69
一、关于薪酬 70
二、薪酬体系 70
三、影响企业制定薪酬体系的因素 73
四、薪酬体系制定的流程 76
五、全面薪酬战略 77

模块五 企业生产运作管理——产能合理布局、生产效率的最大化 81

任务一 生产管理的基本知识 82
一、生产及生产管理的概念 83

二、生产管理的相关内容 ……………………………………………………… 84
　任务二　企业的生产计划 …………………………………………………………… 85
　　一、生产能力的核定 ……………………………………………………………… 85
　　二、生产计划的确定 ……………………………………………………………… 86
　　三、生产作业计划的编制 ………………………………………………………… 87
　任务三　企业的生产过程组织 ……………………………………………………… 89
　　一、生产过程组织概述 …………………………………………………………… 90
　　二、生产过程的空间组织 ………………………………………………………… 93
　　三、生产过程的时间组织 ………………………………………………………… 94
　　四、生产过程的组织形式 ………………………………………………………… 97

模块六　企业供应链管理——寻求企业长期发展的价值链 ……………………… 101
　任务一　供应链管理的基本知识 …………………………………………………… 102
　　一、供应链的基本概念 …………………………………………………………… 103
　　二、供应链管理的基本内容 ……………………………………………………… 105
　任务二　供应链管理的方法 ………………………………………………………… 108
　　一、快速反应方法 ………………………………………………………………… 109
　　二、有效顾客响应方法 …………………………………………………………… 111
　　三、企业资源计划 ………………………………………………………………… 114

模块七　企业市场营销管理——让竞争变得更有艺术性 …………………………… 117
　任务一　市场及市场营销 …………………………………………………………… 118
　　一、市场概述 ……………………………………………………………………… 119
　　二、市场营销 ……………………………………………………………………… 121
　任务二　市场分析 …………………………………………………………………… 124
　　一、市场营销环境分析 …………………………………………………………… 125
　　二、消费者购买行为分析 ………………………………………………………… 128
　　三、组织市场购买分析 …………………………………………………………… 130
　任务三　市场细分与目标市场定位 ………………………………………………… 131
　　一、市场细分 ……………………………………………………………………… 131
　　二、目标市场选择 ………………………………………………………………… 133
　　三、市场定位 ……………………………………………………………………… 134
　任务四　市场营销组合策略 ………………………………………………………… 135
　　一、市场营销组合概述 …………………………………………………………… 136
　　二、产品策略 ……………………………………………………………………… 137
　　三、价格策略 ……………………………………………………………………… 138
　　四、分销渠道策略 ………………………………………………………………… 139
　　五、促销策略 ……………………………………………………………………… 141

模块八　企业质量管理——质量是企业的生命线 …………………………………… 147
　任务一　产品质量概述 ……………………………………………………………… 148

    一、质量概述 149
    二、质量文化 152
    三、质量管理的发展阶段 153
  任务二 全面质量管理 154
    一、全面质量管理的基本概念 154
    二、全面质量管理的基本内容 155
    三、全面质量管理的方法 156
    四、全面质量管理的基础工作 158
  任务三 质量认证与ISO9000认证标准概述 159
    一、质量认证 160
    二、ISO9000认证标准 161

模块九 企业财务管理——实现企业价值最大化 166
  任务一 企业财务管理概述 168
    一、企业财务管理的概念和特点 168
    二、企业财务管理的目标 169
    三、企业财务管理的内容 171
    四、企业财务管理的过程 171
    五、现代企业财务管理的新要求 171
  任务二 企业筹资管理 172
    一、企业筹资概述 174
    二、企业筹资管理的原则 175
    三、企业资筹的渠道与方式 175
    四、影响企业筹资方式选择的因素 176
  任务三 企业投资管理 177
    一、企业投资概述 178
    二、企业投资的原则 179
    三、企业投资的程序 179
    四、企业投资需注意的事项 180
  任务四 企业成本、利润管理 182
    一、企业成本管理 183
    二、企业利润管理 185
  任务五 企业财务分析与评价 187
    一、企业财务分析 188
    二、企业财务分析的内容 188
    三、企业偿债能力分析 189
    四、企业运营能力分析 189
    五、企业盈利能力分析 190

参考文献 192

导　　论

 学习目标

目标类型	具体目标
知识目标	理解管理、企业管理的概念
	掌握管理的 4 个要素
	掌握管理的职能
	掌握企业管理的内容、方法
技能目标	能够具备基本的管理思维和管理意识，并在遇到实际问题时能够运用管理方法进行解决

任务一　管理概述

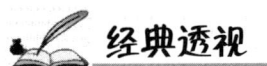 经典透视

撞钟的标准

有一个小和尚担任撞钟一职，半年下来，他觉得无聊之极，"做一天和尚撞一天钟"而已。有一天，主持宣布调他到后院劈柴挑水，原因是他不能胜任撞钟一职。小和尚很不服气地问："我撞的钟难道不准时、不响亮？"主持耐心地告诉他："你撞的钟虽然很准时，也很响亮，但钟声空泛、疲软，没有感召力。钟声是要唤醒沉迷的众生，因此，撞出的钟声不仅要洪亮，而且要圆润、浑厚、深沉、悠远。"

 小思考：这个管理小故事给我们的启示是什么？

在人类发展的历史长河中，管理及管理活动以各种各样的方式活跃在这个舞台上，管理行为的出现和深入推广极大地推动了社会生产力的发展和人类的进步，时光穿梭，21 世纪人类社会发展的巨变，以及互联网的普及和广泛应用，为管理的发展注入了新鲜的血液，也为企业的管理活动插上了翅膀，使得管理已经成为企业核心竞争力的重要组成部分，各类企业都非常重视管理工作。

一、管理的概念

管理是组织为了实现组织目标而采取的计划、组织、领导、控制、创新等活动的总称。

管理是社会化大生产的产物,其具有二重属性,既有自然属性也有社会属性。管理的自然属性主要是指管理可以最大限度地提高劳动生产率,创造最好的经济效益。管理的社会属性是指管理也体现了人与人之间的关系。因此,管理的自然属性指的是生产力方面,而社会属性指的是生产关系方面。

管理也具有科学性和艺术性的双重属性。管理的科学性主要是指管理需要科学的方法和理念做指导。管理的艺术性是指管理作用的发挥需要很多管理技巧。因此,管理本身就是科学与方法的统一、生产力与生产关系的统一。

友情提醒:

> 初学者切记不要把管理抽象化,其实管理活动和管理行为普遍存在于我们的生活中,很多现实问题都可以通过管理的手段进行解决,如我们的学习计划、时间管理、职业生涯规划、生活费管理、旅游等。

二、管理的要素

任何一种管理活动都是由以下4个基本要素构成,如图0-1所示。

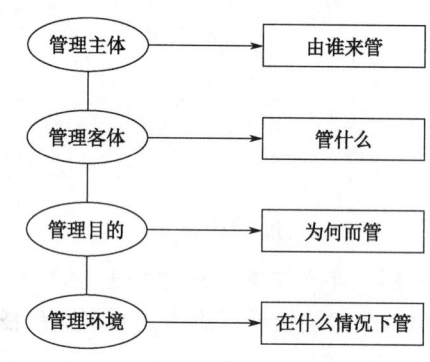

图0-1 管理活动的构成

知识链接

经典的管理格言

1. 管理被人们称为一门综合艺术——"综合"是因为管理涉及基本原理、自我认知、智慧和领导力;"艺术"是因为管理的实践和应用。
2. 管理得好的工厂,总是单调乏味,没有任何激动人心的事件发生。
3. 管理就是沟通、沟通再沟通。
4. 管理就是界定企业的使命,并激励和组织人力资源去实现这个使命。界定使命是企业家的任务,而激励与组织人力资源是领导力的范畴,二者的结合就是管理。
5. 管理是一种实践,其本质不在于知而在于行;其验证不在于逻辑,而在于成果;其唯一权威就是成就。

6. 管理者最基本的能力：有效沟通。
7. 合作是一切团队繁荣的根本。
8. 企业的成功靠团队，而不是靠个人。
9. 赏善而不罚恶，则乱。罚恶而不赏善，亦乱。
10. 首先是管好自己，对自己言行的管理、对自己形象的管理，再去影响别人，用言行带动别人。

三、管理的职能

管理的职能（Management Functions）是管理过程中各项行为的内容的概括，是人们对管理工作应有的一般过程和基本内容所做的理论概括。一般情况下，管理的职能如图 0-2 所示。

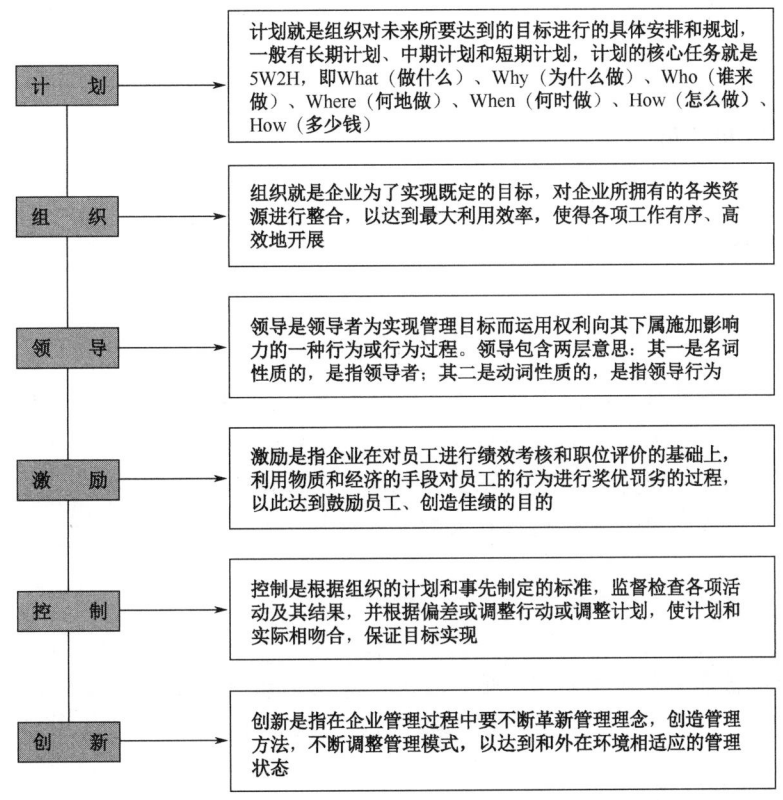

图 0-2　管理的职能

四、管理者的素质

管理是通过管理者去执行的，因此，管理效率的高低在很大程度上取决于管理者的能力和素质，在管理实践中，国内外专家从未放弃寻找优秀管理者的方法和途径，一般来讲，不同管理者的价值观、管理理念及管理方法有很大的差异，因此很难形成一套完全可以套用的方法，但是，可以总结出优秀的管理者共有的特征，这为我们寻找优秀管理者提供了借鉴和目标。优秀管理者共有的 10 个素质能力特征如图 0-3 所示。

图 0-3　优秀管理者共有的 10 个素质能力特征

 **友情提醒：**

管理者的素质具有很大的个体差异性，在企业管理中，不同层级的管理者对能力素质的要求是不一样的，针对具体的职业岗位，能力和素质都有所侧重，不能一概而论，也不能一刀切，应该具体问题具体分析。

任务二　企业管理

石匠的故事

有个人经过一个建筑工地，问那里的石匠们在干什么，3 个石匠有 3 个不同的回答。
第一个石匠回答："我在做养家糊口的事，混口饭吃。"
第二个石匠回答："我在做整个国家最出色的石匠工作。"
第三个石匠回答："我正在建造一座大教堂。"

 小思考：这个管理小故事给我们的启示是什么？

企业管理是管理专业化的体现，把管理的一般思想和一般方法应用在各个领域就形成各个领域的专业管理理论和方法，如教育管理、行政管理、军事管理、企业管理等。

一、企业管理的概念

企业管理（Business Management）是对企业的生产经营活动进行计划、组织、指挥、协调及控制等一系列职能的总称。企业管理属于专业管理的一种，是企业为了实现自己的经营目标而开展的专项活动，企业的规模越大越需要加强管理。

二、企业管理的内容

从一般意义上讲，企业的目标是追求利润最大化或企业价值最大化，这是企业存在的理由,也是企业的使命,企业一般通过对人力资源管理、财务管理、营销管理、生产运作管理、采购管理、研发管理、物流管理和设备管理等来实现企业的目标。具体如图 0-4 所示。

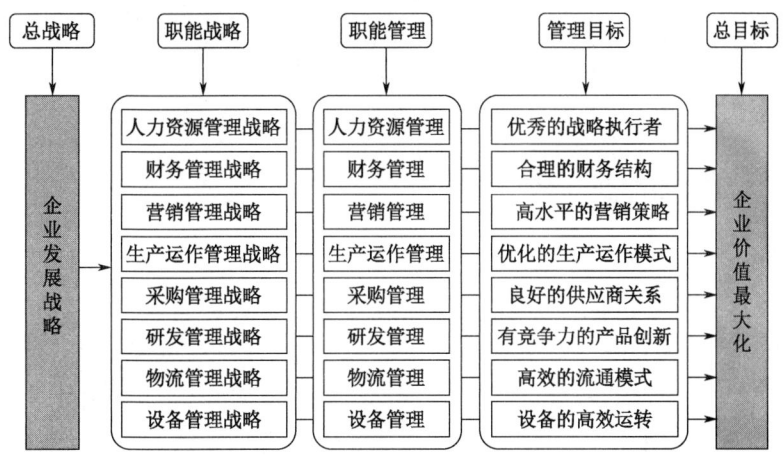

图 0-4 企业管理的内容

友情提醒:

企业管理的内容比较多,企业的性质不同,管理的内容就不同;企业的经营范围不同,管理内容就不同;企业的经营市场目标不同,管理内容就不同,具体体现在职能部门的设置上。

三、企业管理的方法

企业管理的方法包括行政方法、经济方法、制度方法和教育方法 4 类,如图 0-5 所示。

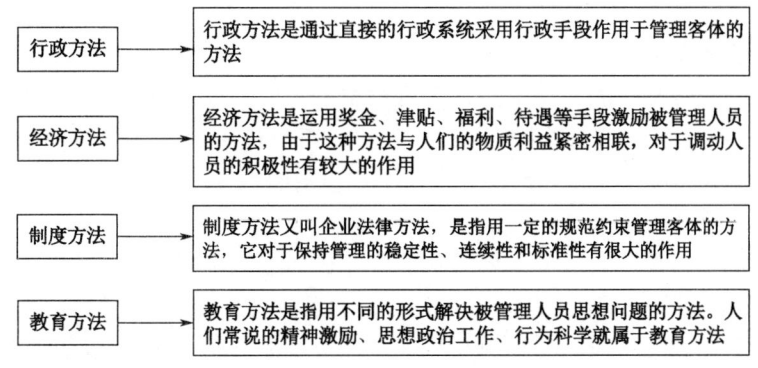

图 0-5 企业管理的方法

四、企业管理的作用

企业管理的作用具体体现在以下几个方面。

(1) 企业管理可以增强企业的运作效率，提高生产效率。
(2) 企业管理可以让企业有明确的发展方向。
(3) 企业管理可以使每个员工都充分发挥他们的潜能。
(4) 企业管理可以使企业财务清晰，资本结构合理，投融资恰当。
(5) 企业管理可以为顾客提供满意的产品和服务。
(6) 企业管理可以更好地树立企业形象，为社会多做实际贡献。

五、先进企业管理理念介绍

1. 目标管理

美国管理大师彼得·德鲁克于1954年在其名著《管理实践》中最先提出了"目标管理"的概念，其后他又提出"目标管理和自我控制"的主张。德鲁克认为，并不是有了工作才有目标，而是相反，有了目标才能确定每个人的工作。所以"企业的使命和任务，必须转化为目标"，如果一个领域没有目标，这个领域的工作必然被忽视。因此，管理者应该通过目标对下级进行管理，当组织最高层管理者确定了组织目标后，必须对其进行有效分解，转变成各个部门及各个人的分目标，管理者根据分目标的完成情况对下级进行考核、评价和奖惩。

目标管理方法提出后，美国通用电气公司最先采用，并取得了明显效果。其后，目标管理方法在美国、西欧、日本等许多国家和地区得到迅速推广，被公认为是一种加强计划管理的先进科学管理方法。中国从20世纪80年代初开始在企业中推广目标管理方法，采取的干部任期目标制、企业层层承包等，都是目标管理方法的具体运用。

目标管理的具体形式各种各样，但其基本内容是一样的。所谓目标管理，乃是一种程序或过程，它使组织中的上级和下级一起协商，根据组织的使命确定一定时期内组织的总目标，由此决定上、下级的责任和分目标，并把这些目标作为组织经营、评估和奖励每个单位和个人贡献的标准。

目标管理的指导思想是以Y理论为基础的，即认为在目标明确的条件下，人们能够对自己负责。它与传统管理方式相比有鲜明的特点，可概括为以下几点。

(1) 重视人的因素。

目标管理既是一种参与的、民主的、自我控制的管理制度，也是一种把个人需求与组织目标结合起来的管理制度。在这一制度下，上级与下级的关系是平等、尊重、依赖、支持的，下级在承诺目标和被授权之后是自觉、自主和自治的。

(2) 建立目标锁链与目标体系。

目标管理通过专门设计的过程，将组织的整体目标逐级分解，转换为各单位、各员工的分目标。从组织目标到经营单位目标，再到部门目标，最后到个人目标。在目标分解过程中，权、责、利三者已经明确，而且相互对称。这些目标方向一致、环环相扣、相互配合，形成协调统一的目标体系。只有每个人员完成了自己的分目标，整个企业的总目标才有完成的希望。

(3) 重视成果。

目标管理以制定目标为起点，以目标完成情况的考核为终结。工作成果是评定目标完成程度的标准，也是人事考核和评奖的依据，成为评价管理工作绩效的唯一标志。至于完成目标的具体过程、途径和方法，上级并不过多干预。所以，在目标管理制度下，虽然监督的成分很少，但是控制目标实现的能力却很强。

2. 学习型组织

学习型组织最初的构想源于美国麻省理工大学的佛瑞斯特教授。他是一位杰出的技术专家，是 20 世纪 50 年代早期世界第一部通用计算机"旋风"创制小组的领导者。他开创的系统动力学为研究人类动态性提供了方法。彼得·圣吉是学习型组织理论的奠基人。他用了近 10 年的时间对数千家企业进行研究和案例分析，于 1990 年完成其代表作《第五项修炼——学习型组织的艺术与实务》。该书提供了一套使传统企业转变成学习型企业的方法，使企业通过学习提升整体运作"群体智力"和持续的创新能力，成为不断创造未来的组织，从而避免了企业"夭折"和"短寿"。学习型组织的内涵如下。

（1）学习型组织的方法——发现、纠错、成长。

组织学习普遍存在"学习智障"，是由于个体思维的误区，没有找到关键的要点。你的愿景是什么？如何去除其中的限制因素、障碍，获得组织机体的修复，找到合适的成长环路？这需要个体不断去学习、探索，达到互动的目的。一切心理和机构层面的考量都不是学习的关键因素，修复和行动力才是主导。所以，方法只能在动态的过程中被找到，最后成长。发现、纠错、成长是一个不断循环的过程，也是学习的自然动力。

（2）学习型组织的核心——在组织内部建立"组织思维能力"。

学会建立组织自我的完善路线图。组织成员在工作中学习，在学习中工作，学习成为工作新的形式。

（3）学习型组织的精神——学习、思考和创新。

此处的学习是团体学习、全员学习，思考是系统、非线性的思考，创新是观念、制度、方法及管理等多方面的更新。

（4）学习型组织的关键特征——系统思考。

只有站在系统的角度认识系统，认识系统的环境，才能避免陷入系统动力的旋涡中。

（5）组织学习的基础——团队学习。

团队是现代组织中学习的基本单位。许多组织不乏就组织现状、前景进行的热烈辩论，但团队学习依靠的是深度会谈，而不是辩论。深度会谈的目的是一起思考，得出比个人思考更正确、更好的结论；而辩论是每个人都试图用自己的观点说服别人的过程。

3. 走动管理

走动管理（Management by Wandering Around，MBWA）是指高阶主管经常抽空前往各个办公室走动，以获得更丰富、更直接的员工工作问题，并及时了解所属员工工作困境的一种策略。这是世界上流行的一种新型管理方式，它主要是指企业主管身先士卒，深入基层，体察民意，了解真情，与部属打成一片，共创业绩。其主要内涵如下。

（1）主管动部属也跟着动。日本经济团体联合会名誉会长土光敏夫采用身先士卒的做法，一举成为日本享有盛名的企业家。在他接管日本东芝电器公司前，东芝已不再享有"电器业摇篮"的美称，生产每况愈下。土光敏夫上任后，每天巡视工厂，访遍了东芝设在日本的工厂和企业，与员工一起吃饭，闲话家常。清晨，他总比别人早到半个小时，站在厂门口，向工人问好，率先示范。员工受此气氛的感染，促进了相互间的沟通，士气大振。不久，东芝的生产恢复正常，并有很大发展。

（2）投资小、收益大。

走动管理并不需要太多的资金和技术，就可以提高企业的生产力。

（3）看得见的管理。

这是指最高主管能够到达生产第一线，与工人见面、交谈，希望员工能够给他提意见，能够认识他，甚至与他争辩是非。

（4）现场管理。

日本为何有世界上第一流的生产力呢？有人认为是建立在其追根究底的现场管理上的。主管每天马不停蹄地到现场走动，部属也只好舍命陪君子了。

（5）"得人心者昌"。

优秀的企业领导要常到职位比他低的员工中去体察民意、了解实情，多听一些"不对"，而不是只听"好"的。不仅要关心员工的工作、叫得出他们的名字，还要关心他们的衣食住行。这样，员工觉得领导重视他们，工作自然十分卖力。一个企业有了员工的支持和努力，自然就会昌盛。

4. 标杆管理

标杆管理起源于20世纪70年代末80年代初，在美国学习日本的运动中，首先开辟标杆管理先河的是施乐公司，后经美国生产力与质量中心进行系统化和规范化。标杆管理的概念可概括为：不断寻找和研究同行一流企业的最佳实践，并以此为基准与本企业进行比较、分析、判断，从而使自己的企业得到不断改进，进入或赶超一流企业，进入创造优秀业绩的良性循环过程。其核心是向业内或业外最优秀的企业学习。通过学习，企业重新思考和改进经营实践，创造自己的最佳实践，这实际上是模仿创新的过程。标杆管理是一种有目的、有目标的学习过程。通过学习，企业重新思考和设计经营模式，借鉴先进的模式和理念，再进行本土化改造，创造出适合自己的全新、最佳经营模式。这实际上是一个模仿和创新的过程。通过标杆管理，企业能够明确产品、服务或流程方面的最高标准，然后做必要的改进来达到这些标准。标杆管理是一种能引发新观点、激起创新的管理方式，它对大公司或小企业都同样有用。标杆管理为组织提供了一个清楚地认识自我的工具，便于发现解决问题的途径，从而缩小自己与领先者的距离。

从本质上看，标杆管理是一种面向实践、面向过程的以方法为主的管理方式。但标杆管理是站在全行业甚至全球角度寻找标杆的，突破了企业的职能分工界限和企业性质与行业局限，它重视实际经验，强调具体的环节界面和流程，因而更具有特色。

另外，标杆管理也是一种直接的、中断式的、渐进的管理方法，其思想是企业的业务流程环节都可以进行解剖、分解和细化。企业可以寻找整体最佳实践，也可以发掘优秀"片断"进行标杆比较，由于现实中不同的企业各有长短，所以这种"片断"标杆可以使企业的比较视角更开阔，也容易使企业集百家之长。

5. OEC 管理法

OEC（Overall Every Control and Clear）管理法，意思为全方位优化管理法，是海尔集团于1989年创造的企业管理法。该方法为海尔集团创造了巨大的经济效益和社会效益，令海尔集团获得国家企业管理创新"金马奖"、企业改革"凤帆杯"。海尔提出"日事日毕、日清日高"的管理口号,即每天的工作每天完成,每天的工作要清理并要每天有所提高。但海尔并没有将这句话停留在简单的字面意义上,而是从这句话出发,开发出了一套称为 OEC 的管理方法,并使之成为海尔集团企业文化的一个组成部分。

OEC 管理法的内涵如下。

O——Overall(全方位)。

E——①Everyone(每人);②Everything(每件事);③Everyday(每天)。

C——①Control(控制);②Clear(清理)。

OEC 管理法的基本方法分别是日清工作法和区域管理法。日清工作法包括 3 个方面的内容,即当日工作当日清、班中控制班后清、员工自清为主组织清理为辅。区域管理法亦称定置管理法,即依据生产及工作对现场的要求,为便于生产或工作,按照工艺要求或工作要求将区域进行功能划分,并用专门的区域线进行标志,指定专门的区域作为专门用途的场所。在该场所内留下必要的,去除多余的或不必要的,留下的按工艺或工作最便利的要求摆放整齐。

6. 精细化管理

精细化管理是源于发达国家(日本 20 世纪 50 年代)的一种企业管理理念,它是社会分工的精细化,以及服务质量的精细化对现代管理提出的必然要求,它是建立在常规管理的基础上,并将常规管理引向深入的管理模式和基本思想,是一种以最大限度地减少管理所占用的资源和降低管理成本为主要目标的管理方式。

精细化管理就是落实管理责任,将管理责任具体化、明确化,它要求每个管理者都要尽职,第一次就要把工作做到位,工作要日清日结,每天都要对当天的情况进行检查,发现问题及时纠正、及时处理等。

精细化管理是一个全面化的管理模式。全面化是指精细化管理的思想和作风要贯彻到整个企业所有的管理活动中。它包含以下几个部分。

(1)精细化的操作。

这是指企业活动中的每个行为都有一定的规范和要求。企业的每个员工都应遵守这种规范,从而让企业的基础运作更加规范化和标准化,为企业的拓展提供可推广性、可复制性。

(2)精细化的控制。

这是精细化管理的一个重要方面。它要求企业业务的运作要有一个流程,要有计划、审核、执行和回顾的过程。控制好了这个过程,就可以大大减少企业的业务运作失误,杜绝部分管理漏洞,增强流程参与人员的责任感。

(3)精细化的核算。

这是管理者清楚认识自己经营情况的必要条件和最主要的手段。这就要求企业的经营活动凡与财务有关的行为都要记账、核算。还要通过核算去发现经营管理中的漏洞和污点,减少企业利润的流失。

(4)精细化的分析。

这是企业取得核心竞争力的有力手段,是进行精细化规划的依据和前提。精细化分析主要是通过现代化的手段,将经营中的问题从多个角度去展现和从多个层次去跟踪。同时,还要通过精细化的分析,去研究提高企业生产力和利润的方法。

(5)精细化的规划。

这是容易被管理者忽视的一个问题,但精细化规划是推动企业发展的一个至关重要的关

键点。企业的规划包含两个方面：一方面是企业高层根据市场预测和企业的经营情况而制定的中远期目标，这个目标包括企业的规模、业态、文化、管理模式和利润、权益等；另一方面是企业的经营者根据企业目标而制订的实现计划。所谓精细化的规划，则是指企业所制定的目标和计划都是有依据的、可操作的、合理的和可检查的。

六、"互联网+"环境下企业管理的重大变革

应该说，"互联网+"给社会经济的发展带来了巨大的变革，这种影响波及各行各业，乃至一个单位的各个部门。就企业管理而言，"互联网+"给企业的经营管理带来的是颠覆性的变革，从理念到方法、从模式到手段，具体有如下几个方面。

1. 管理理念由竞争转向合作共赢

传统企业管理的竞争意识是很强的，竞争行为是非常普遍的，甚至很多企业把竞争战略定为企业的最高战略，究其原因是信息不对称及资源分配不均衡。企业为了在激烈的市场竞争中获胜，必须要给竞争对手有效的压力，实际上是因为每个市场主体对市场趋势的研判不同、掌握的信息不同、所拥有的资源不同、它所选择的竞争对手和竞争手段不同，导致了不同的竞争结局，但是这种竞争不一定是有效的，竞争的结局不一定是良好的，也可能是对资源的浪费。互联网时代的到来打破了信息封锁，有效地实现了某一层级的信息共享，为了获取企业生产经营所必需的资源和满足市场需求必须寻求最佳合作者，因此，企业管理的理念由竞争转向合作共赢。

2. 管理方式呈现线上线下协同运营的趋势

管理理念的变化必然导致管理方式的改变，传统的管理方式都是以线下运营为主，而互联网时代的到来使得管理活动可以在互联网平台上运行，并且提高了管理的效率，从简单的信息共享、任务分配、员工管理到生产管理、采购管理、库存管理等，都可以基于互联网开展，智能制造、人工智能、ERP 等在各行各业的普遍应用，加速了管理方式线上线下协同运营的趋势。

当然"互联网+"所带来的改变不只有这些，还有很多是通过市场反向对企业管理方式产生改变的，如电子商务、微店、在线支付结算等。

3. 管理过程动态化和实时化

企业想提高整体运营效率，就必须加强对管理过程的监控和调整，以最快的速度适应市场的变化和顾客的新需求。但是在传统企业管理中，管理过程中出现的问题反馈往往是比较滞后的，不能实时地反映企业目前的运行状态，这样决策就带有明显的滞后性，必然导致企业对市场的反应迟钝而错过良好的发展机遇。可以说，"互联网+"实现了对企业管理过程的动态监控和实时反馈，极大地提高了企业经营的灵活性和适应性。基于互联网的动态监控涉及更多的管理要素和更细化的管理组织，大到一个公司或一个部门，小到一个员工或一件商品都可以实现实时监控反馈，这样的信息传输为决策提供了最及时的信息支持，为企业确定发展目标和经营战略提供了先决条件。

4. 管理更加系统化和规范化

传统的管理往往是比较烦琐的，管理的各个环节之间缺乏必要的衔接和共享，这种情况

必然导致管理效率低下,且反馈滞后;互联网在管理领域的应用很好地解决了这个问题,使得管理更加系统化和规范化,互联网实现了管理各个环节之间的无缝连接和信息共享,互联网的应用促使企业进行了较深刻的流程重组和再造,实现了企业内部资源整合和信息共享,加强了企业业务流程的标准化和规范化,全面提升了企业的管理效率。

 知识链接

影响世界的几位管理大师如表0-1所示。

表0-1 影响世界的几位管理大师

序　号	管　理　大　师
1	德鲁克:管理艺术大师
2	明茨伯格:伟大的离经叛道者
3	科特勒:营销界第一人
4	戈沙尔:个人化的捍卫者
5	野中郁次郎:日本管理学思想家
6	坎特:大公司的"舞蹈老师"
7	哈默、普拉哈拉德:反省中的合作者
8	朱兰:质量管理论权威
9	本尼斯:领导艺术的指导者
10	波特:迄今最重要的谋略大师
11	科林斯:伟大公司的见证者
12	阿吉里斯:行为科学的创始人
13	格罗夫:偏执狂的力量
14	德赫斯:"长寿公司模式"创造者
15	卡普兰、诺顿:相信平衡的人
16	查尔斯·汉迪:管理哲学家
17	霍夫斯泰德:文化的量化者
18	克里斯滕森:驾驭破坏性革新
19	科特:领导艺术大师
20	戈尔曼:情商测量法

 "码"上提升

资源列表	二维码
1. 管理学界的"四大迷失" 2. 《功夫熊猫》蕴藏着适应性继任管理智慧 3. 武大学子张怀引:卖地图年收入70万元 4. 管理小故事三则 5. 视频:创意中国星(央视举办的创业投资类节目,对创业者有非常重要的借鉴价值)	

模块一　企业的组建

——企业使命及范围的思考

 学习目标

目标类型	具体目标
知识目标	理解组建企业可供选择的类型 理解组建企业的申报步骤 掌握各种企业类型的含义、优势和劣势 掌握创业之初的准备工作
技能目标	能够把本模块所介绍的知识运用于创业 能虚拟完成企业的创办 能够开发创新思维能力 通过对大学生成功与失败案例的分析，能够从中得到启示

 职业岗位能力分解

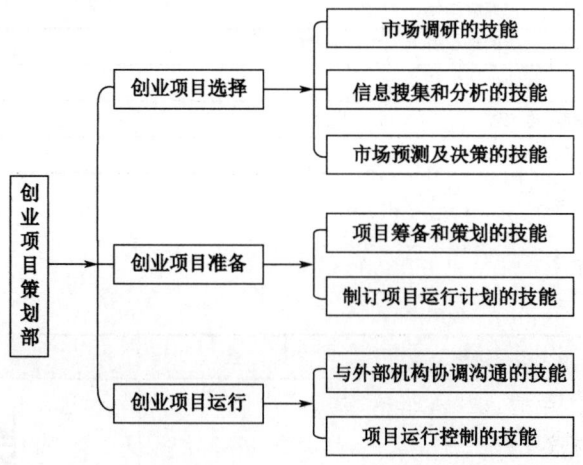

模块一 企业的组建——企业使命及范围的思考

 经营序幕

主人公：小李

简介：2019年7月12日，刚从重庆一所高职院校营销与策划专业毕业的小李最近不太顺心，他找了几份工作都不是很满意，他开始思考是否要自己创业。经过多方询问及听取意见，也走过很多的市场，他最后决定自己创业。但是，他对创业方面的知识还知之甚少，决定边学习边开始自己企业的创办。因此，为了快速、准确地掌握创业知识，小李决定到本地著名的创业培训机构进行短期学习。

 培训体系表

培训项目	企业的组建培训	
培训内容安排	具体内容	重点提示
企业组建的方式	一、个人独资企业 二、一人有限责任公司 三、合伙企业 四、公司制企业 五、特许经营 六、网络创业	个人独资企业和个体工商户的区别 有限责任制公司和股份公司的区别 特许经营的优势和劣势
企业组建的实施程序	一、组建企业初期的准备 二、创业必备	创业前的市场分析

 走进培训课堂

小李报名成功后，对培训课程充满了期待，让我们和小李一起进入精彩的培训课堂吧。

任务一　企业组建的方式

经典透视

2017年1月6日，中国人民大学发布《2017年中国大学生创业报告》。该报告由中国人民大学牵头，与北京师范大学、上海交通大学等30余家高校、企业和社会组织联合跟踪调查完成，调查范围覆盖全国52所高校。

该报告的研究主题为高校创业生态系统。人民大学商学院的院长、创业学院的副院长毛基业在发布报告时指出，中国大学生的创业意愿持续高涨，近9成大学生考虑过创业，其中26%的在校大学生有强烈或较强的创业意愿，相比2016年的18%有明显提高，从没想过

13

创业的大学生只占到了12.1%。对于创业驱动力，该报告显示，"赚钱"并非大学生创业的首要驱动力，而是"自由的工作生活方式"，这个驱动所占比例为31%。

该报告发现，"消费电商""餐饮住宿"是大学生创业的主战场，分别占到了创业者意向的62%和71%。在创业学生中，75%的大学生都选择是在自己最擅长的领域创业，只有25%的大学生曾有过"跨界"创业。

小思考：在当前"大众创业，万众创新"的背景下，我们应该选择哪种企业模式作为创业的开始，选择哪一行业开始创业呢？

一、个人独资企业

1. 个人独资企业的含义

个人独资企业是指依法设立的，由一个自然人投资，财产为投资人个人所有，投资人以其个人财产对公司债务承担无限责任的经营实体。这种企业的规模一般都较小，它是最古老、最简单的一种企业组织形式，主要盛行于零售业、手工业、农业、林业、渔业、服务业和家庭作坊等。

2. 个人独资企业的特点

（1）只有一个出资者。

（2）出资人对企业债务承担无限责任。在个人独资企业中，独资人直接拥有企业的全部资产并直接负责企业的全部负债。

（3）独资企业不作为企业所得税的纳税主体。一般而言，独资企业并不作为企业所得税的纳税主体，其收益纳入所有者的其他收益一并计算缴纳个人所得税。大多数小企业按独资企业组织设立，因之易于组建。独资企业的价值是出资者出售企业可以得到的现金。

3. 个人独资企业的优势和劣势

个人独资企业是企业制度序列中最初始和最古典的形态，也是民营企业主要的企业组织形式。

1）主要优点

（1）企业的资产所有权、控制权、经营权、收益权高度统一。这有利于保守与企业经营和发展有关的秘密，有利于业主个人创业精神的发扬。

（2）企业业主自负盈亏和对企业的债务负无限责任成为强硬的预算约束。企业经营好坏同业主个人的经济利益乃至身家性命紧密相连，因而，业主会尽心竭力地把企业经营好。

（3）企业的外部法律法规等对企业的经营管理、决策、进入与退出、设立与破产的制约较小。

2）主要缺点

个人独资企业的缺点是受自身财力所限，企业抵御风险的能力较弱。虽然个人独资企业有如上的优点，但它也有比较明显的缺点。

（1）难以筹集大量资金。因为一个人的资金终归有限，以个人名义借贷款难度也较大。

因此，个人独资企业限制了企业的扩展和大规模经营。

（2）投资者的风险巨大。企业业主对企业负无限责任，在硬化了企业预算约束的同时，也带来了业主承担较大风险的问题，从而限制了业主向风险较大的部门或领域进行投资的活动。这对新兴产业的形成和发展极为不利。

（3）企业的连续性差。企业所有权和经营权高度统一的产权结构，虽然使企业拥有充分的自主权，但这也意味着企业是自然人的企业，业主的病、死，他个人及家属知识和能力的缺乏，都可能导致企业破产。

（4）企业内部的基本关系是雇佣劳动关系，劳资双方利益目标的差异，构成企业内部组织效率的潜在危险。

个人独资企业和个体工商户的比较如表1-1所示。

表1-1 个人独资企业和个体工商户的比较

异同比较		个人独资企业	个体工商户
相同点		投资主体均为自然人 对投入的资产都实行申报制，不需要经过法定的验资机构验资 承担法律责任的形式相同，都必须以个人或家庭财产承担无限责任	
不同点	企业组建	个人独资企业必须要有固定的生产经营场所和合法的企业名称	个体工商户可以不起字号名称，也可以没有固定的生产经营场所而流动经营
	经营上	个人独资企业的投资者与经营者可以是不同的人，投资人可以委托或聘用他人管理个人独资企业的事务	个体工商户的投资者与经营者是同一人，都必须是投资设立个体工商户的自然人
	法律上	在民事、行政、经济法律制度中，个人独资企业是其他组织或其他经济组织的一种形式，能以企业自身的名义进行法律活动	在日常法律活动中，个体工商户的法律行为能力往往受到一定的限制，更多的时候，个体工商户是以公民个人名义进行法律活动的
	税收政策	个人独资企业如符合条件则可以认定为一般纳税人	个体工商户较难认定为一般纳税人
	财务制度	个人独资企业必须建立财务制度，以进行会计核算	按照目前的执法情况看，个体工商户可以按照税务机关的要求建立账簿，如税务部门不做要求的，也可以不进行会计核算

二、一人有限责任公司

一人有限责任公司可简称为一人公司、独资公司或独股公司（以下简称一人公司），是指由一名股东（自然人或法人）持有公司的全部出资的有限责任公司。实质意义上的一人公司在西方国家特别是美国较为普遍。

1. 主要优点

（1）一人公司可以节省时间和金钱，提高工作效率。

一人公司内部的组织结构简单，股东、董事基本都是同一人，在遇到大事、急事时，不需要向其他形式的公司那样必须通过开股东（大）会来制定决策，可以避免公司僵局，从而及时、有效地做出决策以应对市场变化，规避风险。

（2）一人公司可以使风险可控，鼓励投资。

一人公司的股东以其出资为限对公司承担责任，所以股东的责任也是有限责任，这就清楚了股东的最大风险，有利于股东做风险管控。另外，一人公司还可实现公司财产和股东个人财产的分离，即使投资失败，股东也不会背上大量债务，这对股东或投资者来说是一个有利条件。

2. 主要缺点

（1）公司的组织机构相对简单，缺乏制衡机制。

股东和董事都是同一人，缺乏有效的监督约束机制，所以股东可以利用公司法人人格为个人谋私利，让公司担责。实际上这种股东利用公司为自己谋利情况在一人公司中比较常见。

（2）不利于保护债权人的权利。一人公司对外承担的责任是有限的，而在企业法内部又不能切实保证唯一的股东能合法、合理地经营与操作，股东利用"有限责任"去逃脱债务是难以防范的，这就有可能伤害到债权人的利益。

（3）公司的发展受限。由于一人公司股东的唯一性，公司的资金筹措能力会受到限制，并且因为一人公司的组织机构往往不健全，在没有良好的股东个人信誉或担保的情况下，公众可能对这类公司缺乏信任。

一人公司和个人独资企业的异同如表 1-2 所示。

表 1-2　一人公司和个人独资企业的异同

异同比较		一人公司	个人独资企业
相同点		投资主体均为自然人	
不同点	根本区别	属公司法范畴，属于法人	为自然人企业，企业的存在与个人是不可分离的。个人独资依然是以自然人形式存在的
	责任形式	一人公司和其他公司法人一样，股东以自己的出资额为限承担有限责任，股东只对公司负债	个人独资企业的出资人对企业的债务承担无限连带责任，其债务债权全部由个人承担
	组织机构	一人公司依照公司法设立董事会、监事会等组织机构	个人独资企业一般只有经营管理机构。就经营管理体制而言，相比之下，一人公司的组织结构相对更合理

三、合伙企业

1. 合伙企业的概念

根据《中华人民共和国合伙企业法》（以下简称《合伙企业法》）第 2 条的规定，合伙企业是在中华人民共和国境内设立的由各合伙人订立合伙协议，共同出资、合伙经营、共享收益、共担风险，并对合伙企业债务承担无限连带责任的营利性组织。

2. 合伙企业的特征

（1）合伙企业是不具备法人资格的营利性经济组织。

合伙企业的非法人性，使得它与具有法人资格的市场主体相区别；合伙企业的营利性，使得它与其他具有合伙形式但不以盈利为目的的合伙组织相区别；合伙企业的组织性，使得它与一般民事合伙区别开来，从而成为市场经济活动的主体和多种法律关系的主体。

（2）全体合伙人订立书面合伙协议。

合伙企业是由全体合伙人根据其共同意志而自愿组成的经济组织。该组织的设立、活动、变更、解散等一系列行为都必须符合一定的行为规则，而合伙协议就是合伙企业的行为规则。合伙协议必须是书面的。如果没有合伙协议，合伙企业就不能成立，其运作也就无从谈起。

（3）合伙人共同出资、合伙经营、共享收益、共担风险。

合伙企业的资本是由全体合伙人共同出资构成的。共同出资的特点决定了合伙人原则上均享有平等地参与执行合伙事务的权利，各合伙人互为代理人。

共同出资的特点也决定了对于合伙经营的收益和风险，由合伙人共享、共担。合伙企业，它完全建立在合伙人相互信赖的基础上，因此各合伙人彼此间的权利和义务并无不同，不存在特殊的合伙人。

（4）全体合伙人对合伙企业的债务承担无限连带清偿责任。

即当合伙企业的财产不足清偿合伙企业的债务时，各合伙人对于不足的部分承担连带清偿责任。这样的规定可以使合伙人能够谨慎、勤勉地执行合伙企业的事务，使合伙企业的债权人的合法权益能够得到保障和实现。这一特征是合伙企业与其他类型企业最主要的区别。

3. 合伙企业的优点

（1）合伙企业的资本来源比独资企业广泛，它可以充分发挥企业和合伙人个人的力量，这样可以增强企业的经营实力，使其规模得到扩大。

（2）由于合伙人共同承担合伙企业的经营风险和责任，因此，合伙企业的风险和责任相对于独资企业要分散一些。

（3）对于合伙企业而言，其不作为一个统一的纳税单位，不被征收所得税，因此，合伙人只需将从合伙企业分得的利润与其他个人收入汇总缴纳一次所得税即可。

（4）由于法律对合伙关系的干预和限制较少，因此，合伙企业在经营管理上具有较大的自主性和灵活性，每个合伙人都有权参与企业的经营管理工作，这点与股东对公司的管理权利不同。

4. 合伙企业的缺点

（1）相对于公司到企业而言，合伙企业的资金来源和企业信用能力有限，不能发行股票和债券，这使得合伙企业的规模不可能太大。

（2）合伙人的责任比公司股东的责任大得多，合伙人之间的连带责任使合伙人需要对其合伙人的经营行为负责，更增大了合伙人的风险。

（3）由于合伙企业具有浓重的人合性，任何一个合伙人破产、死亡或退伙都有可能导致合伙企业解散，因而其存续期限不可能很长。

四、公司制企业

公司制企业，依照《中华人民共和国公司法》（以下简称《公司法》）设立，又分为有限

责任公司和股份有限公司。

1. 有限责任公司组织形式

根据《公司法》的规定，有限责任公司是依法设立，股东以其出资额为限对公司承担责任，公司以其全部资产对公司的债务承担责任的企业法人。

有限责任公司的特点：①有 2～50 个出资者；②对公司债务承担有限责任；③公司缴纳企业所得税。

2. 股份有限公司组织形式

根据《公司法》的规定，股份有限公司是依法设立的，其全部股本分为等额股份，股东以其所持股份为限对公司承担责任，公司以其全部资产对公司的债务承担责任的企业法人。在现代企业的各种组织形式中，股份有限公司占据企业组织形式的主导地位。股份有限公司是与其所有者即股东相独立和相区别的法人。

有限责任公司和股份有限公司虽然都是公司制企业，但是二者在多个方面存在不同，如表 1-3 所示。

表 1-3 有限责任公司和股份有限公司的异同

异同比较	有限责任公司	股份有限公司
不同点	1. 公司的资本不必划分为等额股份 2. 出资不一定为货币，还可为技术、土地、厂房 3. 股东人数限制为2～50人 4. 最低注册资本为3万元 5. 设立程序较简单 6. 适应于中小型企业 7. 公司财务不必公开	1. 资本划分为等额股份 2. 发行股票筹资 3. 股东人数有最低限制，无最高限制 4. 注册资本最低限额为500万元 5. 设立程序复杂 6. 适应于大型企业 7. 公司财务必须向全社会公开
相同点	1. 都是依法设立的企业法人 2. 股东均负有法律责任 3. 公司均以其全部财产对债务承担责任 4. 公司均有名称、章程等	

五、特许经营

当前有一种创业模式受到人们的追捧，它就是特许经营。

特许经营是指特许者将自己所拥有的商标（包括服务商标）、商号、产品、专利和专有技术、经营模式等以特许经营合同的形式授予受许者使用，受许者按合同规定，在特许者统一的业务模式下从事经营活动，并向特许者支付相应的费用。

特许经营是一种双赢甚至多赢的商业经营模式，特许人可以在缺乏资金的情况进行扩张，可以利用受许人为特许产品进行宣传从而扩大品牌效应，这是特许人实行特许经营最重要的原因；对于受许人而言，自主创业的风险比特许经营的风险大，一般情况下采取加盟特许经营企业的创业方式要比独立创业的风险小得多，据美国中小企业管理部门统计，在开业第一年就失败的自营店铺比例高达 30%～35%，而采用特许经营方式的店铺在开业第一年失败的比例仅为 3%～5%。

据国际特许经营协会统计，在全球有 75 种不同的行业采用特许经营模式，其中最热门的十大行业是快餐业、零售业、服务业、汽车 4S 服务、餐馆、修理业、房屋和建筑施工、食品零售、商务服务、房屋租赁。麦当劳、肯德基、可口可乐等都在我国设立了分支机构。李宁公司是特许经营在中国创造的第一个神话。

1. 特许经营的优势

（1）对特许人的好处。

第一，特许人不受资金的限制，可以迅速扩张规模。

特许人能以更快的速度发展业务而不受通常的资金限制，以最低的再投资就能在分店获得高回报；再投资资源的增长使业务效益和效率更高，且有最终回购成功的特许加盟分店的机会。

第二，增加收益的同时降低经营费用，集中精力提高企业管理水平。

随着受许人的不断增多，特许人集中采购商品的数量也越来越多，能从供应商那里获得较多的折扣和优惠条件，付款期限也可以延长，从而降低进货成本和商品售价，以提高企业的竞争力。特许人给予受许人的各项帮助和服务，往往从各受许人的营业收入中抽取一定比例获得补偿，这实际上将一些管理费用分摊到各受许人，从而降低了特许人的经营成本。

（2）对受许人的好处。

第一，创业和经营风险比较小。

市场机会对一个拥有小资本的独立创业者来说已越来越少。一个资金有限、经验又不是很丰富的投资者要想在高度饱和的市场环境中独立开创一份自己的事业是很难的。如果一家新企业要独自摸索出一套可行的管理方法，往往需要较长的时间。但如果投资者加入特许经营企业，他就不必一切从头做起，虽然他没有专业知识和管理经验，但他可以得到总部的管理技巧、经营诀窍和业务知识方面的培训。这些经验是总部经过多年实践，已经被证明是行之有效的，并形成了一套规范化的管理系统，加盟商采用这些标准化的经营管理方式，极易获得成功。有些总部甚至还会派专门工作人员帮助加盟商解决企业在开业之初和经营过程中出现的其他问题。

第二，可以享受特许人多方面的服务。

分店可以直接从总部获得较多帮助，甚至总部会派专人解决开业之初的困难，应用已开发的标准，选择分店店址，指导开业前的各种准备工作；同时为受许人提供经营诀窍和业务知识培训，提供一份包括各种经营细节的操作手册，培训受许人会计、业务控制、市场营销等知识；提供设备购买方面的服务；为受许人提供资金帮助。

第三，良好的品牌优势。

对于一个初涉商界的创业者来说，最头疼的问题就是不知道如何提高自己的声誉，吸引消费者，即所谓的打响招牌。

第四，受许人可以获得特许人的区域保护。

在分区特许经营中，特许人实行区域保护的方针，即在一个区域只授权给一家受许人，以避免同一品牌内部的恶性竞争。

2. 特许经营的劣势

（1）对特许人的劣势。

首先，特许人对加盟者不易进行控制和管理，难以保证受许者的产品和服务质量达到统一的标准。

其次，个别加盟商服务水平的降低会影响特许经营系统整体的声誉和利益。

最后，特许经营合同限制了策略调整的灵活性，在特许经营地区企业扩展受到限制。

（2）对受许人的劣势。

首先，受许人的经营受到严格约束，缺乏自主权。虽然为自负盈亏的独立法人实体，但在经营过程中缺乏自主权，进货、售价等都实行统一管理、统一制定，各分店都不能擅自改动，否则将会违反协议。

其次，特许人出现决策错误时，受许人会受到牵连。

最后，利益分配不公，受许人需要支付加盟费和从营业额中提取管理费给特许人。

思考一下：

如果让你选择，你对哪类或哪一个品牌的特许经营比较感兴趣呢？

知识链接

特许经营历史上的"第一"

1. 第一家进入中国的国外特许经营企业：肯德基，1987年11月12日，北京前门。
2. 中国本土的第一家特许经营企业：李宁，1993年。
3. 第一个对连锁批示的国家领导人：1995年，国务院总理李鹏。
4. 第一个提出"特许经营学"学科框架的人：李维华博士，2003年。
5. 第一次在重点大学开设特许经营课的人：2004年7月，中国政法大学商学院，教师李维华。
6. 第一部特许经营法规：2007年2月6日，《商业特许经营管理条例》。
7. 特许经营领域的唯一一位中国籍专家：李维华博士。

六、网络创业

网络创业成为大学生创业和就业的一种新的方式。对于缺乏创业经验和资金的大学生来说，网络创业是创业的温床。可是并非所有网店都赚钱，很多大学生创业者盲目地投入到网络创业，而最终淹没在网络创业的大潮中。网络创业的主要经营形式有网站和网店。归根结底，网络创业就是一种以网络作为载体的创业形式。

1. 网络创业的优势

（1）价格优势。

在网上开店的建店成本及日常维护一年可能只需 2000～3000 元。传统的门店开设，门面租金、装修等至少要几万元。在网上开店是接了订单和货款再去进货，没有存货的压力，也不积压启动资金。网上商店因为开店成本低，没有资金压力及库存积压，因此其商品价格比传统店铺要低得多，也就保证了订单的数量。

（2）营业时间不受限制。

可以 24 小时营业，只要每天认真处理商业信件和咨询，及时更新信息，就可以正常营业了。

（3）不受店面空间的限制。

传统店铺的经营业绩与店面的位置及大小密切相关，而网上商店则没有这个烦恼。如有条件，可设一个样品展示点；若没有条件，只要网上有照片即可。

（4）交易不受距离的限制。

网上商店的顾客群是所有的上网人员，其覆盖面为全世界，不像传统店铺受辐射半径的影响。

2. 网络创业的劣势

（1）缺乏信任感。

在网络营销的环境下，双方都缺乏直接沟通交流的机会。谈判过程缺少人性化，缺乏信任忠实感，减少了贸易合作伙伴，且缩短了买方与供应商的长期联系。即使再次购买，为了从心理上满足自己信任的需求，双方仍要重新选择评估。而且，在网络营销中缺乏信任感最大的问题是双方的身份认证非常困难，在网络营销的环境下，双方都需要花费很大的力气去验证对方的身份，并且，这样的身份在很多时候都无法得到确切的保证。

（2）体验营销受限制。

体验营销是传统营销的重要组成部分，对于网络营销而言，一个正常的人的几种基本感觉，如味觉、触觉、嗅觉等信息难以通过互联网传递。因此，在网络营销中，像书籍、品牌计算机等标准化产品，主要靠参考视觉信息做出购买决策，通过互联网就能够将信息完全传递给买方；而像衣服、食品、汽车等个性化或贵重产品，不仅需要用眼看，还要用手触摸，甚至试用，就不能通过互联网将全部产品信息传递给消费者了。

（3）网络广告形式较单一，网络广告效果受互联网普及的限制。

（4）品牌的忠诚度低。

首先，由于网络营销尚处在初级阶段，相关的政策、法规滞后；国际通用的网络营销标准尚待推出和核准。而且，商业金融体系也不健全，再加上大量免费资源同时提供给企业与消费者，使得网络营销鱼龙混杂。其次，在基于网络虚拟市场的自由贸易阶段，营销的供应商很难积累资信资本，消费者面对巨大的信息流无所适从，其消费欲望和对产品品牌的忠诚度受到直接影响。

任务二　企业组建的实施程序

细节决定成败

穆波是个时尚前卫的女孩，因为对自己的独到眼光特别自信，所以，在大学毕业后，学外语的穆波没有急着找工作，而是开了家时装店，自己当起了老板。她对 20 平方米的临街铺面进行了精心装修，花钱不多但是很前卫。前 3 个月穆波很辛苦，也一直在赔本经营，半年之后穆波的生意开始火爆，第九个月房东收回店面开始自己经营。说起自己当老板的经历，穆波的脸上没有失败者的颓唐和消极："如果我的房东不收回店面，也许我的小店会更红火。"

穆波也认真地想过自己失败的原因，第一个是自己找店铺的时候操之过急，没有认真考虑店铺的位置；第二个致命硬伤就是在租用店铺的时候，没有和房东订立合同，以至于在问题出现时，没有对自己有利的证据；第三就是在出现问题时，没有积极地想对策，而是用一种很消极的方式去解决，最后让自己吃了亏。穆波告诫那些刚刚跨出校门准备自己开店的创业者，作为一个学生，社会阅历毕竟还是少，所以难免会在创业上遇到挫折，尤其在人际关系上，但在遇到问题时，千万不能冲动，要有心理上的承受能力，失败了也不要气馁，要及时总结，这样才能在以后的创业中更加成熟。穆波还建议那些想创业的年轻人，最好先将自己的梦想储存几年，先从别的地方学习经验，等有了心理、人际关系和经济上的基础后，再考虑自己的创业计划。

小思考：

1. 穆波的创业项目为何进行不下去了？
2. 穆波在创业之初应该做好哪些准备？

一、组建企业初期的准备

1. 创业者应具备的心理

（1）具有独立思考、判断、选择、行动的心理素质。
（2）具有善于交流、沟通、合作的心理素质。
（3）具有敢于拼搏创新、勇于承担责任的心理素质。
（4）具有诚实劳动、守法经营的心理素质。
（5）具有坚持不懈、百折不挠的心理素质。
（6）具有善于自我调节、适应性强的心理素质。

2. 创业前进行的市场环境调查

市场环境主要包括经济环境、政治环境、社会文化环境、科学环境和自然地理环境等。具体的调查内容可以是市场的购买力水平、经济结构、国家的方针、政策和法律法规、风俗习惯、科学发展动态、气候等各种影响市场营销的因素。

（1）市场需求调查。

市场需求调查主要包括需求量调查、需求结构调查、需求行为调查。

（2）市场供给调查。

市场供给调查主要包括产品生产能力调查、产品实体调查等。

（3）市场营销因素调查。

市场营销因素调查主要包括产品、价格、渠道和促销的调查。

（4）市场竞争情况调查。

市场竞争情况调查主要包括对竞争企业的调查和分析。

二、创业必备

1. 项目

创业前一定要思考一个既适合自己，又能成功的项目。项目好比一个指南针，所以创业前，必须要想一个好的项目，切不可盲目地去跟风，要有独特的眼光，去发现一个新鲜的事物，一个有创意、有潜力的项目。

2. 市场

每个优秀的公司之所以能立足于社会，都是因为它们掌握了市场的需求。所以，创业前，去调查市场是有必要的，看看自己项目的市场需求如何。

3. 计划书

计划书好比一张图纸，用来展现自己创业的蓝图。写计划书，是为了更好地创业，更好地去实施创业的步骤。计划书是对未来的一种规划，应对问题的解决方法，所以，写一个好的计划书，不是那么容易的，需要自己通过各方面去了解和调查，这样才能写出一份令人满意的计划书。

4. 了解国家政策

刚创业的人，往往缺乏的是资金和技术，在现在的市场经济环境下，国家给予的优惠政策越来越多，特别是对大学生这一人群，尤为突出，所以，了解国家政策是有必要的。

5. 了解法律知识

了解关于与自己创业项目的相关法律知识，这样既可以保护自己的合法权益，又不会侵犯别人的成果，还可以防止自己无意间越过了法律的范畴。

6. 了解自己

要了解自己是否适合创业，不能头脑发热，要明白自己的缺陷在哪里，能否坚持下去，不能看到别人创业成功而冲动地去创业，了解自己相当重要。

思考一下：

在资金到位的情况下，你为创业做好准备了吗？

周某与杨某、王某、陆某四人于2015年开办了一个合伙企业。约定由周某、杨某、王某各出资5万元，陆某提供劳务作价5万元入伙，四人平均分配盈余和承担亏损，由陆某执行合伙事务，但是超过5万元的业务由全体合伙人共同决定。四人办理了有关手续并租赁了房屋进行经营。后来陆某以合伙企业的名义向某工商银行贷款10万元。半年后，杨某想把自己的一部分财产份额转让给丁某，周某和王某表示同意，但陆某不同意，并表示愿意受让杨某转让的那部分财产份额。因多数合伙人同意丁某成为新合伙人，于是陆某提出退伙，周某、杨某、王某同意其退伙并接纳丁某成为新合伙人。此时，企业已经对某工商银行负债12万元。此后，企业经营开始恶化，半年后倒闭，又负债6万元。由此引发了一系列的纠纷。

小思考：

1. 陆某是否可以劳务出资？
2. 周某、杨某、王某能否以陆某向银行贷款超过合伙企业对合伙人执行事务的限制，未经其一致同意为由拒绝向银行偿债？
3. 杨某转让财产份额的行为是否有效？
4. 陆某退伙的行为是否违法？
5. 本案中合伙企业的债务应当如何承担？

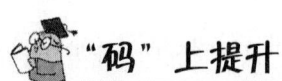

在培训之前，小李一直在纠结应该选择何种类型的企业开始创业，经过这次培训，小李了解了各种类型企业的优势和劣势，对组建企业已经有初步想法了，基本能确定自己创建企业选择什么样的类型了。

"码"上提升

资源列表	二维码
1. 案例许女士能做老板吗？ 2. 娱乐性测试：你适合创业吗？ 3. 创业前心理素质自测 4. 大学生创业大赛简介 5. 创业大赛视频 6. 开公司的步骤	

模块二　企业经营战略的确定

——指导企业前进的灵魂

目标类型	具体目标
知识目标	了解企业经营战略制定的过程 熟悉企业经营战略的选择 掌握企业经营战略的概念和原理 掌握制定企业经营战略的有效方法
技能目标	能够把本模块所介绍的知识运用于企业经营战略的制定中 能虚拟完成企业经营战略的制定 能够开发创新思维能力 通过对企业经营战略案例的分析，能够从中得到启示

 职业岗位能力分解

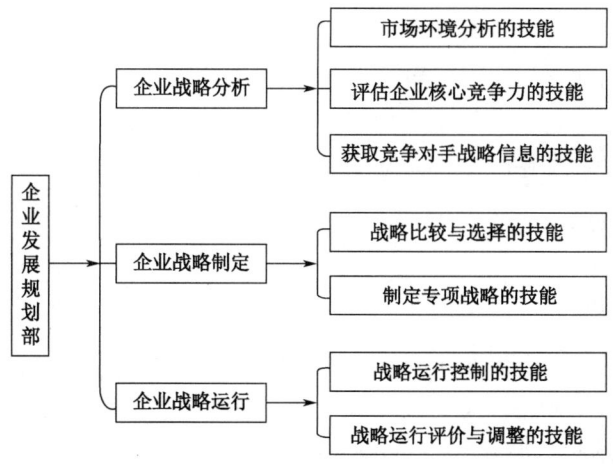

经营背景续集

小李在经过培训之后，对创业的知识有了一定的了解，便开始了自己的创业之路。经过周密的思考，小李决定创办一家老年人公寓，专门给老年人提供优质服务。虽然企业创建起来了，但在具体经营的过程中，他对企业未来的发展及定位、企业到底是否应该有战略，以及采取什么样的战略没有把握，自己也很没有信心。因此，为了快速、准确地掌握相关知识，小李报名参加了本地某著名创业培训机构的培训班。

 培训体系表

培训项目	企业经营战略的确定培训	
培训内容安排	具体内容	重点提示
企业经营战略	一、企业经营战略的概念 二、企业经营战略的内容 三、企业经营战略的特点 四、企业经营战略的作用	企业经营战略的内容 企业经营战略的特点
企业经营战略的制定	一、制定企业经营战略的必要性和重要性 二、制定中小企业经营战略的有效方法 三、企业经营战略的制定过程 四、企业经营战略的选择	制定中小企业经营战略的有效方法 企业经营战略的制定过程 企业经营战略的选择

 **走进培训课堂**

小李报名成功后，对培训课程充满了期待，让我们和小李一起进入精彩的培训课堂吧。

任务一　企业经营战略

 经典透视

宜家在北京海淀区的马甸拥有 15000 平方米的店面，创造了 5.4 亿元/年的销售额。据了解，宜家在选址上一般有两个必备的条件：第一，必须处于交通要道，马甸交通发达，立交桥数量巨多；第二，宜家在各国发展，物业都是自己的，从不采用租用的方式，但选址在马甸后破例采用了租赁的方式开店，证明了马甸地区的商业价值。

小思考：根据宜家在选址上的两个条件，谈谈你对企业战略的认识。

一、企业经营战略的概念

关于企业经营战略，各国的管理学家都有不同的理解。

钱德勒：经营战略是企业的战略性决策。

安东尼：从经营计划体系的角度来理解企业战略。

格卢克：制定一种或几种有效的战略，以达到企业目标的一系列决策和行动。

综上所述，企业经营战略就是为实现企业经营目标，在分析外部环境和内部条件的现状及变化趋势的基础上，为了求得企业的长期生存和发展所做的整体性、全局性、长远性的谋划。

二、企业经营战略的内容

1. 战略思想

战略思想即指导经营战略制定和实施的基本思想，是企业领导者和职工群众对在生产经营中发生的各种重大关系和重大问题的认识和态度的总和，对企业经营者和职工群众的生产经营活动，起着统率作用、灵魂作用和导向作用。

2. 战略目标

战略目标是指企业以战略思想为指导，根据主客观条件的分析，在战略期内要达到的总水平，是经营战略的实质性内容，是构成战略的核心。正确的战略目标是评价和选择经营战略方案的基本依据。

3. 战略重点

战略重点是指那些对于实现战略目标具有关键性作用而又具有发展优势或自身需要加强的方面，是企业资金、劳动和技术投入的重点，是决策人员实行战略指导的重点。

4. 战略方针

战略方针是指企业为贯彻战略思想、战略目标和战略重点，所确定的生产经营活动应遵循的基本原则、指导规范和行动方针，起着指导作用、指针作用和准则作用，包括综合性方针和单项性方针、目的性方针和手段性方针。

5. 战略阶段

战略阶段是根据战略目标的要求，在规定的战略期内划分的若干阶段。

6. 战略对策

战略对策又称经营策略，是指为实行战略目标而采取的重要措施和重要手段，具有阶段性、方针性、具体性、多重性的特点。

公司战略的名言如表2-1所示。

表2-1 公司战略的名言

公 司	名 言
英特尔	成为全球新兴计算机行业的卓越的模块供应商
AT&T	让每个美国家庭和公司都装上电话
IBM	让每个办公室和家庭的桌上都摆上一台计算机
微软公司	使每个家庭都使用微软公司的软件
福特公司	使每个家庭都拥有一辆小汽车
波音公司	让空中旅行走进千家万户
沃尔玛	向美国乡村人们提供最低价格的便利服务
迪士尼	使人人都快乐幸福
安利公司	为每个人提供实现其人生目标的良好机会
TCL	创新科技、共享生活
海尔	敬业报国、追求卓越
创维	创中国籍的世界名牌
霍煤集团	开发这片蕴藏了千百万年的"乌金",并把它以最有价值的形式奉献给主宰这片美丽土地的人们
新时达电气公司	为客户提供最好的控制、驱动、节能产品,加速社会工业化、信息化、智能化进程

三、企业经营战略的特点

1. 全局性和系统性

企业经营战略是以企业的全局为对象,根据企业总体发展的需要而制定的。它所规定的是企业的总体行动,它所追求的是企业的总体效果。虽然它必然包括企业的局部活动,但是,这些局部活动是作为总体行动的有机组成部分在战略中出现的。这样也就使经营战略具有全局性和系统性的特点。

2. 长远性

企业经营战略既是企业谋取长远发展要求的反映,又是企业对未来较长时期(5年以上)内如何生存和发展的通盘筹划。虽然它的制定要以企业外部环境和企业内部条件的当前情况为出发点,并且对企业当前的生产经营活动有指导、限制作用,但是,这一切也都是为了更长远的发展,是长远发展的起步。凡是为适应环境条件的变化所确定的长期基本不变的行动目标和实现目标的行动方案,都是战略。而那种针对当前形势灵活地适应短期变化,解决局部问题的方法都是战术。

3. 稳定性和适应性

企业经营战略具有相对的稳定性，一旦建立不宜轻易变更。否则，如果遇到一点困难就轻易改变战略方向或降低战略要求，就失去了战略的指导意义，企业就无法向一个正确的方向前进。但是，企业经营战略也不是一成不变的，在必要的时候可以根据具体情况进行及时的调整和修正。因为虽然在企业经营战略制定过程中，要求对企业的内部和外部环境进行深入的调研和科学的预测，使企业的经营战略方案能够适应未来环境的各种变化，但是未来趋势具有很大的不确定性，不可能提前预料到所有的变化。

4. 抗争性

企业经营战略既是关于企业在激烈的竞争中如何与竞争对手抗衡的行动方案，同时也是针对来自各方面的冲击、压力、威胁和困难，迎接这些挑战的行动方案。它与那些不考虑竞争、挑战而单纯地以改善企业现状、增加经济效益、提高管理水平等为目的的行动方案不同。只有当这些工作与强化企业竞争力量和迎接挑战直接相关、具有战略意义时，才能构成企业经营战略的内容。应当明确，市场如战场，现代的市场总是与激烈的竞争密切相关的。经营战略之所以产生和发展，就是因为企业面临着激烈的竞争、严峻的挑战，企业制定经营战略就是为了取得优势地位，战胜对手，保证自己的生存和发展。

5. 风险性

由于企业经营战略的涉及面广，影响长远，而且具有强烈的抗争性，因此企业经营战略具有较大的风险性。一个战略性的决策失误要比战术性的失误所造成的损失大得多，后果严重得多。除决策失误所造成的损失外，有些战略决策由于信息量等因素的制约，在当时的条件下不失为一种正确的选择，但是由于某些不可控环境因素的不可预见的变化，或者由于竞争对手采取了新的应对策略，也会导致企业经营战略的失败。

6. 纲领性

企业经营战略规定的是企业总体的长远目标、发展方向、发展重点和前进道路，以及所采取的基本行动方针、重大措施和基本步骤，这些都是原则性的、概括性的规定，具有行动纲领的意义。它必须通过展开、分解和落实等过程，才能变为具体的行动计划。

企业经营战略的上述特性，决定了企业经营战略与其他决策方式、计划形式的区别。

四、企业经营战略的作用

（1）为企业确定发展方向和主营业务，有利于企业的长期稳定发展。
（2）提高企业的市场应变能力，使企业处于主动和优势地位。
（3）使企业决策更加科学化，促进企业经济效益的提高。
（4）增强企业核心竞争能力的提升，不断开拓国际和国内市场。
（5）促进企业不断创新，构建和保持企业长期竞争优势。
（6）可达成企业的共同愿景，树立员工的信心，增加企业的凝聚力。

任务二　企业经营战略的制定

经典透视

"标王"为何不灵验了？

某公司于 1995 年以 8000 多万元的投入，参加某电视台晚间新闻后黄金时段的广告投标，一举中标而成为"标王"，为该公司的一个白酒品牌打知名度，顿时扬名各地；公司当年白酒销售收入直线上升，销售额达 10 亿多元。1996 年，该公司决定再度投标，准备以 2 亿多元的广告投入，争取成为新的"标王"，希望通过广告投入，进一步拓展市场，以扩大生产规模，实施高速发展战略。当公司领导层正在进行研究时，各职能部门管理人员议论纷纷。有人提出，钱都花在广告上，其他营销工作要不要开展？这些工作也需要投入，靠什么投入？还有人提出，这么大的广告投入，即增加了 2 亿多元的成本费用，要销售几万吨酒才能收回成本，而目前公司的生产能力不足万吨，如何增加这几万吨白酒的生产规模？投资从何而来？有人提出买原料酒来进行勾兑，增加产量，确保销量。这个主张又遭到一部分人的反对，他们认为在这么短的时间进行勾兑，不能保证白酒的质量，会影响销路。还有人提出，目前国家已明确地制定了限制白酒行业进一步扩大总体生产规模的产业政策；市场对酒饮料的需求趋势是：果酒的需求上升，白酒的需求将下降，一个企业要增加几百万吨的产销量，能取得成功吗？如果不能从新的需求上找出路，只能从现有的上万家酒厂已占领的市场中争夺部分市场，作为一个刚有名气的公司，有这么大的竞争实力吗？一些员工建议公司领导考虑在其他产品上做文章，如开发和生产果酒饮料、矿泉水，或者果汁饮料等。该公司领导层最后仍决定以 2 亿多元竞标，夺得 1996 年度新的"标王"，用以推广白酒。但事与愿违，该公司在 1996—2000 年，连续 5 年白酒的销售量下降，公司很不景气。

小思考：

1. 该公司领导层决策失误的原因是什么？
2. 为了使该公司摆脱困境，你认为该公司应选择和实施什么样的经营战略？

一、制定企业经营战略的必要性和重要性

1. 必要性

（1）适应我国社会主义市场经济发展的要求。

为了建立我国社会主义市场经济体制，使企业成为市场主体、经营主体，企业必须能够自主地规划自身的长远发展，以适应社会主义市场经济的发展。

（2）迎接国际市场竞争的挑战。

随着我国改革开放的深入，参与国际市场竞争，开展国际化经营是必然的发展趋势。这就要求企业逐步实施战略转变，在国际范围内寻求企业进一步发展的空间。

（3）优化配置企业资源结构，谋求理想的经济效益。

制定企业经营战略的一个重要任务就是要求优化配置企业的各种经营资源，使之形成合理的结构，以发挥企业整体的功能和优势。优化企业人力、物力、财力和信息等资源，使之形成合理的结构，提高企业的经济效益，这就要求制定正确的经营战略。

（4）科学安排企业高层工作的要求。

企业的高层管理者所担负的各项工作，都是关系企业总体性、长远性、方向性的重要工作。这就要求企业高层管理者扮演"战略角色"，具备强烈的决策意识，统筹规划企业的各项工作，抓住关系企业发展的重大战略问题，做出决策，组织实施。

2. 重要性

（1）企业经营战略是决定企业经营活动成败的关键性因素。

决定企业经营成败的一个极其重要的问题，就是企业经营战略的选择是否科学、是否合理。或者说，企业能否实现高效经营的目标，关键就在于对经营战略的选择，如果经营战略选择失误，那么企业的整个经营活动必然会满盘皆输。所以企业经营战略实际上是决定企业经营活动的一个极其关键和重要的因素。

（2）企业经营战略是企业实现自己的理性目标的前提条件。

企业为了实现自己的生存、盈利、发展的理性目标，就必须首先选择好经营战略，经营战略如果选择不好，最后的结果就可能是企业的理性目标难以实现。目标有赖于战略，战略服务于目标，这是贯穿于企业的全部经营活动的一个重要规律，因而企业经营战略是企业目标得以实现的重要保证。

（3）企业经营战略是企业长久地高效发展的重要基础。

企业要长久地高效发展，一个极其重要的问题，就是要对自己的经营战略做出正确的选择。如果经营战略选择失误了，那么其结果必然是：即使是企业在某一段时间里具有较强的活力，最终也很难成为百年老店，只不过是一种过眼烟云式的短命企业。

（4）企业经营战略是使企业充满活力的有效保证。

在现实经营活动中，使企业具有活力的一个关键性因素，就是企业要有效地发挥自己的比较优势，而比较优势的发挥，则在于自己对经营战略的选择，即在经营战略中充分体现自己的比较优势。也就是说，一个企业有什么样的比较优势，就应该发挥自己的比较优势，在经营战略中充分体现自己的比较优势。如果一个企业选择了不能体现自己比较优势的经营战略，那么这个企业最后肯定会失败，根本谈不到高效发展的问题。

（5）企业经营战略是企业及其所有企业员工的行动纲领。

一个企业的负责人按照企业经营战略，安排企业的日常经营活动，企业的日常经营活动必须服从自身的经营战略，任何人都不能随意更改企业已经决定的经营战略。由此可见，如果企业没有一个作为行动纲领的经营战略，就会出现企业领导人随意改变企业经营活动战略的情况，从而使得企业的经营活动没有一个有效的约束。

二、制定中小企业经营战略的有效方法

1. 市场导向

中小企业应根据自身的优势和特点，进行准确的市场定位，找准自己的位置，以用户为

中心，围绕市场做文章。中小企业要想在市场竞争中站稳脚跟，就必须争取在技术、产品和服务上独树一帜，在设计、策划、价格、分销和促销等活动中都应以用户需求为出发点，做到用户需要什么就生产什么，何时需要就何时生产。中小企业要针对目前自身存在的实力较弱、资源有限等特点，在开辟市场领域时，在市场空隙和边缘地带寻觅商机，对用户确实需要的产品和项目，利用"船小调头快"的灵活机制，去占领市场，赢得用户。

2. 勇于创新

为了在市场竞争中站稳脚跟，取得长足发展，中小企业在技术上勇于创新，在服务上花样繁多，在产品上不断更新换代。企业要将新技术、新工艺、新方法、新材料、新设备运用到生产经营过程中，必须重视技术创新。目前，虽然大多数企业的技术力量还不够雄厚，但可以专攻一门技术或一个系列产品，不搞小而全，但求精与专，力争产品的精尖化、专业化。有资料表明，日本民营小企业的每百名员工的产品创新率，较大企业的每百名员工产品创新率要高出 9%，在高新技术、化工、仪器仪表等行业，民营小企业的产品创新率则更高。另外，在产品营销上，中小企业应充分把握市场需求，利用中小企业经营机制灵活的特点，贴近市场，采取符合市场需求的营销策略，集中力量参与那些国有大中型企业不愿涉足的批量小、品种多、零销微利领域的生产经营。

3. 随机应变

市场需求的多变性，使得任何企业都很难准确地把握住市场的脉搏。资金实力、生产能力较弱的中小企业，只能在分析和把握市场经营环境，凭借自身经营优势的前提下，随机应变，把有限的资源投入到一定的目标市场中。如果分散力量于多个细分市场，不仅会带来风险，而且会造成市场目标的难以确定。可以说，规模较小、投入少、经营产品单一、技术装备简单，但适应环境能力强，是当前中小企业较为普遍的特点。因此，中小企业能够及时调整经营策略，及时发现市场机会，抓住经营契机，及时进行资金转移和产品结构的调整，实现资源的合理配置，做到"人无我有，人有我优，人优我全，人新我变"。据报道，浙江沿海的温州、宁波等地的中小企业每年的转产率均达 10%以上，他们的经营思维是"船小不到大海中去同大船相争捕鱼，而是在小河里捕小鱼"，这充分体现了中小企业反应快、应变能力强的特点。的确，中小企业只有适应市场需求的千变万化，才能在激烈的市场竞争中占有一席之地，求得生存和发展。

4. 富有特色

中小企业一般规模小、成本高、竞争能力较弱，这决定了其不宜采用大众化的经营方式，还是应根据中小企业经营条件和所处的经营环境，突出自己某一方面的特色、个性和风格，表现出独特的差异性。例如，采用"价廉物美""特色经营""品质超群"等富有特色的营销模式，以特色经营、个性营销去占领市场和争取用户。具体来说有以下两点：其一，产品服务方面的特色，在产品规格、品种、花样上另辟蹊径，使产品富有个性；其二，市场营销方面的特色，如占领特定的目标市场，扩大产品服务的内涵和外延，运用商标、专利、企业文化等，保持用户的多元化，使企业处于领先地位。中小企业只有充分发挥自身的优势，扬长避短，闯出一条独特的经营之路，才能保持强劲的发展势头，立于不败之地。

三、企业经营战略的制定过程

1. 形成战略思想

战略思想是关系企业发展方向的指导思想，是制定和实施经营方案的思路，它的具体化就是战略决策应遵守的一系列准则。战略思想是战略思维的结果，战略思维是经营战略的逻辑起点。对管理者来说，战略思维是高难度的思维过程。首先，它要求战略性思维的系统性。战略制定者要把企业放在竞争的社会大环境中，进行全方位、多维的开放性思考；其次，战略思维应是超前性的、创新性的，这种超前不仅是时间上的超前，思想和观念上的超前更为重要。创新思维要求管理者冲破各种障碍和束缚，得出新的创见，实现新的突破。所以，战略制定者要有良好的洞察能力、分析能力、综合判断能力和统筹能力。例如，海尔集团的经营者如果没有超前思维，把自己局限在冰箱制造上，就不会发展成今天的国际性家电企业。

2. 进行环境调查

进行环境调查是为了深入了解和分析企业的内外环境，为战略的制定提供依据和前提条件，它包括内部环境的调查和外部环境的调查两大部分。内部环境的调查主要是解决知己的问题，了解各种条件及组合的优劣。具体内容有两个方面：一方面是一般能力的分析，包括原有战略的正确性和能够实现的程度，包括高层管理人员的领导素质、员工队伍的素质、企业的知识转化能力、技术吸收能力等；另一方面是与对手相比，现有产品的竞争力，包括质量、价格、品种、品牌知名度和美誉度。

外部环境调查的目的是把握市场需求态势、资源供应态势和竞争态势，明确企业的市场机会和威胁，其中包括间接环境（如政治动向、经济动向、法律动向、社会动向）和直接环境（指对本企业产生直接影响的环境因素）。对直接环境的调查要对市场和行业进行分析，判明企业在市场中的优势和劣势，并确定自己的机会和威胁。对间接环境的调查则是要分析宏观动向，判明对本企业的关键影响力量和对自身的作用程度及相关的机会和威胁。最后，还要综合以上几个方面对未来的经营环境进行预测。对两大环境的分析、判断对战略的制定起着关键性的作用。例如，如果企业不了解我国将要加入WTO给自己带来的机遇和挑战，就要面临巨大的经营风险，如果不掌握我国的环保政策和法律法规，一些企业（严重污染环境的企业）会面临生存危机，一些企业（与环保产品有关的企业）会失去发展机会。

3. 确定战略决策

确定战略决策是在以上两个步骤顺利进行的基础上开展的，它投入的是有关战略思想和环境分析结果的各种信息，最终结果是经营战略方案。战略决策应解决的问题有：企业的经营范围和经营领域；企业的战略态势（进攻、防守还是退却）；处理各种战略关系的准则；如何建立和发挥战略优势；如何取得和分配企业资源；组织方面应采取的具体措施。

4. 战略具体化和完善

经营战略方案确定后，必须通过具体化变为企业的实际行动，才能达到战略目标。而在实施过程中，由于内外环境的变化和在制定过程中的判断失误，导致战略方案失去了指导作用，在这种情况下，必须对战略方案进行修改和完善。

四、企业经营战略的选择

企业要想快速高效地发展，除了需要良好的外部发展环境，搞好自身的建设也是至关重要的。尤其是要具有战略眼光，形成自己的发展战略规划。唯有如此，企业才能在经济全球化的环境下，看准方向、把握时机，获得更快更好的发展。

1. 创新战略

创新战略通常包括3个方面的含义：一是产品创新，是指企业通过开发新的产品并进入别的企业已经成熟的市场，通过产品的新颖性争取客户；二是市场创新，是指企业在新兴市场上投放本企业或其他企业已经成熟的产品，以求作为市场的最先进入者，从而占领较大的市场份额；三是全方位创新，是指企业将产品创新和市场创新组合在一起向新兴市场推出其他企业从未生产过的全新产品。

企业采取创新战略是非常必要的，这是企业获取竞争优势地位的前提，真正有实力的企业应该避免低层次的过度竞争，通过采取创新战略，以周密的市场细分为基础，开发新的服务，拓展新的市场，才能在这场激烈的竞争中脱颖而出。另外，采取创新战略也是消费者个性化发展的要求，随着互联网规模的不断扩大，互联网所提供的信息越来越丰富，消费者个性化定制信息需求变得十分强劲，在这种情况下，也需要企业采取适当的创新经营策略。

2. 合并战略

有实力的企业应考虑采用合并战略。合并战略是符合我国现阶段的具体国情和企业所处的环境，能降低企业经营风险的稳步发展的战略。这里所说的合并，并不是指企业之间的合并，而是不同行业间企业之间的优势互补、共同发展。首先，不同行业的企业通过这种联合，可以获得原先不具备的强大的信息获取分析能力、技术开发能力和企业流程的自动控制和管理能力，以较低的成本向更大的客户群体进行直接的市场推广。其次，企业通过联合，可以获得不同方面的人才和经验，更好地把各行业企业的优势充分体现出来，赢得更多的客户。除此以外，企业联合还可以使双方在广告宣传和客户服务的过程中节省重复的花费，达到事半功倍的效果。

3. 集中战略

集中战略是指企业通过满足特定消费群体的特殊需要或集中服务于某一有限的区域市场，来建立企业的竞争优势和市场地位。企业在竞争中采取集中战略的基础主要有两个方面：第一是互联网上的消费者的要求出现越来越强的专业化的趋势，个人消费者的专业化要求的上升，为满足消费者个性化的要求，企业客户的专业化趋势更加明显，因此提供专业化的产品线和专业水准的服务至关重要，只有专业化、集中化的服务才能够满足消费者不断变化的需求。

4. 成本领先战略

成本领先战略的指导思想是要在比较长的时间内，保持企业的成本在同行业中处于领先水平，并按照这一目标采取一系列措施使企业获得同行业平均水平以上的利润。这一战略是我国企业可以选择的经营战略之一。具体地说，实现成本领先关键是要注意以下三个方面：首先，要充分发挥网络经济消灭中间环节的核心优势，降低成本；其次，不要犯过于技术化的错误，最新的技术固然有其先进性，然而其本身具有的风险性和高昂的价格往往也是该技术难以克服的重要缺点；最后，在辅助系统的建设上要量力而行，不能喧宾夺主。

5. 名牌战略

在经济全球化环境下，企业必须针对自身品牌定位的特点，在不断提高企业产品质量水平、获得经济效益、提高企业竞争实力的前提下，要做大做强，更需要走名牌战略之路才能创出自己的品牌，进而发展为名牌。企业实施名牌战略可从以下几个方面入手。

（1）树立名牌战略意识。

① 品牌定位。

树立名牌意识首先要选好牌子，需要从产品特点、消费心理、文化现象中精心研究和策划。品牌定位成功，企业就有了一个走向市场、占领市场、走向未来的信誉载体。

② 战略规划。

企业要从产品的开发、研制、服务、宣传等各个层面使消费者接受所生产的产品，这就需要有品牌的统筹策划和战略的全面谋划来提升品牌形象，整合品牌资源，从而提高消费者对产品的认知度、忠诚度，最终树立起企业良好的品牌形象。可从这几个方面进行战略规划。首先，重视质量战略。名牌战略的核心是质量战略。质量是名牌产品的生命。严细的质量管理是开拓名牌、保持名牌、发展名牌的先决条件。其次，实施市场战略。实施市场战略一定要树立市场导向观念，从产品的开发到营销，必须牢牢扣住市场变化这一主题，还要根据区域性、文化性、民俗性的差异，及时变换产品的包装、使用性能等，最大限度地满足客户的需求。最后，形成创新意识和发展意识。必须随着市场的变化，及时更新换代，充分发挥自有品牌的品牌效应。

（2）重视产品品牌商标注册。

在品牌和知识产权保护方面，一些企业的管理者对产品商标品牌的重要性认识不足，不去用法律来保护企业的商标使用权。因此，企业在制定品牌战略时，一定要把设计、注册商标、拥有自己的品牌放在企业发展的重要位置。商品未出，商标先行，世界上一些著名的企业都是重视商标注册的。为此，目前尚无商标的中小企业应立即注册自己的商标，已有商标的企业也要注意扩大注册国别、增加注册类别的问题。只有拥有了属于自己的品牌，企业在竞争中才会取得优势。

（3）努力提高品牌的含金量。

商标注册后在法律上获得了承认和保护，但这并不意味着企业就已经有了自己的品牌。只有商标随商品一起进入市场并被广泛使用后，被消费者认识，经营者再辅以良好的质量、服务和宣传，一些好的商品和品牌才能被消费者认可和接受。在这方面，中小企业的领导者应该向国外的知名企业宝洁公司、联合利华公司等多学习。

(4) 做好品牌宣传工作。

创品牌不仅要通过媒体大力宣传自己的产品，提高产品的知名度，企业在与消费者进行沟通过程中，也必须随着阶段的不断变化而不断变换内容，从不同方面表达对消费者的关爱，启发消费者对品牌的好感。所以，中小企业应该在短时间内专门让市场认同其品牌，它需要利用媒体的组合策略来达成目标，但要让消费者产生好感，就要在设计品牌和消费者之间的情感交汇点，让消费者能产生心灵的共鸣。

(5) 塑造诚信的企业品牌。

作为企业不能把信用当作一种"装饰品"。信用是一种形象，可以用来展示素质，但是信用绝不是一种"装饰品"，企业要通过扎实的工作来对企业本身进行信用建设。缺失了信用，就丧失了市场。

6. 绿色营销战略

在经济全球化环境下，企业必须在生产、经营等方面实行变革，从生产到市场销售全过程贯彻环境保护战略，并实施绿色营销战略，提高市场竞争力。企业实施绿色营销战略的策略主要有以下几个。

(1) 树立绿色营销的观念。

树立绿色营销的观念，要求企业寓环保意识于经营决策之中，在营销时不仅要考虑企业的利益、消费者的利益，更要考虑公共利益和对环境的影响，要切实把环境保护贯穿于新产品的开发、设计、制造、包装、使用及服务等各项环节中，不仅保证自己在满足消费者需求的基础上获得利润，同时还达到社会、经济与生态环境协调发展的目标。

(2) 加强绿色产品的研发。

企业首先应从了解消费者的绿色需求入手，建立有效、快捷的情报信息网络，捕捉绿色信息，进行综合处理，分析绿色市场的变化动向、绿色消费的发展趋势，为绿色技术和产品开发提供依据。其次，企业必须有长远意识，多方筹集资金，通过科技成果的转化，加大技术开发、引进、消化、吸收和改造的力度，提高企业的技术水平和生产力，特别是提高节能降耗水平和环保能力，努力使产品既符合环境保护的要求，同时又具有一定的科技含量。再次，企业在绿色产品的研究、开发、生产、销售、售后服务等过程中，应遵循绿色 5R 原则，即材料可回收（Return）、减少废弃物排放（Reduce）、重复使用（Reuse）、再循环利用（Recycle）和拒绝使用非生态材料（Refuse）。

(3) 采用绿色营销策略组合。

在产品策略上，应注重生产绿色产品，尽量采用天然的、有利于消费者生命健康、不污染环境的能源及原材料，使用有利于环境保护和生态平衡的绿色技术，在适当的时候导入绿色标志认证。

在价格策略上，应根据绿色产品的价值，将开展生产绿色产品过程的环境成本内在化，在价格上反映资源和环境的价值。绿色产品的价格应略高于一般同类产品的价格，以体现绿色产品的附加值，促进企业的发展。

在渠道策略上，精心挑选有信誉、关心环保、热心公益服务、有良好公众形象、对绿色产品有认识的代理商、批发商、零售商，借助其信誉、形象推出绿色产品，利用中间商的销售网络，将绿色产品进行推广。

在促销上，通过举办绿色产品展销会、洽谈会及配套宣传等形式，诱导和创造消费者的绿色需求，塑造企业的良好形象。

在服务策略上，应提供绿色服务，即在产品的售前、售中、售后提供符合节省资源、减少环境污染原则的全过程服务。

（4）强化绿色企业形象以引导绿色消费。

加强企业内部绿色宣传和教育，制定绿色制度，培育企业绿色文化；开展绿色稽核，监督企业绿色表现等；宣传绿色产品保护环境、造福人类的内涵，以及其所带来的社会、环境效益；宣传企业在保护生态环境、节约资源等方面的绿色表现，扩大企业的影响面，使企业的绿色形象得以有效传播，引导消费者的绿色消费。

总之，随着我国市场经济体系的进一步完善，企业对经营管理战略的逐步重视和对网络经济模式更深入的理解，广大企业将能够清醒地认识到自身具有的优势和不足，并以此为依据做出正确的企业经营管理战略决策，在同类企业的竞争中占有一席之地。

技能提升

由前俄勒冈大学的一位长跑运动员创办的耐克公司，在1972年俄勒冈的尤金举行的奥林匹克选拔赛中首次亮相。

耐克的大突破出自1975年的"夹心饼干鞋底"方案。它的鞋底上的橡胶钉使之比市场上出售的其他鞋更富有弹性，夹心饼干鞋底的流行及旅游鞋市场的快速膨胀，使耐克公司1976年的销售额达到1400万美元，而耐克公司在1972年的销售额仅为200万美元，自此耐克公司的销售额飞速上升。现在，耐克公司的年销售额超过了35亿美元，耐克公司成为行业的领导者。

耐克公司的成功源于它强调的两点：一是研究和技术改进；二是风格式样的多样化。耐克公司有将近100名雇员从事研究和开发工作。它的一些研究和开发活动包括：对人体运动高速摄影分析，对300个运动员进行试穿测验，以及对新的和改进的鞋和材料的不断的实验和研究。

在营销过程中，耐克公司为消费者提供了最大范围的选择。它吸引了各种各样的运动员，并向消费者传递出最完美的旅游鞋制造商形象。

小思考：

耐克公司采用了什么经营战略取得了今天的成就？

去工作吧！

经过培训，小李一直纠结的企业未来发展定位及战略选择问题有了答案，小李不仅知道自己该怎样制定自己企业的发展战略，还对战略实施有了一定的思考。

"码"上提升

资源列表	二维码
1. 案例：陈董事长的苦恼 2. 案例：总裁的请教函 3. 视频：赢在中国——马云就创业问题的演讲 4. 管理故事：松下幸之助"经商战略三十条"	

模块三　企业组织结构设置

——企业最坚实的骨架

学习目标

目标类型	具体目标
知识目标	理解所有权与经营权分离的内涵
	掌握公司组织架构的构成
	掌握企业文化与企业形象设计
	了解我国现代企业制度
技能目标	能够把有效的组织架构模式运用于企业中
	能够认识到企业文化对塑造公司形象的重要性
	能够全面认识到股东、董事、监事和经理人的分工

职业岗位能力分解

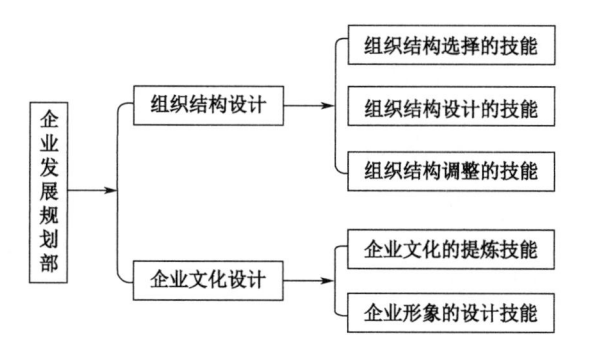

企业发展规划部
- 组织结构设计
  - 组织结构选择的技能
  - 组织结构设计的技能
  - 组织结构调整的技能
- 企业文化设计
  - 企业文化的提炼技能
  - 企业形象的设计技能

经营背景续集

小李在经过培训之后对企业战略制定有了很多的想法，自己企业未来的经营战略也在酝酿之中。对小李而言，当务之急是尽快完成企业的组织结构设计，让企业正常运转起来。但是，小李觉得自己的老年人公寓项目比较小，不能和大企业一样来设置组织结构，他想知道针对自己的企业如何设置组织结构。因此，为了快速准确地掌握相关知识，小李报名参加了

本地某著名创业培训机构的培训班。

培训体系表

培训项目	企业组织结构设置培训	
培训内容安排	具体内容	重点提示
现代企业制度	一、所有权和经营权 二、股东与股东（大）会 三、董事与董事会 四、监事与监事会 五、我国现代企业制度	现代企业经营权与所有权分开 股东的资格和股东大会的职责
公司治理的形式	一、直线型组织结构 二、职能型组织结构 三、直线职能型组织结构 四、事业部制组织结构	各种组织结构的特点
企业文化与企业形象	一、企业文化 二、企业形象 三、企业形象设计	企业形象设计

走进培训课堂

小李报名成功后，对培训课程充满了期待，让我们和小李一起进入精彩的培训课堂吧。

任务一　现代企业制度

经典透视

2017年8月，张某、王某、李某共同出资100万元成立上海某有限责任公司，其中李某出资30万元，占30%的股权。2018年7月，李某因与张某、王某意见不合，欲撤出自己的投资，而且要求将近一年的公司利润分红，但张某、王某主张，李某的股权不得转让给三人以外的其他人，且公司的利润只能分配一半，余下的一半留作扩大公司经营。三人遂起纷争。

小思考：

1. 李某可以直接从公司中撤回自己出资的30万元吗？
2. 张某、王某主张将李某的股权直接由公司回购，是否可行？
3. 张某、王某坚决不同意李某将自己的股权转让给三人以外的其他人，又不同意购买，李某还有办法吗？

一、所有权和经营权

所有权与经营权的合一（俗称两权合一），实际就是所有者亲自经营自己的产业，不委托他人经营。所有权与经营权的分离（俗称两权分离），实际就是所有者并不亲自经营自己的产业，而是将其委托给他人经营。自己只保留对企业的最终控制权和剩余索取权。私有企业既可两权合一，也可两权分离，而且开始绝大多数企业都是两权合一的。只是后来随着生产力的发展，产业日渐升级，规模日益扩大，对经营能力的要求越来越高，而所有者大多力所不逮，故把企业委托给经营能力高强者经营，使两权分离开来。

在现代资本主义社会，私有经济大多为股份制企业，它更需实行两权分离，因股份制企业股东众多，不可能每一位股东都直接经营企业，所以由董事会聘任的经理直接经营企业。我国私有企业大多产业层次低、规模小，对经营能力的要求尚不太高，故很多私有工业、商业、服务业企业，还是两权合一的，所有者亲自经营自己的产业。

公有制企业，不管是集体企业还是国有企业，都是两权分离的，而不可能是两权合一的。以集体企业而论，它名义上归集体全体成员所有，但集体全体成员不可能都去经营企业，而是由自己的代表机关，如村委会，委托某个具体的人去经营企业，故是两权分离的。以全民所有制的国有企业而论，它的所有者理论上为全民，但全民不可能都去经营国有企业，而是由全民的代表机关——政府，委托厂长、经理去经营，故也是两权分离的。

但在习惯上，当政企合一时，人们认为国有企业是两权合一的，而政企分开时，则认为国有企业则是两权分离的，这是因为人们习惯上把政府当成国有企业的所有者。

二、股东与股东（大）会

1. 股东

（1）股东的性质。

股东是公司的投资人，是公司股份的持有人，是公司的所有人。

（2）股东的资格。

① 自然人作为发起人应具有完全行为能力。

② 法人作为发起人，应是法律上不受限制的法人。

③ 公司不得自为股东。

（3）股东资格的确认与丧失。

确认：①在公司章程上签名盖章；②实际履行了出资义务；③在工商行政机关登记的公司文件中列名为股东；④在公司成立后取得公司签发的出资证明书；⑤被载入公司股东名册；⑥在公司中享有资产收益、重大决策和选择管理者等权利。

丧失：①所持有的股权已经合法转让的；②未依公司章程约定履行股东义务，而受到除名处置的；③因违法受到处罚而被剥夺股权的（如没收财产）；④法律规定的其他事由。

2. 股东（大）会

（1）特征。

有限责任公司的股东会和股份有限公司的股东大会由全体股东组成，是公司的最高权力机构。股东（大）会是企业经营管理和股东利益的最高决策机关，不仅要选举或任免董事会和监事会成员，而且企业的重大经营决策和股东的利益分配等都要得到股东（大）会的批准。但股东（大）会并不具体和直接介入企业的生产经营管理，它既不对外代表企业与任何单位发生关系，也不对内执行具体业务，本身不能成为企业法人代表。股东（大）会分为定期会议和临时会议。股东会定期会议应按照公司章程的规定按时召开，而股东大会每年召开一次，应当于上一会计年度结束后的 6 个月内举行。一般而言，股东（大）会皆由公司的负责人（如董事长）亲自主持。

现代企业股权分散，股东上万甚至几十万人，不可能全部出席股东大会。因此，股东不能亲自到会的，应委托他人代为出席投票，以体现全体股东的意志。

(2) 职权。

① 决定公司的经营方针和投资计划。

② 选举和更换董事，决定有关董事的报酬。

③ 选举和更换由股东代表出任的监事，决定有关监事的报酬事项，审议批准董事会的报告。

④ 审议批准监事会的报告；审议批准公司的年度财务预算方案、决算方案。

⑤ 审议批准公司的利润分配方案和弥补亏损方案。

⑥ 对公司增加或者减少注册资本做出决议。

⑦ 对公司发行债券做出决议。

⑧ 对股东向股东以外的人转让出资做出决议（本项为有限责任公司股东会议特有的职权）。

⑨ 对公司合并、分立、解散和清算等事项做出决议。

⑩ 修改公司章程，以及公司章程规定需由股东（大）会决定的事项。

(3) 议事规则。

① 召集。股东（大）会由董事会召集，由董事长主持；董事长不能履行职务或者不履行职务的，由副董事长主持；副董事长不能履行职务或者不履行职务的，由半数以上董事共同推举一名董事主持。有限责任公司不设董事会的，股东会由执行董事召集和主持。

② 召开程序。有限责任公司召开股东会，应当于会议召开 15 日前通知全体股东。股份有限公司召开股东大会，应当将会议召开的时间、地点和审议的事项于会议召开 20 日前通知各股东；临时股东大会应当于会议召开 15 日前通知各股东；对于持有无记名股票的股东，因无法确定具体持有人，应当于会议召开 30 日前以公告形式，公告会议召开的时间、地点和审议事项。

③ 股东（大）会决议。普通决议需要出席的股东过半数通过即可；特别决议，如修改公司章程、增加或者减少注册资本的决议，以及公司合并、分立、解散或者变更公司形式的决议，必须经出席会议的股东所持表决权的 2/3 以上通过。

三、董事与董事会

1. 董事

董事一般分为执行董事（常务董事）和非执行董事。一般来说，执行董事是指全职负责管理公司的人。而非执行董事是指除了董事身份与公司没有任何其他契约关系的董事。非执行董事对执行董事起着监督、检查和平衡的作用。很多在 2000 年左右重组的公司，都刻意增加非执行董事的人数和职权，希望以此能避免公司结构臃肿和盲目自大，也减少公司丑闻的发生。

2. 董事会

（1）董事会的性质。

董事会是由董事组成的，对内掌管公司事务，对外代表公司的经营决策机构。董事会向股东（大）会负责，董事会设董事长 1 人，可以设副董事长。董事长和副董事长由董事会以全体董事的过半数选举产生。董事长行使下列职权：①主持股东（大）会和召集、主持董事会会议；②督促、检查董事会决议的执行；③董事会授予的其他职权。董事会是依照有关法律、行政法规和政策规定，按公司或企业章程设立并由全体董事组成的业务执行机关。

（2）董事会的特征。

董事会执行股东（大）会这一权力机关的决议，负责公司或企业的业务经营活动的指挥与管理，对股东（大）会负责并报告工作。股东（大）会所做的关于公司或企业重大事项的决定，董事会必须执行。我国法律分别对有限责任公司和股份有限公司的董事人数做出了规定。《公司法》第 45 条规定，有限责任公司设董事会，其成员为 3～13 人。《公司法》第 51 条规定，有限责任公司，股东人数较少或规模较小的，可以设 1 名执行董事，不设董事会。《公司法》第 109 条规定，股份有限公司应一律设立董事会，其成员为 5～19 人。

（3）董事会的义务。

董事会的主要义务：制作和保存董事会的议事录，备置公司章程和各种簿册，及时向股东会或股东大会报告资本的盈亏情况，在公司资不抵债时向有关机关申请破产等。

股份公司成立以后，董事会就作为一个稳定的机构而产生。董事会的成员可以按章程规定随时任免，但董事会本身不能撤销，也不能停止活动。董事会是公司最重要的决策和管理机构，公司的事务和业务均在董事会的领导下，由董事会选出的董事长、常务董事具体执行。董事会主要负责以下事务。

① 负责召集股东（大）会；执行股东（大）会决议并向股东（大）会报告工作。
② 决定公司的生产经营计划和投资方案。
③ 决定公司内部管理机构的设置。
④ 批准公司的基本管理制度。
⑤ 听取总经理的工作报告并做出决议。
⑥ 制定公司年度财务预、决算方案和利润分配方案、弥补亏损方案。
⑦ 对公司增加或减少注册资本、分立、合并、终止和清算等重大事项提出方案。
⑧ 聘任或解聘公司总经理、副总经理、财务部门负责人，并决定其奖惩。

（4）董事会与股东（大）会的关系。

董事会和股东（大）会在职权上的关系如下。

董事会由股东（大）会选举产生，按照《公司法》和公司章程行使董事会的权力，执行股东（大）会的决议，是股东（大）会的代理机构，代表股东（大）会行使公司管理权限。董事任期由公司章程规定，但每届任期不得超过 3 年。董事任期届满，连选可以连任。董事任期届满未及时改选，或者董事在任期内辞职导致董事会成员低于法定人数的，在改选出的董事就任前，原董事仍应当依照法律、行政法规和公司章程的规定，履行董事职务。

董事会所做的决议必须符合股东（大）会决议，如有冲突，要以股东（大）会决议为准；股东（大）会可以否决董事会的决议，直至改组、解散董事会。

知识链接

董事长知多少

董事长是股东利益的最高代表，它不属于公司雇员的范畴，理论上是指公司管理层所有权力的来源。董事长是公司董事会的领导，其职责具有组织、协调、代表的性质。董事长召集和主持董事会会议，检查董事会决议的实施情况。

有限责任公司：董事长、副董事长的产生办法由公司章程规定。

股份有限公司：董事长和副董事长由董事会以全体董事的过半数选举产生。

四、监事与监事会

（1）监事。

监事是公司中常设的监察机关的成员，又称监察人，负责监察公司的财务情况、公司高级管理人员的职务执行情况，以及其他由公司章程规定的监察职责。监事通常由股东代表和职工代表组成，且不得兼任董事或经理。

监事的任期每届为3年。监事任期届满，连选可以连任。

（2）监事会。

由于公司股东分散，股东的专业知识和能力差别很大，为了防止董事会、经理滥用职权，损害公司和股东的利益，需要在股东大会上选出专门监督机关，代表股东大会行使监督职能。

监事会是由全体监事组成的，对公司业务活动及会计事务等进行监督的机构。监事会也称公司监察委员会，是股份公司法定的必备监督机关，是在股东大会的领导下，与董事会并列设置，对董事会和总经理行政管理系统进行监督的内部组织。

有限责任公司设监事会，其成员不得少于3人。股东人数较少或者规模较小的有限责任公司，可以设1或2名监事，不设监事会。

监事会应当包括股东代表和适当比例的公司职工代表，其中职工代表的比例不得低于1/3，具体比例由公司章程规定。监事会中的职工代表由公司职工通过职工代表大会、职工大会或者其他形式民主选举产生。

监事会设主席1人，由全体监事过半数选举产生。监事会主席召集和主持监事会会议；监事会主席不能履行职务或者不履行职务的，由半数以上监事共同推举1名监事召集和主持监事会会议。

（3）监事会的职权范围。

① 检查公司财务。

② 对董事、高级管理人员执行公司职务的行为进行监督，对违反法律、行政法规、公司章程或者股东会决议的董事、高级管理人员提出罢免的建议。

③ 当董事、高级管理人员的行为损害公司的利益时，要求董事、高级管理人员予以纠正。

④ 提议召开临时股东（大）会，在董事会不履行本法规定的召集和主持股东（大）会职责时召集和主持股东（大）会。

⑤ 向股东（大）会提出提案。

⑥ 依照《公司法》第152条的规定，对董事、高级管理人员提起诉讼。

⑦ 公司章程规定的其他职权。

⑧ 列席董事会会议，对所议事项提出质询和建议。

⑨ 调查公司异常经营情况。

思考一下：

你可以举个例子或者打个比方解释一下股东（大）会、董事会和监事会三者的关系吗？

五、我国现代企业制度

1. 我国现代企业制度的概念

我国现代企业制度是指以市场经济为基础，以完善的企业法人制度为主体，以有限责任制度为核心，以公司企业为主要形式，以产权清晰、权责明确、政企分开、管理科学为条件的新型企业制度，也是具有中国特色的企业制度。其主要内容包括企业法人制度、企业自负盈亏制度、出资者有限责任制度、科学的领导体制与组织管理制度。

2. 我国现代企业制度的特征

我国现代企业制度的基本特征可以概括为"产权清晰、权责明确、政企分开、管理科学"16个字。

（1）产权清晰。

产权清晰主要有两层意思：一是有明确的产权人；二是有清晰的产权。对于我国国有企业而言，要有具体的部门和机构代表国家对某些国有资产行使占有、使用、处置和收益等权利和清晰的国有资产产权。

（2）权责明确。

权责明确是指合理区分和确定企业所有者、经营者和劳动者各自的权利和责任。所有者、经营者、劳动者在企业中的地位和作用是不同的，因此权利和责任也是不同的。

（3）政企分开。

政企分开是指政府行政管理职能、宏观和行业管理职能与企业经营职能分开。政企分开要求政府将原来与政府职能合一的企业经营职能分离后还给企业，改革以来进行的"放权让利""扩大企业自主权"等就是为了解决这个问题。政企分开还要求企业将原来承担的社会职能分离后交还给政府和社会，如住房、医疗、养老、社区服务等。

（4）管理科学。

"管理科学"是一个含义宽泛的概念。从较宽的意义上说，它包括了企业组织合理化的含义；从较窄的意义上说，它要求企业管理的各个方面，如质量管理、生产管理、供应管理、销售管理、研究开发管理、人事管理等方面的科学化。管理致力于调动人的积极性、创造性，其核心是激励、约束机制。要使管理科学，当然要学习、创造、引入先进的管理方式，包括国际上先进的管理方式。对于管理是否科学，虽然可以从企业所采取的具体管理方式的先进性上来判断，但最终还要从管理的经济效益上，即从管理成本和管理收益的比较上做出评判。

任务二　公司治理的形式

经典透视

贾跃亭弄丢乐视是因为管理能力太差吗？

持续近半年的乐视资金链危机，以贾跃亭黯然离场、孙宏斌入主董事会成为董事长而告一段落。但乐视危机何时收尾，仍是一个未知数。

乐视危机的直接原因是欠债，既包括拖欠供应商的应付款项和金融机构的贷款，也包括挪用控股子公司的资金，甚至还包括对员工的欠薪，可能还有其他。在供应商催债、子公司诉讼、金融机构收紧杠杆等多重压力下，乐视终于不堪重负，倒下了。

直接原因是诱发因素，更进一步的原因是公司战略决策的失败，而战略决策失败从根本上说是公司治理的失败。

乐视资金困局反映出乐视严重忽视利益相关方的权益。供应商、作为债权人的金融机构、子公司等作为乐视的利益相关方，本应得到应有的尊重和回报，但乐视似乎对此不以为然。这种情况，并非乐视独有，在我国具有相当的普遍性。

在乐视及很多企业中，供应商、银行、控股子公司、员工等重要的利益相关方，很少有能够参与实际的公司治理的。由于各利益相关方均不能参与公司治理，加之上市融资成本低，来钱容易，企业决策者可以随性所为，偏离主业，决策时不做可行性研究，决策的科学性很差，从而大大增加了企业经营的风险。

小思考：乐视在公司治理中出现了哪些失误？

公司治理结构是指为实现公司最佳的经营业绩，公司所有权与经营权基于信托责任而形成相互制衡关系的结构性制度安排。公司内设机构由董事会、监事会和总经理组成，分别履行公司战略决策职能、纪律监督职能和经营管理职能，在遵照职权相互制衡的前提下，客观、公正、专业地开展公司治理，对股东（大）会负责，以维护和争取实现公司最佳的经营业绩。常见的组织结构形式如下。

一、直线型组织结构

直线型组织结构是最简单的集权式组织结构形式,又称军队式结构,其领导关系按垂直系统建立,不设专门的职能机构,自上而下形同直线。直线制是最早也是最简单的一种组织形式。它的特点是企业各级行政单位从上到下实行垂直领导,下属部门只接受一个上级的指令,各级主管负责人对所属单位的一切问题负责。厂部不另设职能机构(可设职能人员协助主管人工作),一切管理职能基本上都由行政主管执行。直线型组织结构如图3-1所示。

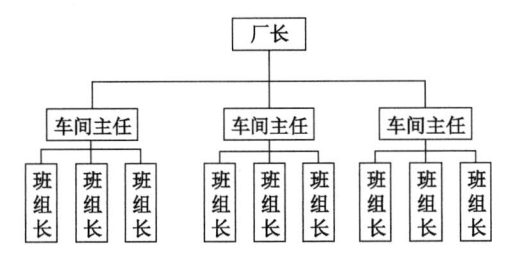

图3-1 直线型组织结构

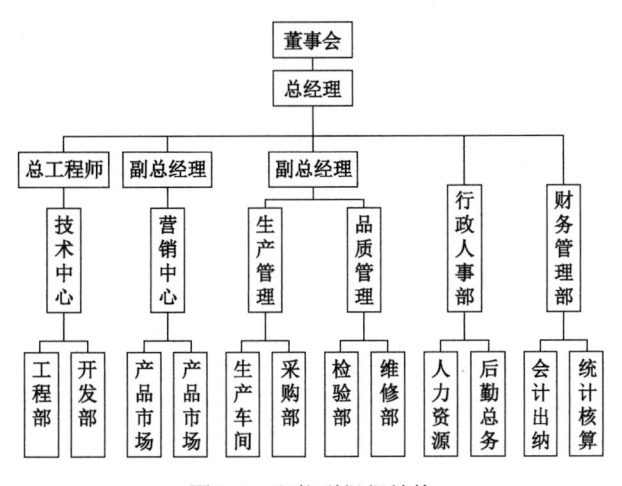

二、职能型组织结构

职能型组织结构又称 U 形组织,是指各级管理机构和人员实行高度的专业化分工,各自履行一定的管理职能。因此,每一个职能部门所开展的业务活动都将为整个组织服务。

职能型组织结构实行直线—参谋制。整个管理系统分为两类机构和人员。一类是直线指挥机构和人员,对其直属下级有发号施令的权力。另一类是参谋机构和人员,其职责是为同级直线指挥人员出谋划策,对下级单位不能发号施令,而是起业务上的指导、监督和服务的作用。

职能型组织结构的企业管理权力高度集中。由于各个职能部门和人员都只负责某一个方面的职能工作,唯有最高领导层才能纵观企业全局,因此,企业生产经营的决策权必然集中于企业高层。

职能型组织结构如图3-2所示。

图3-2 职能型组织结构

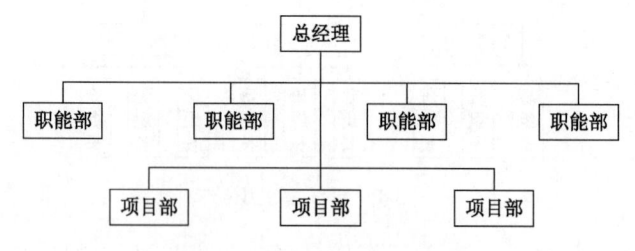

三、直线职能型组织结构

直线职能型组织结构在现实中是最常见的一种组织结构形式,它是把直线型组织结构与职能型组织结构结合起来,以直线为基础,在各级行政负责人之下设置相应的职能部门,分别从事专业管理,作为该领导的参谋,实行主管统一指挥与职能部门参谋、指导相结合的组织结构形式。职能参谋部门拟订的计划、方案及有关指令,由直线主管批准下达;职能部门的参谋只起业务指导作用,无权直接下达命令,各级行政领导人实行逐级负责,高度集权。直线职能型组织结构如图 3-3 所示。

图 3-3 直线职能型组织结构

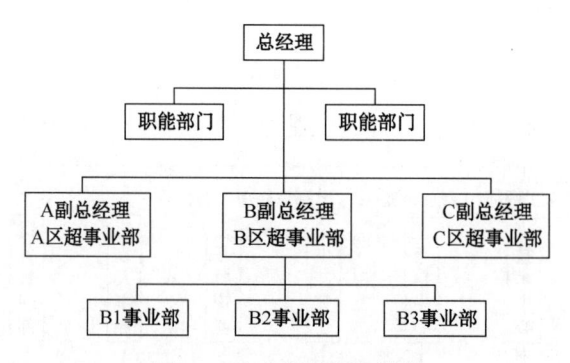

四、事业部制组织结构

事业部制组织结构又称 M 形组织结构或分公司制结构,最早起源于美国的通用汽车公司。事业部制组织结构按产品、地区或顾客划分经营单位,能完成某种产品从生产到销售的全部职能。具体设计思路为,在总公司领导下设立多个事业部,各事业部有各自独立的产品或市场,在经营管理上有很强的自主性,实行独立核算,是一种分权式管理结构。事业部是在总公司宏观领导下,既是受总公司控制的利润中心,具有利润生产和经营管理的职能,同时也是产品责任单位或市场责任单位,对产品设计、生产制造及销售活动负有统一领导的职能。事业部制组织结构如图 3-4 所示。

图 3-4 事业部制组织结构

任务三　企业文化与企业形象

经典透视

海尔文化

海尔精神：敬业报国，追求卓越。
海尔作风：迅速反应，马上行动。
经营理念：真诚到永远。
市场信誉：用户是海尔的衣食父母。
管理理念：管理是海尔腾飞之魂。
管理模式：日清日高，日事日毕，全员自我管理。
质量观念：质量是海尔生存之本。
战略思想：大品牌、大科研、大市场、资本活、企业文化统一。
品牌战略：海尔总目标下的名牌产品群战略，企业品牌—产品品牌—行销品牌。
资本营运：无形资产兼并盘活有形资产。
技改理念：不在低水平上重复投资，先有市场，后有工厂。
服务理念：用户永远是对的，国际星级服务。
人才观念：人人是人才，赛马不相马。

一、企业文化

1. 企业文化的概念

企业文化是一个组织由其价值观、信念、仪式、符号、处事方式等组成的其特有的文化形象。企业文化是企业为解决生存和发展的问题而树立形成的，被组织成员认为有效而共享，并共同遵循的基本信念和认知。企业文化集中体现了一个企业经营管理的核心主张，以及由此产生的组织行为。

2. 企业文化的层次

（1）企业物质文化。

企业物质文化是由企业员工创造的产品和各种物质设施等构成的器物文化，它是一种以物质为形态的表层企业文化，是企业行为文化和企业精神文化的显现和外化结晶。

企业标志：如企业名称、企业象征物等。
生产或服务：如生产制造出质量可靠、性能价格比高的商品。
工作环境或厂容：如办公环境、经营环境均整洁、明亮、舒适。
技术装备：如配置先进、适用的机器设备。
后援服务：如为服务对象提供无微不至、主动、便利的服务。
人才资源：如通过全程、终身培训使员工均达到行业社会优秀水平，人尽其才。

福利待遇：如公司员工通过辛勤劳动获得行业和当地领先的工资、福利待遇。

（2）企业制度文化。

企业制度文化是由企业的法律形态、组织形态和管理形态构成的外显文化。合理的制度必然会促进正确的企业经营观念和员工价值观念的形成，并使员工形成良好的行为习惯。

① 企业目标。企业目标是以企业经营目标形式表达的一种企业观念形态的文化。

② 制度文化。制度是一种行为规范，是任何一个社会及组织团体正常运转所必不可少的因素之一。它是为了达到某种目的，维护某种秩序而人为制定的程序化、标准化的行为模式和运行方式。企业制度的基本功能有：企业制度具有企业价值观导向的功能；企业制度是实现企业目标的保障；企业制度是调节企业内人际关系的基本准则；企业制度是组织企业生产经营、规范企业行为的基本程序和方法；企业制度是企业的基本存在和功能发挥的实际根据。

（3）企业精神文化。

企业精神文化是企业在生产经营中形成的一种企业意识和文化观念，它是一种意识形态上的深层企业文化。

① 企业哲学。企业哲学的根本问题是企业中人与物、人与经济规律的关系问题。

② 企业价值观。指导企业有意识、有目的地选择某种行为去实现物质产品和精神产品的满足的思想体系，就构成了企业的价值观。

③ 企业精神。企业精神是现代意识与企业个性结合的一种群体意识。现代意识是现代社会意识、市场意识、质量意识、信念意识、效益意识、文明意识、道德意识等汇集而成的一种综合意识。企业个性包括企业的价值观念、发展目标、服务方针和经营特色等基本性质。

④ 企业道德。企业道德是调整企业之间、员工之间关系的行为规范的总和。企业道德的一般本质是一种企业意识，而其特殊本质则表现在它区别于其他企业意识的内在特质上。

二、企业形象

企业形象是指人们通过企业的各种标志（如产品特点、行销策略、人员风格等）而建立起来的对企业的总体印象，是企业文化建设的核心。企业形象是企业精神文化的一种外在表现形式，它是社会公众与企业接触交往过程中对企业产生的总体印象。这种印象是通过人体的感官传递获得的。企业形象能否真实反映企业的精神文化，以及能否被社会各界和公众舆论所理解和接受，在很大程度上取决于企业自身的主观努力。

企业形象的构成要素如表 3-1 所示。

表 3-1　企业形象的构成要素

构　　成	组　成　要　素
产品形象	质量、款式、包装、商标、服务
组织形象	体制、制度、方针、政策、程序、流程、效率、效益、信用、承诺、服务、保障、规模、实力
人员形象	领导层、管理群、员工
文化形象	历史传统、价值观念、企业精神、英雄人物、群体风格、职业道德、言行规范、公司礼仪
环境形象	企业门面、建筑物、标志物、布局装修、展示系统、环保绿化
社区形象	社区关系、公众舆论

企业形象的构成要素虽然非常复杂，但我们可以将其归纳为 3 个层次，即理念形象、行为形象和视觉形象。

（1）企业理念形象——由企业哲学、企业宗旨、企业精神、企业发展目标、经营战略、企业道德、企业风气等精神因素构成的企业形象子系统。

（2）企业行为形象——由企业组织及组织成员在内部和对外的生产经营管理及非生产经营性活动中表现出来的员工素质、企业制度、行为规范等因素构成的企业形象子系统。内部行为包括员工招聘、培训、管理、考核、奖惩，各项管理制度、责任制度的制定和执行，企业风俗习惯等；对外行为包括采购、销售、广告、金融、公益等公共关系活动。

（3）企业视觉形象——由企业的基本标志及应用标志、产品外观包装、厂容厂貌、机器设备等构成的企业形象子系统。其中，基本标志指企业名称、标志、商标、标准字、标准色，应用标志指象征图案、旗帜、服装、口号、招牌、吉祥物等，厂容厂貌指企业自然环境、店铺、橱窗、办公室、车间及其设计和布置。

在企业形象的 3 个子系统中，企业理念形象是最深层次、最核心的部分，也最为重要的，它决定了企业行为形象和企业视觉形象；而企业视觉形象是最外在、最容易表现的部分，它和企业行为形象都是企业理念形象的载体和外化；企业行为形象介于上述两者之间，它是企业理念形象的延伸和载体，又是企业视觉形象的条件和基础。如果将企业形象比作一个人，企业理念形象就是他的头脑，企业行为形象就是其四肢，企业视觉形象则是其面容和体形。

企业形象有好坏之分，当企业在社会公众中具有良好的企业形象时，消费者就愿意购买该企业的产品或接受其提供的服务；反之，消费者将不会购买该企业的产品，也不会接受其提供的服务。企业形象的好坏不能一概而论，多数人认为某企业很好时，可能另有一些人感受很差，而这种不良的印象将决定他（她）不会接受该企业的产品或服务。任何事物都不能追求十全十美，因此，我们在这里必须把握矛盾的主要方面，从总体上认识和把握企业形象。

三、企业形象设计

企业形象设计（Corporate Identity，CI）是指企业有意识、有计划地将自己企业的各种特征向社会公众主动地展示与传播，使公众在市场环境中对某一个特定的企业有一个标准化、差别化的印象和认识，以便更好地识别并留下良好的印象。

CI 一般分为 3 个方面，即企业的理念识别（Mind Identity，MI）、行为识别（Behavior Identity，BI）和视觉识别（Visual Identity，VI）。

1. 理念识别

理念识别是确立企业独具特色的经营理念，是企业生产经营过程中设计、科研、生产、营销、服务、管理等经营理念的识别系统。它是企业对当前和未来一个时期的经营目标、经营思想、营销方式和营销形态所做的总体规划和界定，主要包括企业精神、企业价值观、企业信条、经营宗旨、经营方针、市场定位、产业构成、组织体制、社会责任和发展规划等，属于企业文化的意识形态范畴。

2. 行为识别

行为识别是企业实际经营理念与创造企业文化的准则，它是对企业运作方式所做的统一

规划而形成的动态识别形态。它是以经营理念为基本出发点，对内建立完善的组织制度、管理规范、职员教育、行为规范和福利制度；对外开拓市场调查、进行产品开发，通过社会公益文化活动、公共关系、营销活动等方式来传达企业理念，以获得社会公众对企业的认同。

3. 视觉识别

视觉识别是以企业标志、标准字体、标准色彩为核心展开的完整体系的视觉传达，是将企业理念、文化特质、服务内容、企业规范等抽象语义转换为具体符号，塑造出独特的企业形象。视觉识别系统分为基本要素系统和应用要素系统两方面。基本要素系统主要包括企业名称、企业标志、标准字、标准色、象征图案、宣传口语、市场行销报告书等。应用要素系统主要包括办公事务用品、生产设备、建筑环境、产品包装、广告媒体、交通工具、衣着制服、旗帜、招牌、标志牌、橱窗、陈列展示等。视觉识别最具有传播力和感染力，最容易被社会大众接受，在CI系统中占据主导地位。

技能提升

某房地产股份公司注册资本为人民币 2 亿元。后来由于房地产市场不景气，公司年底出现亏损，亏损总额为人民币 7000 万元。某股东据此请求召开临时股东大会。公司决定于次年 4 月 10 日召开临时股东大会，并于 4 月 1 日在报纸上向所有股东发出了会议通知。通知确定的会议议程包括以下事项。

（1）选举更换部分董事，选举更换董事长、全部监事。
（2）更换公司总经理。
（3）就公司与另一房地产公司合并做出决议。

在股东大会上，上述各事项均经出席大会的股东所持表决权的半数通过。

小思考：

1. 公司发生亏损后，在股东请求时，是否应召开股东大会？为什么？
2. 在临时股东大会的召集、召开过程中，是否有与法律规定不相符的地方？

去工作吧！

在培训之前，小李不知道何为组织结构，也不清楚自己的企业应该设立怎样的管理模式，更不知道大家常说的企业文化和企业形象还有这么多内涵，经过培训，他已心中有数了。

"码"上提升

资源列表	二维码
1. 案例：诺基亚公司治理案例分析 2. 案例：可口可乐的 CIS 设计 3. 视频	

模块四　企业人力资源管理

——人岗匹配、活力无限

学习目标

目标类型	具体目标
知识目标	了解人力资源及人力资源管理的基本概念、基本内容
	理解人力资源规划的含义及流程
	掌握人力资源招聘和培训的方法及流程
	掌握人力资源绩效考核的内容、方法及流程
	掌握薪酬体系的构成、影响因素、制定流程
技能目标	能够组织人员开展招聘工作
	能够对相关岗位上的人员进行培训安排
	能够制定完善的绩效考核制度
	能够合理地安排不同人员的薪酬结构

职业岗位能力分解

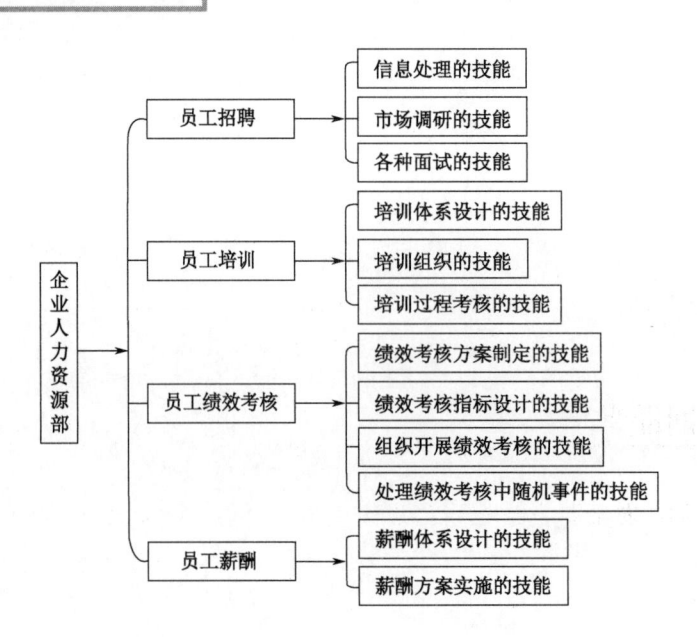

```
                    ┌─ 员工招聘 ──┬─ 信息处理的技能
                    │             ├─ 市场调研的技能
                    │             └─ 各种面试的技能
                    │
                    ├─ 员工培训 ──┬─ 培训体系设计的技能
   企业人力资源部 ──┤             ├─ 培训组织的技能
                    │             └─ 培训过程考核的技能
                    │
                    ├─ 员工绩效考核 ┬─ 绩效考核方案制定的技能
                    │               ├─ 绩效考核指标设计的技能
                    │               ├─ 组织开展绩效考核的技能
                    │               └─ 处理绩效考核中随机事件的技能
                    │
                    └─ 员工薪酬 ──┬─ 薪酬体系设计的技能
                                  └─ 薪酬方案实施的技能
```

经营背景续集

小李的企业已经初步完成了前期的基础工作,组织结构也设置了,但是要想尽快地投入运行并产生经济效益,主要的问题即人的问题还没有解决:其一,自己的企业需要多少人、需要什么样的人,需要人做什么;其二,招聘进来的人应该经过怎么样的培训才能满足具体岗位的需要;其三,如何对员工的工作结果进行考核;其四,薪酬体系到底该怎么设置才能最大限度地调动员工的工作积极性等。经过权衡,小李还是决定先系统地学习有关人力资源管理方面的知识再做安排。因此,小李决定到本地著名的人力资源管理培训机构进行短期学习。

培训体系表

培训项目	企业人力资源管理培训	
培训内容安排	具体内容	重点提示
人力资源规划	一、人力资源管理概述 二、人力资源规划的含义与作用 三、人力资源规划的内容 四、人力资源规划的流程	人力资源与人力资源管理 人力资源规划的内容 人力资源规划的流程
人力资源的招聘与培训	一、人力资源招聘 二、人力资源培训	人力资源招聘的途径 人力资源招聘的流程 人力资源培训的方法 人力资源培训的流程
人力资源的绩效考核	一、绩效考核的概念和作用 二、绩效考核的内容 三、绩效考核的流程 四、绩效考核的方法	绩效考核的内容 绩效考核的流程 绩效考核的方法
人力资源的薪酬管理	一、关于薪酬 二、薪酬体系 三、影响企业制定薪酬体系的因素 四、薪酬体系制定的流程 五、全面薪酬战略	薪酬体系的构成 影响企业制定薪酬体系的因素 薪酬体系制定的流程

走进培训课堂

小李报名成功后,对培训课程充满了期待,让我们和小李一起进入精彩的培训课堂吧。

任务一　人力资源规划

经典透视

不见踪迹的飞龙集团

1990年10月，飞龙集团只是一个注册资金只有75万元，员工几十人的小企业，而它在1991年实现利润400万元，在1992年实现利润6000万元，1993年和1994年的利润都超过2亿元。短短几年，飞龙集团可谓飞黄腾达。但1995年6月，飞龙集团突然在报纸上登出一则广告——飞龙集团进行休整，之后便销声匿迹了。这是为什么？1997年6月，消失两年的飞龙集团总裁姜伟突然"钻"出来了，并坦率地承认飞龙的失败是人才管理失误造成的。

飞龙集团除1992年向社会严格招聘营销人才外，从来没有认真地对人才结构进行过战略性设计。随机招收人员、凭人情招收人员，甚至出现因为亲情、家庭、联姻等来招收人员的现象，而且持续3年之久。作为已经发展成为国内医药保健行业前几名的公司，外人或许难以想象，公司竟没有一个完整的人才结构，竟没有一个完整的选择和培养人才的规章。人员素质偏低，让企业处在一个低水平的运行状态。从1993年开始，飞龙集团在无人才结构设计的前提下，盲目地大量招收中医药方向的专业人才，并且安插在企业所有部门和机构，造成企业高层、中层知识结构单一，企业人才结构的不合理，严重地阻碍了一个大型企业的发展。最后导致整个公司缓慢甚至停滞发展。

小思考：飞龙集团失败的原因是什么？

人力资源管理已经是企业管理中最重要的职能管理之一，人力资源已经成为企业在市场竞争中制胜的法宝，是企业培育核心竞争力的关键，是企业可持续发展的制约性因素，更是企业实现目标的支柱。因此，企业人力资源的开发和管理越来越受到企业的关注和重视。

一、人力资源管理概述

1. 人力资源的含义

21世纪，人力资源是第一资源已经在全球范围内达成了共识，人力资源已经成为国家、企业及其他各类组织发展壮大的关键资源。所谓人力资源是指在一定的空间和时间范围内能够进行价值发现和价值创造的体力劳动和脑力劳动能力的总和。

人力资源的基础是人的体力和智力，从实践的角度来看，包括体质、智力、知识、技能4个方面。人力资源与其他资源一样也具有特质性、可用性、有限性。

人力资源包括数量和质量两个方面。人力资源的数量为具有劳动能力的人口数量，其质量是指经济活动人口具有的体质、文化知识和劳动技能水平。一定数量的人力资源是社会生产必要的先决条件。在现代科学技术飞跃发展的情况下，经济发展主要靠经济活动人口素质的提高,随着生产中广泛应用现代科学技术,人力资源的质量在经济发展中将起着愈来愈重要的作用。

人口资源、人力资源和人才资源三者之间既有联系也有区别。人口资源是指一个国家或地区所拥有的人口的总量,它是一个最基本的底数,一切人力资源、人才资源皆产生于这个最基本的人口资源中,它主要表现为人口的数量。人才资源是指一个国家或地区中具有较多科学知识、较强劳动技能,在价值创造过程中起关键或重要作用的那部分人。人才资源是人力资源的一部分,即优质的人力资源。人口资源、人力资源、人才资源三者的关系如图 4-1 所示。

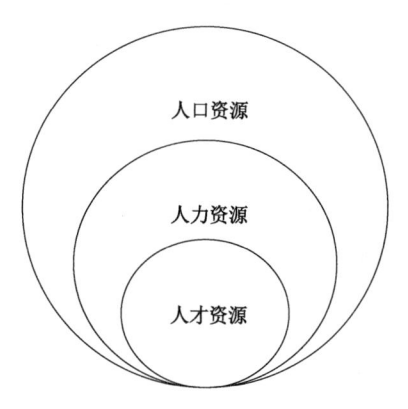

图 4-1 人口资源、人力资源、人才资源三者的关系

思考一下:

你目前是人口资源、人力资源、人才资源 3 种的哪一种?我们应该如何让自己变成一名人才,发挥更大的价值呢?

2. 人力资源管理

(1) 人力资源管理的概念。

人力资源管理是指组织为了实现既定目标,运用科学的方法,对组织的人力资源从招人、育人、用人、留人及发展人等方面进行的计划、组织、领导、激励、控制和创新等活动的动态过程。人力资源管理是以人为中心、以人的发展为主线、以培训为主要手段、以绩效考核为主要的控制方式、以薪酬激励为主要的激励方式,为提高劳动生产率所开展的一系列活动的总称。

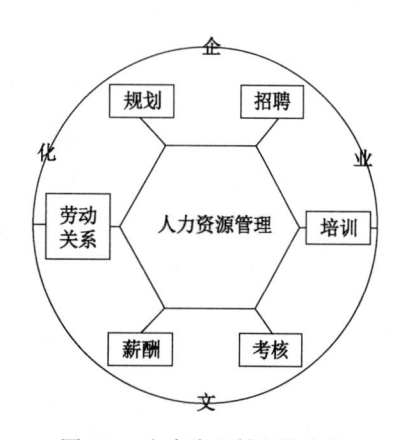

(2) 人力资源管理的内容。

人力资源管理的内容如图 4-2 所示。

(3) 人力资源管理和传统人事管理的区别。

传统人事管理和人力资源管理有着本质的区别,两者在管理的中心、在企业中的地位、管理模式、管理对象等

图 4-2 人力资源管理的内容

方面都有着不同，具体如表 4-1 所示。

表 4-1　传统人事管理与人力资源管理的区别

项　目	传统人事管理	人力资源管理
管理的中心	以工作为中心	以人为中心
管理模式	被动型	主动型
管理对象	劳动力	知识型员工
管理的性质	带有很强的操作性	带有很强的战略性
在企业中的地位	执行层	决策层

二、人力资源规划的含义与作用

在企业人力资源管理中，人力资源规划是起步工作，人力资源规划必须服务于企业的战略要求，必须为企业发展做好各项人才工作。人力资源规划是企业建立战略型人力资源管理体系的前瞻性保障，通过对企业人力资源的供需分析，预见人才需求的数量和质量要求，以此确定人力资源工作策略。

1. 人力资源规划的含义

人力资源规划（Human Resource Planning, HRP）亦称人力资源计划，是指企业根据既定的发展战略和经营目标，通过对企业未来的人力资源的需要和供给状况的分析及预测，运用科学的方法对人力资源的获取、配置、使用等各个环节进行职能性策划，以确保组织对人力资源在时间和空间上的需要，最终完成企业目标的过程。企业发展所处的环境是不断变化的，鉴于人力资源在企业管理中的重要地位，不能在人力资源管理的相关方面随意开展工作，必须有计划，要对未来的人力资源市场上的供需情况进行预测和判断，只有这样，人力资源规划才能统领人力资源管理的其他各项活动。

2. 人力资源规划的作用

（1）有利于组织目标的实现。

组织目标能否实现关键要看有没有明确可行的规划，规划具有导向性和纲领性，对组织的各项活动具有指导和保障作用，因此，人力资源规划有利于组织目标的实现。

（2）有利于企业人力资源的可持续发展。

企业在发展过程中，应该保持人力资源的连续性，应该根据企业目前人力资源的现状和未来发展对人力资源的需求和供给进行基本的预测和规划，保证人才供应的连续性，实现人岗匹配，不断满足企业发展对人才源源不断的需求。

（3）有利于规范企业的人力资源管理活动。

管理既是一门科学，也是一门艺术，人力资源管理活动和其他管理活动一样应该依据科学管理方法进行规范管理，避免经验主义和主观主义。人力资源规划是对未来人才发展做出的安排，它使得各项管理活动有标准可循，有目标可以实现，有利于管理效率的提高和管理的规范化。

（4）有利于员工的发展和成才。

人力资源具有明显的可开发性，企业依据员工的专业特长、兴趣爱好，结合工作岗位，有计划地开展培训工作，可以不断地提高员工的工作技能和工作业绩。同时，对于员工的工作过程控制和工作结果的评价也都有严格的计划和程序，以便调动员工工作的积极性，员工自身也能获得不断的发展和成长。

三、人力资源规划的内容

人力资源规划既有战略性规划，即对企业人力资源开发和管理的大政方针、政策和策略的规定，也是各种人力资源计划的核心，带有全局性；也有战术性计划，即根据企业未来外部人力资源供求的预测，以及企业的发展对人力资源的需求量的预测，根据预测的结果制定的具体方案包括招聘、培训、使用、薪酬、人员退休及解聘等方面的内容。本书将从战术性角度出发进行阐述，具体人力资源规划的内容如图4-3所示。

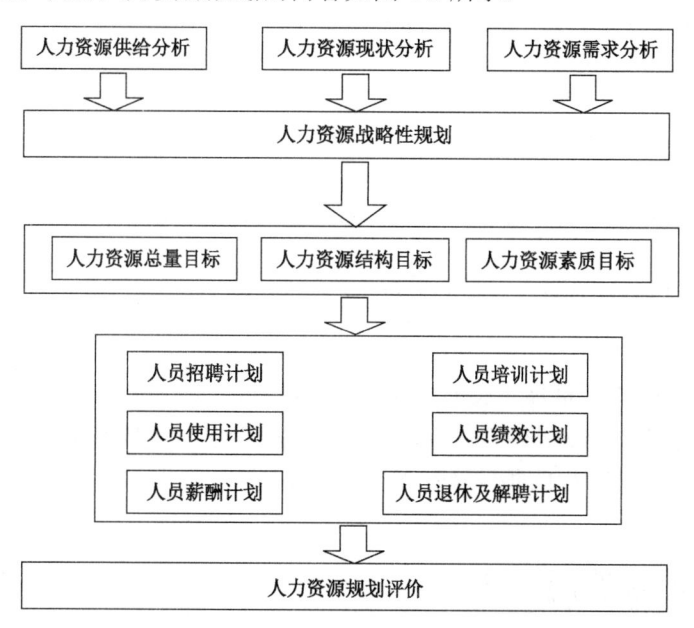

图4-3 人力资源规划的内容

四、人力资源规划的流程

对企业的人力资源进行规划，应该按照如下流程进行。

1. 企业经营战略及经营环境分析

企业对人才的需求是建立在企业实现既定战略目标的基础上的，企业战略对人力资源战略具有很强的指导作用。企业人才的引进、培训内容的确定、绩效考核体系和薪酬体系的制定都应该结合企业的经营战略和企业所处的经营环境来开展，只有这样，人力资源才能发挥其智力支持的保障作用。

2. 企业人力资源的现状分析

对人力资源进行现状分析，主要是对企业员工的专业结构、学历结构、年龄结构、技能结构等方面进行分析，对职业岗位的匹配性、企业成长和员工发展的融合性、工作效率和工作质量的符合性等方面做出判断，寻找企业人力资源管理的短板，为人力资源管理提供决策支持。

3. 企业人力资源供需情况分析

企业人力资源供求达到平衡（包括数量和质量）是人力资源规划的目的。企业人力资源的供求关系有 3 种情况：人力资源供求平衡；人力资源供大于求；人力资源供小于求。人力资源规划就是根据企业人力资源供求预测结果，制定相应的政策措施，使企业未来的人力资源供求实现平衡。

4. 人力资源总体计划和专项计划的制订

人力资源总体计划是企业从全局出发，结合企业经营战略和经营目标来确定的，主要从宏观方面进行安排。专项计划是总体计划的分解，是结合人力资源管理的功能模块展开的，主要有招聘计划、培训计划、薪酬计划、人才成长计划等。总体计划是专项计划的指导纲要，也是专项计划的行动指南。总体计划和专项计划是整体和部分的关系。

5. 人力资源计划执行监督、分析和调整

没有执行力的计划就是一纸空文，没有任何的实际意义。因此，加强人力资源计划的执行监督是保证人力资源管理目标实现的重要手段。同时，对人力资源计划的执行情况进行分析可以及时发现计划存在的问题并且进行调整，使企业的人力资源管理更加适应市场环境的变化，更好地为企业经营目标的实现做好人力资源支持。

任务二　人力资源的招聘与培训

经典透视

江城联合公司的人才选拔

江城联合公司是本地一家企业，经营、印制初级教育直至大学教育的教材用书，系列、完整的商贸性出版物，以及其他非教育类的出版物。

肖海是赵杰介绍过来的，赵杰和肖海从少年时代就是好朋友，后来又一起就读于北京的一所大学。赵杰是工作表现非常优秀的一名员工，负责西部地区的销售，赵杰在到公司的短短两年时间内，就将自己负责区域内的销售额增加了 3 倍，其工作表现表明他有很大的发展潜力。

肖海申请的是地区销售主管，主要负责一个团队，专门与大学里的教授们打交道。从档案上看，肖海似乎是一个能折腾的人。他在大学毕业后的10年里，没有一项固定的工作。在其工作历程中，持续时间最长的是在南京的一家公司做了8个月的销售部经理，其他时间还做过许多其他的工作，如记者、导游、保险、拍广告，包括酒店领班，所做的一切都有些出人意料。

根据肖海的经历，大多数公司会取消考虑他的资格。但江城联合公司的人力经理杜一鸣还是决定对肖海的申请给予进一步考虑。一方面因为他是赵杰推荐的，赵杰的工作很出色，而赵杰对肖海又很熟悉，很了解他的能力。另一方面肖海有着优越的条件来胜任这份工作。他的父母是名校的大学教授，他自己是在学术氛围中成长起来的，他是一个有修养、有能力、知进退的人。

杜一鸣和赵杰及其另外一位朋友（作为顾问）一道会见了肖海。在会见后，杜一鸣和顾问都认为，如果他能安顿下来投入工作，他会成为一名优秀的销售主管。但他们也意识到还是存在风险：那就是肖海有可能再次变得不耐烦而离开。不过杜一鸣还是决定暂时雇用肖海。按照公司挑选人才的程序，在正式雇用应聘者之前需对每位应聘者进行一系列心理测试。

一些测试表明：肖海充满智慧且具有相当熟练的社会技能。但是，其余几项关于个性和兴趣的测试，却呈现了令公司难以接受的另一个侧面。测试报告说：肖海有高度的个人创造力，这将使他不可能接受权威，不可能安顿下来投入一个大的部门所要求的工作中去。关于他的个性评估了许多，但所有一切都归于一个事实：他不是公司想雇用的那种人。看了测试结果，杜一鸣又拿不定主意是否向总裁建议雇用肖海。

小思考：

1. 企业外部招聘的渠道主要有哪些？本案例属于哪一种？
2. 面试的目的是什么？面试的提问技巧有哪些，分别举例说明。
3. 影响面试有效性的因素有哪些？
4. 你认为公司是否应录用肖海？假如你是杜一鸣，你会如何处理这件事情？

一、人力资源招聘

1. 人力资源招聘的概念

招聘是企业人力资源工作的重要内容，通过招聘，企业可以补充职位空缺，也可以为企业引进发展急需的人才，还可以为企业的变革注入新鲜的血液。一般来讲，招聘就是企业吸引应聘者并从中选拔、录用企业需要人才的过程。

2. 人力资源招聘的途径

人力资源招聘的途径主要有两个：其一是内部招聘，主要有内部公开招聘、内部选拔、

横向调动、岗位轮换和召回等；其二是外部招聘，主要有广告、中介机构、现场招聘、推荐和网络招聘等。大家通常所说的招聘主要指的是外部招聘，事实上，内部招聘已经成为很多企业在出现岗位空缺时的重要选择。

（1）内部选拔。

内部选拔在大型企业比较常见，当一个岗位需要招聘时，管理人员首先想到的是内部选拔是否能解决该问题。内部选拔的主要优点：给员工提供发展空间和上升机会，有利于增强企业的凝聚力，留住人才；有利于激励员工奋发向上；易于形成企业文化；人员熟悉，降低部分用人风险；费用低廉，手续简便。其主要缺点：自我封闭，不易吸收优秀人才，不易吸收优秀文化，不利于创新，有可能使企业缺少活力。

（2）岗位轮换。

岗位轮换是企业有计划地按大概确定的期限，让职工（干部）轮换担任若干种不同工作的做法，从而达到考察职工的适应性和开发职工多种能力、提高换位思考意识、进行在职训练、培养主管的目的。岗位轮换现已成为企业培养人才的一种有效方式。在一些大型的高科技企业中实行岗位轮换制的公司较多，华为、西门子、爱立信、柯达、海尔、北电网络、联想、明基等公司都在公司内部或跨国分公司之间进行了成功的岗位轮换。

（3）广告招聘。

广告招聘是招聘的一种重要方式，是行之有效的招聘渠道之一。它是指通过报刊、网络、电视、广播等大众媒体向求职者发布人才需求信息，以吸引符合企业用人要求的人员的一种外部招聘方法。

（4）中介机构。

通过中介机构获取人才也是一种常见的人才引进的办法，中介机构掌握着求职者和招聘者的双重信息，很容易帮助企业找到合适的人才。尤其是层级较高的管理岗位，对人才需求标准比较高的，通过中介机构更容易获取。

（5）推荐。

推荐主要是通过企业内部人员或熟人进行引荐，如客户、股东、管理层的推荐，对企业而言，能够更好地掌握推荐的人才的详细情况，可以适当地降低风险，但同时也要防止任人唯亲。

（6）网络招聘。

网络招聘也被称为电子招聘，是指通过技术手段的运用，帮助企业人事经理完成招聘的过程，即企业通过公司自己的网站、第三方招聘网站等机构，使用简历数据库或搜索引擎等工具来完成招聘过程。

3. 人力资源招聘的流程

人力资源招聘的流程如图4-4所示。

在上述人力资源招聘流程中，人力资源计划和职位说明书是开展后续招聘工作的前提和依据，在具体的岗位上需要具备何等素质和技能的人参与工作，职位说明书上有很好的依据和指导。因此，招聘的效果如何，关键看有什么样的人力资源计划和职位说明书。

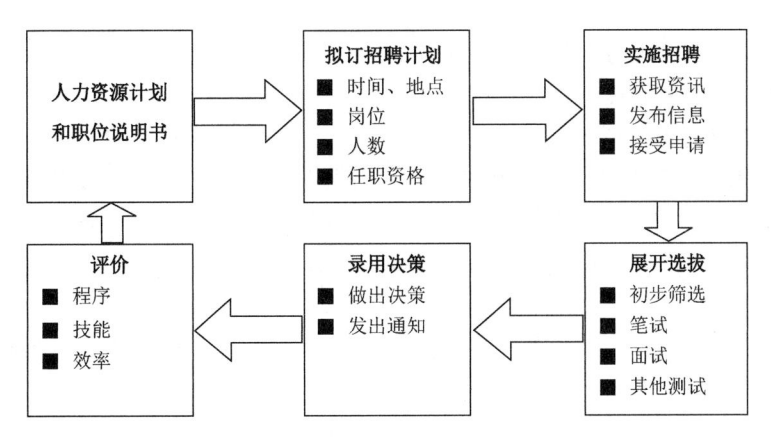

模块四　企业人力资源管理——人岗匹配、活力无限

```
┌──────────┐      ┌──────────┐      ┌──────────┐
│人力资源计划│ ───▶ │拟订招聘计划│ ───▶ │实施招聘   │
│和职位说明书│      │■ 时间、地点│      │■ 获取资讯 │
│          │      │■ 岗位    │      │■ 发布信息 │
│          │      │■ 人数    │      │■ 接受申请 │
│          │      │■ 任职资格│      │          │
└──────────┘      └──────────┘      └──────────┘
     ▲                                      │
     │                                      ▼
┌──────────┐      ┌──────────┐      ┌──────────┐
│评价       │ ◀─── │录用决策   │ ◀─── │展开选拔   │
│■ 程序    │      │■ 做出决策│      │■ 初步筛选│
│■ 技能    │      │■ 发出通知│      │■ 笔试    │
│■ 效率    │      │          │      │■ 面试    │
│          │      │          │      │■ 其他测试│
└──────────┘      └──────────┘      └──────────┘
```

图 4-4　人力资源招聘的流程

知识链接

海尔的人才观

"人人是人才，赛马不相马"——你能够翻多大跟头，就给你搭建多大舞台。

现在缺的不是人才，而是出人才的机制。管理者的责任就是要通过搭建"赛马场"为每个员工营造创新的空间，使每个员工成为自主经营的 SBU（战略业务单元）。

赛马机制具体而言，包含 3 条原则：一是公平竞争，任人唯贤；二是职适其能，人尽其才；三是合理流动，动态管理。在用人制度上，实行一套优秀员工、合格员工、试用员工"三工并存，动态转换"的机制。在干部制度上，海尔对中层干部分类考核，每位干部的职位都不是固定的，届满轮换。海尔人力资源开发和管理的要义是，充分发挥每个人的潜在能力，让每人每天都能感到来自企业内部和市场的竞争压力，又能够将压力转换成竞争的动力，这就是企业持续发展的秘诀。

4. 企业在人力资源招聘中应注意的事项

企业的人力资源招聘是企业人力资源工作的基础和关键，企业在经营管理中要想实现战略目标，就必须规范系统地开展人力资源招聘工作，在具体实施过程中要注意如下几个方面的事项。

（1）要认真分析企业的岗位需求。

企业招聘工作的出发点是企业在经营过程中产生了岗位人员需求，企业通过招聘填补空缺岗位以满足企业可持续发展的需求。因此，企业是否要进行招聘，以及招聘什么类型的人才均应该以企业的实际岗位需求为依据，企业在开展人力资源招聘前一定要认真分析企业的岗位需求，形成比较规范的岗位需求分析报告，明确招聘的范围和目标。

（2）要认真分析岗位的胜任力。

在明确了企业岗位需求的基础上，必须全面系统地分析每个岗位的胜任力，即对专业岗位上特定的能力需求进行分析，明确完成岗位工作需要的知识、能力和素质特点，分析的结果应该以岗位说明书的形式体现出来，基于岗位胜任力进行的人力资源选拔才能真正做到人岗匹配，才能发挥人才优势，从而创造更好的价值。

（3）要有针对性地选择招聘渠道。

企业进行人力资源招聘的渠道是非常丰富的，也呈现出多元化的特点，每个类型的人才都有相对固定的活动领域和空间，企业明确了招聘人才的类型后，就可以有针对性地选择招聘渠道进行招聘，这样既提高了招聘的效率，也节约了招聘的成本，如大学毕业生大都采取校园招聘的方式，成熟型人才大多采取猎头公司的方式。

（4）要合理设计招聘环节及评价指标。

目前在人才招聘过程中，考核环节都比较复杂，但是不一定有效，原因就是具体岗位的专业人才必须通过有针对性的考核环节才能发现，如笔试和面试的选择，有些岗位是不需要笔试的，而且笔试更多地测试应聘者的专业知识水平，而不是专业技术水平，更不是实际工作水平。所以，企业在招聘过程中应该合理设计招聘环节和评价指标，以便有效地选拔人才。

知识链接

名企老总谈用人

1. 诺基亚：以人为本

诺基亚企业文化的核心是"以人为本"，体现在人才的判断价值上，公司是通过两个方面去实践"以人为本"的：一是硬件系统，包括专业水平、业务水平和技术背景，一般由部门的执行经理来考查；二是软件系统，包括沟通能力、创新能力及灵活性等，一般由人力资源部门来考查。

2. 摩托罗拉：5个E

第一个 E——Envision（远见卓识）：对科学技术和公司的前景有所了解，对未来有憧憬；第二个 E——Energy（活力）：要有创造力，并且灵活地适应各种变化，具有凝聚力，带领团队共同进步；第三个 E——Execution（行动力）：不能光说不做，要行动迅速、有步骤、有条理、有系统性；第四个 E——Edge（果断）：有判断力、是非分明、敢于并且能做出正确的决定；第五个 E——Ethics（道德）：品行端正、诚实、值得信任、尊重他人、具有合作精神。

3. 壳牌：CAR潜质

壳牌招聘人才主要是着眼于未来的需要，所以十分看重人的发展潜质。壳牌把发展潜质定义为 CAR，即：分析力（Capacity），能够迅速分析数据，在信息不完整和不清晰的情况下能确定主要议题，分析外部环境的约束，分析潜在影响和联系，在复杂的环境中和局势不明的情况下能提出创造性的解决方案；成就力（Achievement），给自己和他人有挑战性的目标，出成果，百折不挠，能够权衡轻重缓急和不断变化的要求，有勇气处理不熟悉的问题；关系力（Relation），尊重不同背景的人提出的意见并主动寻求这种意见，表现诚实和正直，有能力感染和激励他人，能坦率、直接和清晰地沟通，建立富有成效的工作关系。

4. IBM：高绩效

IBM 需要"高绩效"的人才，在 IBM 的"高绩效"文化中，主要包括以下 3 个方面：Win——必胜的决心；Execution——又快又好的执行能力；Team——团队精神。

二、人力资源培训

人是生产力诸要素中最重要、最活跃的因素，企业价值的实现归根结底是由人的创造性劳动所致的，人的素质的提高，一方面需要个人在工作中的钻研和探索，另一方面需要有计划、有组织的培训。

1. 人力资源培训的方式

人力资源培训的方式主要有 3 种：在职培训、脱产培训和半脱产培训。在职培训就是人员不离开工作岗位，不影响正常工作，比较经济实用，但是缺乏系统的组织，不是很规范。脱产培训就是人员要脱离工作岗位，专门接受培训，可以到学校、培训机构或内部的培训基地进行培训，这种培训时间集中、精力集中、技能提高速度较快，但是需要专门组织，成本较高。半脱产培训介于二者之间，可在一定的程度上克服二者的缺点，吸纳二者的优点，从而较好地兼顾费用和质量。

2. 人力资源培训的具体方法

人力资源培训的具体方法有课堂演讲、师徒式培训、讨论会、工作轮换、录像播放、职位扮演、案例研究、内部网课程学习、远程教育和自学等。企业可以根据具体的岗位要求、受训者自身的基础、成本、培训内容等来选择合适的培训方法。

3. 人力资源培训的工作流程

人力资源培训的工作流程主要包括 6 个阶段：分析培训需求、确定培训目标、设计培训方案、组织实施培训、培训结果评估的反馈，如图 4-5 所示。

分析培训需求 → 确定培训目标 → 设计培训方案 → 组织实施培训
↑   ↓
反 馈 ← ─────────────────────── 培训结果评估

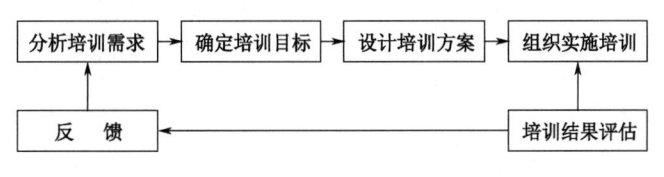

图 4-5　人力资源培训的工作流程

任务三　人力资源的绩效考核

经典透视

某公司的年终绩效考核

某公司又到了年终绩效考核的时候了，从主管人员到普通员工每个人都忐忑不安。公司采用末位淘汰法，到年底，根据员工的表现，将每个部门的员工划分为 A、B、C、D、E 五

个等级，分别占 10%、20%、40%、20%、10%，如果员工有一次排在最后一级，工资就降一级，如果有两次排在最后一级，则下岗进行培训，培训后根据考察的结果再决定是否上岗，如果上岗后还排在最后一级，则被淘汰，培训期间只领取基本生活费。主管人员与普通员工对这种绩效考核方法都很有意见。财务部主管老高每年都为此煞费苦心，该部门是职能部门，大家都没有什么错误，工作都完成得很好，把谁评为 E 档都不合适。去年，小田因家里有事，请了几天假，有几次迟到了，但是也没耽误工作。老高没办法只好把小田报上去了。为此，小田到现在还耿耿于怀。今年又该把谁报上去呢？

小思考：

1. 财务部是否适合采用末位淘汰的方法进行绩效考评？为什么？
2. 如果重新设计该公司财务部门的绩效考评方案，你认为应该注意哪些问题？

一、绩效考核的概念和作用

1. 绩效考核的概念

绩效考核是企业人力资源管理的重要环节，在人力资源管理中，员工工作的综合评价结果对员工工作的积极性和主动性的影响很大，员工的付出和回报是否对等，主要依靠的就是企业完善的绩效考核制度。所谓绩效考核，是指企业为了实现既定目标，在经营战略的指导下，运用科学的考核指标体系和考核方法，对员工过去的工作表现及工作行为进行综合评价，以正面指导和影响将来的工作表现和工作行为，进而实现战略目标的动态管理。对于绩效考核的概念进一步解释有如下几个方面。

（1）绩效考核的最终目标是实现组织目标，既包括人力资源管理目标，也包括绩效考核本身的目标，即正面指导和影响将来的工作表现和工作行为。

（2）绩效考核的依据是企业完善的考评指标体系和考评标准。

（3）绩效考核的内容既包括工作结果，也包括影响工作结果的工作行为。

（4）绩效考核的方法是多样的、科学的，不是唯一的、主观的。

2. 绩效考核的作用

绩效考核不仅对人力资源管理重要，对企业的其他管理活动也一样重要，对目标的实现、提升利益分配的公平性和增强激励的效果都有非常重要的作用。

（1）强化目标管理。

绩效考核本质上是一种动态的过程管理，不仅仅是对工作结果的考核，它是将企业总体目标分解成年度、季度、月度目标，不断督促员工实现、完成目标，有效的绩效考核能够起到强化目标管理，进而实现总目标的作用。

（2）帮助企业和员工持续改进。

绩效考核是一个不断制定标准、执行、检查、处理的循环过程，体现在整个绩效管理环节，包括绩效目标设定、绩效要求达成、绩效实施修正、绩效面谈、绩效改进、再制定目标的循环，这也是一个不断发现问题、改进问题的过程。

绩效考核的目的是促进企业与员工的共同成长。通过考核发现问题、改进问题，找到差距进行提升，最后实现双赢。无论是对企业还是员工个人，绩效考核都可以对现实工作做出适时和全面的评价，便于查找工作中的薄弱环节，发现与现实要求的差距，把握未来发展的方向和趋势，与时俱进，保持企业的持续发展和个人的不断进步。

（3）有助于利益分配的公平性。

与利益不挂钩的考核是没有意义的，员工的工资一般分为两个部分：固定工资和绩效工资。绩效工资的分配与员工的绩效考核得分息息相关，所以一说起考核，员工的第一反应往往是绩效工资的发放。

（4）增强激励的效果。

通过绩效考核，把员工聘用、职务升降、培训发展、劳动薪酬相结合，使得企业激励机制得到充分运用，有利于企业的健康发展；同时也便于员工建立不断自我激励的心理模式。

二、绩效考核的内容

绩效考核的具体内容取决于绩效考核活动的目的，目前世界各国的大型企业，各类单位都有自己的绩效考核内容，各不相同，但是总结起来，不外乎德、能、勤、绩4个方面，从一般的角度出发，绩效考核的内容有如下几个方面的具体内容，如图4-6所示。

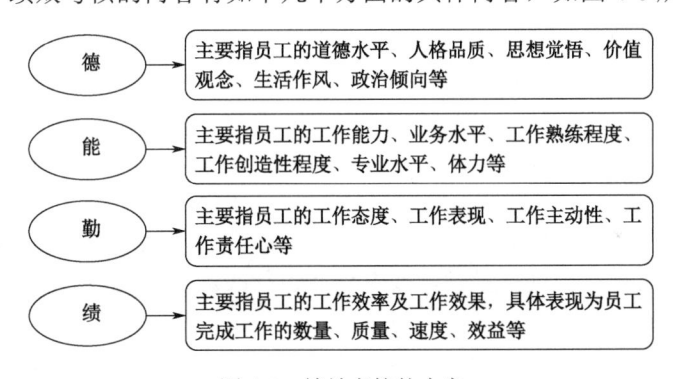

- 德——主要指员工的道德水平、人格品质、思想觉悟、价值观念、生活作风、政治倾向等
- 能——主要指员工的工作能力、业务水平、工作熟练程度、工作创造性程度、专业水平、体力等
- 勤——主要指员工的工作态度、工作表现、工作主动性、工作责任心等
- 绩——主要指员工的工作效率及工作效果，具体表现为员工完成工作的数量、质量、速度、效益等

图4-6 绩效考核的内容

三、绩效考核的流程

企业在进行绩效考核时，为了保证考核的顺利进行和考核结果的公正性、公平性和合理性，应该按照以下流程进行绩效考核工作。

1. 成立绩效考核的专门机构

为了加强对绩效考核的领导和监督，在进行绩效考核时首先要成立企业绩效考核的专门机构，赋予其专项权力，该机构由人力资源部、业务部、财务部等多部门构成，专门负责整个企业的绩效考核工作，这样，企业的绩效考核工作无论从决策、执行还是监督、反馈方面都有具体的、专门的管理部门负责，这样就可以保证企业绩效考核的持续性和科学性。

2. 明确考核的目的

有了专门的绩效考核机构以后，就要明确绩效考核的目的，绩效考核的目的不同，在考

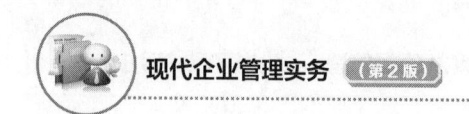

核指标体系设计上、考核标准上、考核周期上都会不同。同时，还要认识到绩效考核的目的不是简单地对被考核者的工作业绩进行评估，而是为了实现企业长远的战略目标，只有在这个思想指导下，企业的绩效考核工作才能顺利有效地开展。

3. 确定考核的周期

考核周期就是考核的时间间隔，被考核者所处的岗位不同，考核的周期也不相同，一般有月考核、季度考核、半年考核和年度考核。企业根据自身所处的行业和内部实际情况来确定考核周期。

4. 设计考核的指标体系

考核指标体系是绩效考核的关键，每个工作岗位上的工作完成程度和完成质量都要靠这些指标来进行衡量。因此，指标体系设计是关系到考核是否有效的关键，在考核指标设计时要注意指标和工作岗位上工作内容的融合，尽量把指标量化，要考虑指标对同类工作岗位的适用性，以及员工个人差异对指标设计的影响等，有了完善的绩效考核指标体系才能确保考核取得预期的效果。

5. 调控考核过程

在实施考核过程中，会遇到很多不可控制的要素，这些要素会对绩效考核的顺利进行产生各种各样的影响。为了确保绩效考核的顺利进行，必须根据当前的环境对绩效考核的相关内容进行调整和监控。

6. 考核反馈及结果运用

在考核结束以后，对考核的结果要进行反馈，以便采取相应的改进措施。同时，还要很好地利用考核结果或对员工进行激励，或对企业进行改革，或对不好的行为进行遏制等，扩大绩效考核结果的影响力。

四、绩效考核的方法

绩效考核不仅有完整的操作流程，还有科学的方法可以利用，下面介绍几种常用的绩效考核方法。

1. 目标绩效考核法

目标绩效考核法是目标管理法在绩效考核中的应用。先将企业的总体目标由上到下层层分解直至个人，对每个人要完成的工作内容、时间期限、工作质量标准等都有明确规定，待期限结束时，依据工作质量标准对个人的工作进行考核。当然，在总体目标分解的过程中，把目标划分成部门目标和个人目标很重要，而且目标划分要清楚明白，不能混淆不清，尤其是责任分配更要界限分明，这样才能保证绩效考核的公正性和合理性。

2. 全视角考核法（360°考核法）

全视角考核法（360°考核法），全视角，顾名思义，就是对被考核者进行多维度、全方位的综合评价，利用被考核者的上下级关系、平行关系、客户关系，即上级、同事、下属、本人和客户对被考核者进行考核。因涉及的都是与被考核者接触比较频繁的群体，所以可以得出一个比较全面、公正的评价。

3. 关键绩效指标法

关键绩效指标法是一种通过局部业绩考核反映全面业绩的方法。这里所说的局部业绩指的是能够体现工作岗位上核心工作内容的关键业绩。每个工作岗位上的工作内容是多样化的，但是，每个岗位上都有本职的中心工作和主要工作，通过对这些关键绩效进行量化考核，就能反映出被考核者在工作岗位上的整体工作业绩。

4. 等级评估法

等级评估法是指通过把考核标准划分成等级的方法对工作内容进行考核，也就是将被考核者的工作内容依据岗位要求进行项目化整理，每个考核项目都有明确的标准，这些标准划分成几个不同的等级，如优秀、良好、中等、称职、不称职等，考核人依据被考核者的实际工作表现进行等级评定，最后进行等级归总便可确定被考核者的考核等级。

5. 业绩比较法

业绩比较法是企业在绩效考核过程中比较常用的方法，其操作比较简单，通常的做法就是把被考核者的业绩和其他人的业绩进行横向比较，再把被考核者当前的业绩和前期的业绩进行纵向比较，最后综合得出考核结果。

任务四　人力资源的薪酬管理

经典透视

H 公司的薪酬管理困境

H 公司是国内一家大型民营企业，该公司虽然规模不小、业绩不错，但由于该公司忙于开拓市场，一直未能重视人力资源管理体系的规范化建设。正是由于这样的原因，该公司缺乏有效的薪酬管理和激励机制，严重影响了其对员工的吸引、保留和激励能力，并给公司的成长与发展带来了不少问题，其具体表现如下。

（1）该公司中下层员工的工资，主要按照其在公司中的管理层级和工作年限进行支付，但这一标准不能准确地反映员工的能力和对企业的贡献，员工之间的报酬缺乏可比性。所谓"不患寡而患不均"，那些能力强、对企业贡献大的员工，由于没有得到合理的回报而产生抱怨，工作积极性受到了较大的打击。

（2）该公司中高层经理的工资，主要是由公司的董事长（或总裁）与其进行协商来决定的，但在协商的过程中缺乏统一的标准和依据。另外，由于公司的业绩和规模不断增长，在创业之初进入公司的经理，其所协商的工资水平大多低于后来进入公司的空降部队。如果不对这部分新的空降部队采取高薪制，企业就无法有力地吸引人才；但如果给予其高薪，就在

公司的"先到者"和空降部队之间形成了较大的工资差距，严重引发了"先到者"的不满，并进一步加深了二者之间的隔阂。

（3）该公司人力资源部最近进行了一项管理诊断。通过问卷调查发现，薪酬分配在企业的所有管理要素中评分最低，这在公司引起了极大的轰动。员工对薪酬分配的抱怨进一步加剧，他们强烈要求对薪酬分配体系进行改革。

（4）该公司一直以来主要依靠员工的工作自主性来推动工作的开展，而未将员工的报酬与其绩效考核的结果相挂钩。但随着公司规模的扩大，那些业绩好的员工产生越来越多的不满，他们强烈要求根据业绩来支付报酬，并在不同业绩的员工之间充分拉开收入的差距。

小思考：该公司到底应该如何来进行薪酬变革呢？该公司应该建立一种什么样的薪酬分配体系？应该采用什么样的薪酬设计与薪酬管理方法？应该如何将薪酬与员工的贡献和能力相挂钩？应该如何依靠富有吸引力的薪酬来提升公司吸引、保留和激励人才的能力呢？

一、关于薪酬

薪酬是由薪和酬两部分组成的。在具体的企业管理实践中，通常将两者放在一起应用。通常把薪水、薪金、薪资等称作薪，薪通常用现金、物质来衡量个人的劳动价值，换句话说，薪是可以量化的，我们发给员工的工资、保险、实物福利、奖金、提成等都是薪。酬，即报酬、报答、酬谢，是一种着眼于精神层面的酬劳。综上所述，薪酬是员工因向所在的组织提供劳务而获得的各种形式的酬劳。由此可见，薪酬对员工而言不仅是一种补偿，也是一种激励。

二、薪酬体系

广义的薪酬体系一般包括经济性报酬和非经济性报酬两个部分。

1. 经济性报酬

经济性报酬属于外在的有形报酬，是用货币直接支付的收入，对于员工来说直接表现为现金收入或者银行存款的增加，在员工日常的消费过程中承担支付功能，它又分为直接经济报酬和间接经济报酬。直接经济报酬是指个人获得的工资、津贴、各类奖金等货币形式的全部报酬，员工可直接支配的收入。间接经济报酬（福利）是指直接经济报酬以外的各种经济性回报，企业为此付出了货币，但员工不能直接支配，但是这笔支出确是员工获得的其他的福利性报酬。在狭义的薪酬概念中，经济性报酬的构成如表4-2所示。

表4-2　经济性报酬的构成

报酬构成	功能	决定因素	变动性	特点
基本工资	保障 体现岗位价值	职位价值、能力、资历	较小	稳定性 保障性

续表

报酬构成	功能	决定因素	变动性	特点
奖金	对员工良好业绩的回报	个人、团体和组织的绩效	较大	激励性 持续性
福利	提高员工满意度 避免企业年资负债	就业与否、法律	较小	针对所有员工满意度 保障性

（1）基本工资。

基本工资是员工完成基本工作量后企业付给员工的保障性和稳定性报酬。确定基本工资的标准有很多，如有以学历为标准的、有以技能水平为标准的、有以工作量为标准的、有以职位为标准的等。基本工资是薪酬结构中比较稳定和固定的部分，在短期内一般不会改变，而且员工只要具备付薪条件无须做出很大的努力就能获得，在同一标准下员工的基本工资是相同的。基本工资对于员工而言起到保障性和稳定性作用，当然基本工资不是一成不变的，只是短期不会变化。一般情况下，在行业整体工资水平提高的情况下、或者企业基本工资付薪标准发生变化的情况下、或者社会平均工资水平发生变化的情况下，基本工资会发生调整。基本工资在薪酬结构中的比例要设置合适，比例太高则可能导致员工的惰性增强，激励性不强、比例太低则会令员工缺乏安全感，会丧失一定程度的忠诚度。因此，在设计薪酬体系时要合理安排基本工资的比例。

（2）奖金。

奖金是企业给超额完成工作任务的员工的一种特殊奖励，其主要的功能是树立榜样、倡导超额贡献及价值创造，通过奖金传递企业对哪些行为具有较高的认可度和赞赏度。奖金是薪酬结构中的变动部分，根据员工的工作完成度来确定是否有奖金及奖金的多少，带有很强的激励性，反映员工的能力差别和贡献差别。奖金的内容很多，不同的行业各具特色，具体如图4-7所示。

奖　金	
奖金的可变性和激励性基于按绩效付酬的发展要求	
对超标准绩效达成的奖励： 绩效工资计划	对绩效目标的激励： 激励工资计划
绩效加薪 一次性奖励 个人特别绩效奖励	个人激励计划 团队激励计划 组织激励计划
针对一些特殊人员的奖励计划：	
公司董事的奖励报酬 高层经理人员的奖励报酬 技术研发人员的奖励报酬 销售人员的奖励报酬	
从时期的角度：	
短期奖励计划 长期奖励计划	

图4-7　奖金的构成

（3）福利。

美国著名的薪酬管理专家米尔科维奇对福利有独到的看法，他认为福利有两个明显的特征：其一是总报酬包括福利；其二是福利的付薪标准不是工作时间。通过这个观点不难看出，福利具有全面性和全员性，也就是福利项目可以涉及各个方面，企业的正式员工都能获得，福利是企业的特色报酬，能很好地体现企业对员工的重视程度和人性化管理水平。在员工的整体薪酬中，福利所占的比例越来越大，福利成为企业吸引人才和留住人才的重要方面，也是企业构建自己的核心竞争力的选择。福利由法定福利和企业补充福利构成，具体内容如图4-8和表4-3所示。

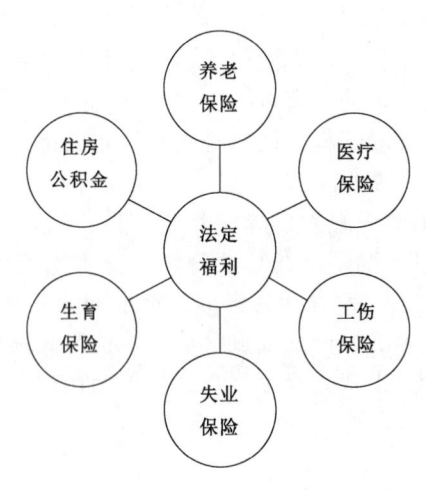

图4-8 法定福利的构成

表4-3 企业补充福利的构成

企业补充福利的项目	具 体 内 容
企业补充养老金计划	即企业年金计划，是企业根据自身的经济能力为本企业职工建立的一种辅助性的养老保险，是由国家宏观指、企业内部决策执行的。所需费用从企业自有资金中的奖励、福利基金内提取
企业补充医疗计划	是为本企业职工提供的除法定医疗保险外的一种福利，极大地减轻了职工的医疗负担。主要有免费定期体检、免费防疫注射、免费疗养等
法定休假	公休假日、法定休假日
其他福利项目	额外金钱收入、超时酬金、生产性福利设施、住房性福利、交通性福利、饮食性福利、教育培训性福利、文体旅游性福利、金融性福利及其他生活性福利

2. 非经济性报酬

非经济性报酬是与经济性报酬相比较而言的，主要体现个人的精神状态和心理满足程度。人不仅需要物质利益的激励，更加需要精神激励，只有把物质激励和精神激励相结合，才能使薪酬的激励作用发挥到最大，才能更好地调动员工的积极性和创造性。薪酬体系中非经济性报酬的比例越来越大，主要包括如下方面。

（1）安全感。

员工在工作中最害怕的是失去现有工作，不管哪种原因，失业都是员工考虑最多的因素。因此，企业应该明确自己的发展战略和宏伟蓝图，不断追求卓越，以使员工有较强的安全感。

（2）晋升机会。

在职业生涯中，员工最关注的不仅是安全，还有自己的职业晋升机会，晋升是对员工工作的肯定和信任，是培养员工成为核心人才的主要途径。因此，企业应该设置比较畅通的人才成长通道和晋升通道，使各类人才都能实现自己的晋升梦想。

（3）自我发展平台。

自我发展是员工对自己人生较高的要求，不单是获得很多的金钱，也不单是拥有较高的职位，而是自我价值的实现。企业要给优秀的人才提供更加宽阔的自我发展平台，不仅使员工工作愉快，也使得员工的人生更加精彩。

（4）工作本身的激励性。

在具体的实践中，往往工作的难易程度给员工造成的激励是不同的。工作越是难以完成，员工就越有想完成的动机和动力，如果一项工作很容易就完成了，员工就会产生轻视、怠慢工作的态度，久而久之，就无法胜任高目标的工作了。

（5）舒适的工作环境。

工作环境包括内部工作环境和外部工作环境。内部工作环境包括办公场所的布置、员工办公用具的舒适程度、工作的配套设施及工作氛围等。外部工作环境主要有工作单位周边的配套设施和便利程度，如购物环境、噪声、休闲场所、就餐环境、交通环境等。这些方面好的会增加员工工作的便利性和对工作的满意度。

（6）该有的表扬。

表扬是对员工做出杰出贡献的肯定评价。很多企业设置了很多表扬项目，但要注意的是，员工最关注的是自己应该得到的表扬，如当员工为企业做出较大业绩时，他希望获得表扬，却没有得到表扬，这样他工作的积极性会受到打击。因此，企业应该注重表扬的时机和对象，不能把表扬当成形式去做。

（7）应得的荣誉。

荣誉是对员工的一种精神奖励，以满足员工的心理需求。对员工而言，荣誉不仅是一种奖励，更重要的是一种肯定和信任，是一种他人所没有的独特的表扬。荣誉对员工的心理满足和工作激励都有很好的帮助。

三、影响企业制定薪酬体系的因素

薪酬功能的发挥受到诸多因素的影响，大致可以分为 3 类：企业外部因素、企业内部因素和员工个人因素，具体如图 4-9 所示。

1. 企业外部影响因素

（1）国家政策和法律法规。

国家在履行经济管理职能过程中，经常会用到各种法律、法规和制度来调节经济。对于薪酬而言，国家可以通过制定相关的法律进行直接调节，如社会保险法、最低工资限制及劳动法等，也可以通过间接的方式进行调节，如通过行政干预影响社会平均利润水平及劳动成本等。

（2）社会劳动生产率。

企业的薪酬分配总体上属于国民收入分配的范畴，分配取决于收入，国民收入受到社会生产率的影响。因此，社会劳动生产率的总体水平和变动都会制约企业的薪酬水平。

```
                 影响企业制定薪酬体系的因素
                           │
        ┌──────────────────┼──────────────────┐
    企业内部因素         员工个人因素         企业外部因素
        │                  │                  │
   企业的经济效益      岗位及职务差别      国家政策和法律法规
        │                  │                  │
    企业的薪酬政策        学历层次           社会劳动生产率
        │                  │                  │
    企业的生命周期        技能水平         人力资源市场的供求状况
        │                  │                  │
    企业的战略定位      人际交往能力           物价水平
        │                  │                  │
      人才理念            思维方式        地区及行业薪酬水平
```

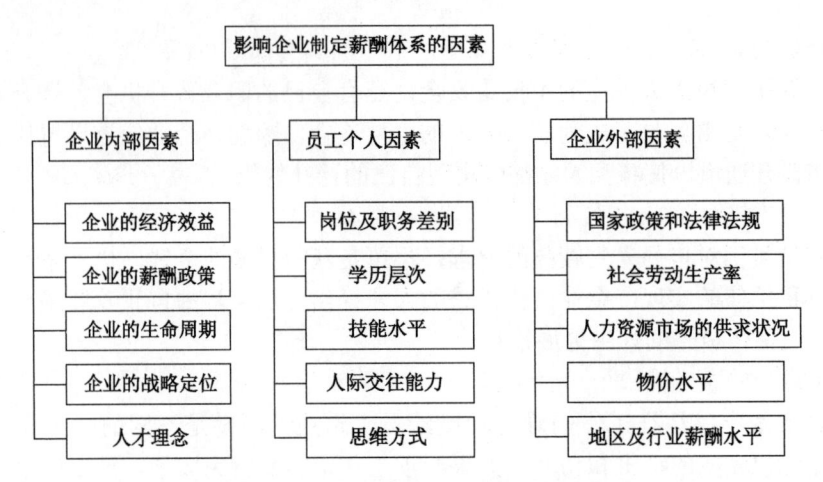

图 4-9 影响企业制定薪酬体系的因素

（3）人力资源市场的供求状况。

任何商品的价格从某种意义上说都受到供求关系的影响，人力资源也是如此，当人才市场上某类人力资源供给大于需求时，人力资源价格下降，反之，价格上升。但是人力资源又不同于其他资源，它是具有感情因素的。

（4）物价水平。

物价水平可以反映居民的生活水平和生活成本。在物价上涨的情况下，货币贬值，意味着生活成本增加，则间接地反映出个人现有薪酬的购买力下降，实际薪酬降低，反之，则薪酬购买力提高。

（5）地区及行业薪酬水平。

不同的行业对劳动力的需求不同，劳动力成本也不同，因此，行业不同薪酬水平也表现出很大的差异。在地区差异方面，依据地区经济发展水平的不同，对薪酬价值认可程度不同，付薪的标准也不同，因此薪酬水平也存在很大的差异。

2. 企业内部影响因素

（1）企业的经济效益。

企业的经济效益直接决定了企业的支付能力。企业经营状况良好则支付能力强，员工的薪酬水平高且稳定。

（2）企业的薪酬政策。

薪酬政策是公司的经营哲学在利润分配方面的体现，薪酬政策从本质上反映了企业主和员工之间的经济雇佣关系，企业的战略定位影响薪酬战略的制定，而薪酬战略直接影响着薪酬政策。例如，企业如果倡导以人为本的价值观，必须要以较高的薪酬水平来吸引人才，这样在薪酬政策上就应该体现出较高的经济报酬和良好的职业前景，在薪酬分配方面不仅要注意员工的经济收入，也要注意员工的整体满意度。

（3）企业的生命周期。

企业在不同的发展时期，战略目标、经营重点和企业核心文化是不同的，这些不同会反映在企业的薪酬分配上。例如，企业在初创期，员工的薪资水平较低；在成长期，企业需要大量的成熟人才，为了吸引人才薪酬会比较高；在成熟期，员工的薪资水平一般较高，而且增长较为稳定；在衰退期，企业需要节省开支，员工的薪资能维持原来的水平已经不容易，大多数员工的薪资会下降。

（4）企业的战略定位。

企业战略是企业未来发展的总纲领和总导向，经营战略影响人力资源战略，人力资源战略影响薪酬战略，而薪酬战略又是制定薪酬制度、设计薪酬体系的指南。因此，企业有什么样的战略定位就有什么样的薪酬分配政策，也就有什么样的薪酬机制和薪酬体系。

（5）人才理念。

企业对于人才的基本看法及对人才成长规律的认识全部体现在企业的人才理念中。人才在企业内部的培训、考核、晋升及岗位安排等都受到企业人才理念的影响，企业所奉行的人才理念，影响着企业的人才成长机制，进而就会产生相应的薪酬机制。

3. 员工个人影响因素

企业设计薪酬除了考虑企业外部和内部因素，还必须考虑企业员工自身的因素。员工的差异直接决定了薪酬的差别。

（1）岗位及职务差异。

不同的岗位要求不同的技能与之相适应，不同的技能水平对应的薪酬水平也不同，尤其特殊岗位所要求的特殊人才，其薪酬差别会更大。在职务方面，不同的职务所承担的责任不同，自然所拥有的权力也不同，在拥有权力越大的职务上，给企业产生业绩的能力也越大，自然也就获得较高的薪酬。

（2）员工个体差异。

在任何单位中都不能避免员工之间客观存在的个体差异，在企业提供的相同的工作环境和工作条件下，不同的员工因学历层次、工作经验、技能水平、人际交往能力及思维方式的不同会产生不同的业绩，薪酬水平自然不同，好的薪酬制度应该具有激励和惩罚双重作用。

知识链接

2017年最新城市平均工资排行榜

智研咨询发布的《2017—2022年中国智慧城市建设市场监测及前景预测报告》显示，2017年中国各城市平均工资排行情况如表4-4所示。

表4-4　2017年中国各城市平均工资排行榜

排　名	城　市	月均工资/元
1	北京	9240
2	上海	8962
3	深圳	8315
4	广州	7409
5	杭州	7330
6	宁波	7152
7	佛山	7017

续表

排　名	城　市	月均工资/元
8	东莞	6998
9	厦门	6886
10	苏州	6719
11	南京	6680
12	重庆	6584
13	福州	6522
14	贵阳	6437
15	成都	6402

四、薪酬体系制定的流程

1. 薪酬战略的制定

在前文中已经叙述了薪酬体系设计要坚持战略导向原则，即在薪酬体系设计中必须明确企业的总战略，人力资源战略作为职能战略必须服从企业总战略，如做到目标一致，作为人力资源战略子战略的薪酬战略也必须反映和体现企业的总战略。薪酬体系设计的第一步就是要明确企业在薪酬分配方面的理念，以及具体的工作导向。薪酬战略影响着薪酬等级的划分和薪酬体系设计依据的选择，也影响着薪酬结构的设计和薪酬水平的高低，在具体薪酬结构方面，薪酬战略影响薪酬结构中各个部分的比例，影响着薪酬功能的发挥。因此，在设计薪酬体系之前必须确定薪酬战略。

2. 工作分析及岗位评价

薪酬是对员工付出劳动的补偿和激励，要想让薪酬发挥最大的功效必须明确岗位的性质和岗位要求，不同的岗位对工作能力的要求是不同的，劳动成果也不同，薪酬水平自然不同，为了客观公正地反映劳动者的劳动成果，必须对不同的工作进行工作分析，明确每个工作岗位的工作内容、工作任务、工作环境、工作条件及工作成果。同时，通过工作分析还能明确岗位对胜任工作的各项要求，这样就可以根据岗位性质和任职要求来确定薪酬水平，使得能者多劳、多劳者多得，体现薪酬的公平性和激励性。

3. 薪酬调查

好的薪酬体系不仅对内要体现公平性，而且对外要体现出较强的竞争力。对外部薪酬水平的掌握要通过薪酬调查来完成，薪酬调查要选择和本企业相关的行业内企业展开调查，主要的调查内容包括薪酬结构组成、薪酬水平、薪酬战略、薪酬功能的发挥、薪酬制度、薪酬调整及薪酬的配套制度建设等。薪酬调查的方式有很多，如抽样调查法、访谈法、网络调查法及资料研究法等。企业要根据自己的实际情况选择成本最低、调查范围最广及调查效度和信度最高的方法展开调研，以便取得有用的信息。

4. 薪酬结构的设计

薪酬结构的设计是薪酬体系设计的主体内容，是薪酬工作的主要组成部分，薪酬结构是指薪酬整体由几个部分构成，包括薪酬横向结构和薪酬纵向结构，横向结构是薪酬的构成形式，包括基本工资、奖金、福利及津贴等；纵向结构指依据工作职务和岗位设置对薪酬的等级进行划分。不同的薪酬结构体现不同的薪酬导向和薪酬分配政策，合理安排薪酬的横向结构可以调节薪酬的保障功能和激励功能；在纵向结构方面，要注意等级之间的级差，不同的薪酬等级反映不同的岗位价值和业绩要求，薪酬等级过多或者过少都不是最好的，关键是要符合企业的实际情况，只要能够有效地激励员工努力地工作和创造较好的业绩即可。

5. 薪酬的分级和定薪

在上一个步骤中提到薪酬等级的划分，那只是从薪酬结构出发划分的，薪酬的分级是薪酬纵向结构的细化，是把整个薪酬分成几个大的层级，再把每个大的层级内部划分成更小的层级，也就是薪酬的层级分解，如有的单位先把薪酬等级分成几档，每档内又有几个级别，这样就更能体现员工的能力差别和技能差别，也能反映出员工的贡献率和岗位价值。在等级分好之后就要对每个薪酬等级进行付薪标准的确定，主要是确定基本工资、绩效工作及福利标准等，以便准确核算。

6. 薪酬制度的调整与完善

薪酬体系在设计好之后，并不是一成不变的，随着外部薪酬水平的变化、企业发展阶段的不同、员工对薪酬的预期及行业竞争力的变换需要在执行过程中反复地修改和调整，以增强薪酬体系的适应性和竞争力。对于已经被实践证明了的好的薪酬体系应该尽早地制度化和体系化，以便有效地执行。

五、全面薪酬战略

全面薪酬战略也称整体薪酬战略，是 20 世纪 80 年代在美国兴起的一种全新的薪酬支付方式。当时的美国正处在经济结构大调整时期，很多公司把相对稳定的基于岗位的薪酬战略变成了相对浮动的基于绩效的薪酬战略，使薪酬与绩效、福利和津贴相关联，全面薪酬战略便应运而生了。

1. 全面薪酬战略的特点

传统的薪酬战略从根本上讲是以企业为导向的，也就是以雇主为中心的支付模式，而现代企业在经营过程中凸显出灵活性的特点，也就是经营策略应该随着市场环境的变化而变化，注重以客户为中心，自然在薪酬战略上也就要突出以员工为中心，企业和员工之间必须建立起一种有互动的、有交流的、员工有较大参与的，把企业利益和员工利益相结合的薪酬制度。全面薪酬战略具有如下特点。

（1）变革性。

全面薪酬战略认为，在实践中并不存在最佳的薪酬体系，也不存在万能的薪酬机制。同样，同一种薪酬模式不同的企业产生的效果也不同，一味地模仿并不是解决薪酬问题的根本办法，最主要的是学会薪酬变革，能够根据企业的实际情况和运营特点设计属于自己的薪酬模式，着眼于薪酬变革，考虑影响薪酬的各个因素，全方位思考薪酬对企业的影响，力争最大限度地支持企业总体战略的实现。

(2)沟通性。

薪酬系统将企业的蓝图、经营理念、经营战略、战略规划传递给员工是全面薪酬战略所追求的,在此基础上实现企业与员工在价值观和企业文化方面的双向沟通。全面薪酬战略的制定过程和实现过程就是企业和员工之间的一种持续沟通过程,增强企业和员工之间的共识,减少二者之间的摩擦和冲突,以便全面薪酬战略能很好地执行。

(3)协调性。

全面薪酬战略不仅注重员工在薪酬战略制定过程中的参与,以增强内部的激励性,同时全面薪酬战略还把企业与外部薪酬水平和外部环境的协调也看作薪酬的一部分。企业与环境的协调可以增强薪酬的灵活性,为企业的薪酬战略调整提供依据。

(4)学习性。

传统的薪酬模式都具有侧重导向的单一性,大多数不利于学习型组织的建设,全面薪酬战略鼓励员工的全面发展,也鼓励企业与员工的全面合作,这样可以营造整个组织学习、全员学习及全方位学习的氛围,帮助企业全面提升竞争力。

2. 全面薪酬理念

(1)个性化理念。

个性化理念要体现出对不同类型员工的薪酬支付方式不同,尤其是在薪酬结构安排方面应该更加突出个性化,不同的员工在年龄方面、薪酬期望方面、薪酬支付方式方面都表现出不同的特点,要想让每个员工都获得较大的激励,必须要有针对性地进行薪酬安排。

(2)客户理念。

传统的薪酬模式是以雇主为中心的,而全面薪酬模式则突出以员工为中心,把员工看成企业客户的一部分,企业如何对待客户就应该如何对待员工,尤其在薪酬方面更应该突出员工的主动性和参与性的激励,要关注员工的满意度,企业要尽量满足员工的要求,培养员工的忠诚度和幸福感。

(3)业绩理念。

全面薪酬战略中所讲的业绩理念与传统的业绩导向不同,以前的绩效导向只注重工作结果,不注重工作过程,这样的薪酬考核容易犯错误,而全面薪酬坚持的业绩理念则注重工作的全面成果,而不是唯一的结果,这样会使得员工的付出无论是否有最终的结果,只要为企业做出贡献,只要产生对企业有利的成果就会得到报酬和奖励。

(4)整体理念。

全面薪酬模式放弃传统的零碎的薪酬方案,注重薪酬各方面要素的整合和协调,把薪酬的诸多影响因素看成一个整体,而不是单独的部分,这样薪酬的各个部分都能发挥应有的作用,员工也可享受全方位薪酬。

技能提升

谁比谁重要?

RB 是一家专门生产袜子的企业,发展相当迅速。经过多年的发展,已经由一个家族式小企业成长为年销售额 15 亿元的集团公司。

为了适应外界瞬息万变的竞争环境，RB 公司认识到管理要逐渐向规范化、精细化方向发展。近几年 RB 公司连续导入 ISO 9001:2000 质量管理体系、SA 8000、规范化管理体系和基于战略的人力资源管理体系，RB 公司的发展呈现出良好的态势。

为了让员工在公司内部合理流动，RB 公司决定对一些岗位进行内部招聘。其中有一个销售管理部的销售管理员岗位，很多部门的人都来应聘。经过了若干轮的竞争，一名采购部的采购员脱颖而出，最终获得了胜利。这样一来采购部又缺人了，人力资源部又决定招聘，结果一名技术部的技术员去了采购部。

但是麻烦也随之而来，采购部门的经理找到公司的人力资源经理向其诉苦。

"我们部门培养一个人很不容易，因为我们公司使用的原材料很多，熟悉每种原材料需要很长的时间，而且有很多种混合材料。为了技术保密，混合材料是在外协厂家完成的，一个新手要熟悉整个过程，一般需要花半年到一年的时间，另外，采购员这个岗位对人员的职业素养要求非常高，所以，我不希望她去销售管理部。但是销售部的工资比我们这里高，我又不能挡别人的路，这可难办了。其实大家都知道，销售部的工资高，工作又轻松，是公司最好的岗位之一。但采购部的工作量很大，责任又重，工资却要比销售员低很多。我觉得这是因为公司的工资政策不合理，才导致这样的问题产生。这已经是第三个人离开我们部门了，从你们搞内部流动开始，我早就预料到这样的问题会发生。现在倒好，到我们部门来的技术部技术员，什么都不懂，害得我现在工作都很难开展！"

技术部经理接着说："我们也是，培养一个技术员可比培养一个采购员和销售员困难多了，需要熟悉生产流程、设备性能、研发知识。但不知道你们怎么搞的，采购员、销售员的薪水比我们技术员还高，我也没办法留他，看来只有自己再慢慢培养了。"

销售管理部经理听到传闻后也去找人力资源经理："听说有人说我们部门不重要，工作是不能光拿工作环境来说的，我们是不用出去跑，但是你知道的，我们部门负责客户联络和客户的信用管理。如果我们部门出了问题，公司的销售就会受到很大的影响，所以我们的责任也不轻。我们部门的工资水平高是应该的。我们需要一流的人才到我们部门工作。既然搞了内部招聘，就该让她到我们部门来工作。"

人力资源部经理被这件事情弄得非常烦恼。因为这个问题已经不是简单的一个内部人才流动的问题了，而是公司的政策导向、薪酬政策的问题。为此，RB 公司专门召开了好几次会议来解决这个问题。在会上，大家公说公有理，婆说婆有理，都认为自己的工作量大，自己的部门最重要。

小思考：如果你是人力资源经理，面对这样的问题该如何解决？

去工作吧！

经过培训，小李对人力资源的相关知识已经有了很多的了解，他已经初步有了关于人员招聘、培训、绩效考核及薪酬方面的设想。

"码"上提升

资源列表	二维码
1. 大学生面试技巧及注意事项 2. 霍兰德职业性格测试 3. 教你如何制作个人简历 4. 职业生涯的三个"甜蜜陷阱" 5. 视频：职来职往	

模块五　企业生产运作管理
——产能合理布局、生产效率的最大化

学习目标

目标类型	具体目标
知识目标	了解企业生产管理的基本常识
	掌握企业的生产计划工作
	熟悉企业生产过程组织
技能目标	能够把本模块所介绍的知识运用于今后的创业
	能够培养沟通协调、操作规划等综合操作能力
	能够培养信息处理、优化工作进程的能力

职业岗位能力分解

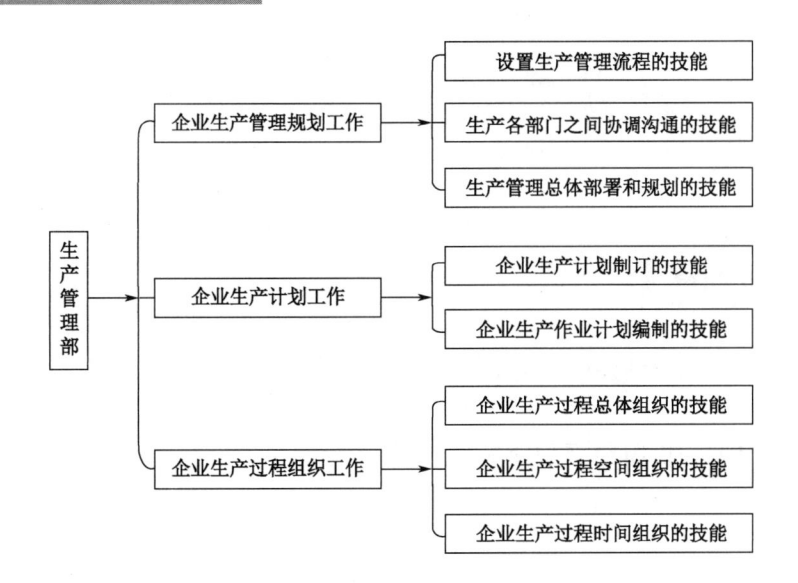

```
                         ┌─ 设置生产管理流程的技能
           ┌─ 企业生产管理规划工作 ─┼─ 生产各部门之间协调沟通的技能
           │             └─ 生产管理总体部署和规划的技能
           │
生产管理部 ─┼─ 企业生产计划工作 ─┬─ 企业生产计划制订的技能
           │                   └─ 企业生产作业计划编制的技能
           │
           │                   ┌─ 企业生产过程总体组织的技能
           └─ 企业生产过程组织工作 ─┼─ 企业生产过程空间组织的技能
                                 └─ 企业生产过程时间组织的技能
```

经营背景续集

小李解决了组织结构和人力资源方面的问题后,已经使自己的企业开始正常运作了,但是,最近小李发现自己的企业在运作管理上存在一些问题,如生产成本增加、服务能力下降、生产效率低下、提供服务的过程没有规范的流程和制度而显得比较混乱等。小李认为目前自己的企业才刚起步,必须要提供高质量、高效率、高水准的服务才能在市场上立足,所以他必须学习生产运作方面的知识,于是,他决定到本地生产运作管理培训机构进行短期学习。

培训体系表

培训项目	企业生产运作管理培训	
培训内容安排	具体内容	重点提示
生产管理的基本知识	一、生产及生产管理的概念 二、生产管理的相关内容	生产管理的含义 生产管理的目标 生产管理的内容
企业的生产计划	一、生产能力的核定 二、生产计划的确定 三、生产作业计划的编制	生产能力的概念及种类 生产计划的种类 生产计划的确定步骤 生产作业计划的分类 生产作业计划的编制方法
企业的生产过程组织	一、生产过程组织概述 二、生产过程的空间组织 三、生产过程的时间组织 四、生产过程的组织形式	生产过程组织的概念 生产过程的构成 生产过程的空间组织 生产过程的时间组织

走进培训课堂

小李报名成功,对培训课程充满了期待,让我们和小李一起进入精彩的培训课堂吧。

任务一 生产管理的基本知识

经典透视

可视宝公司

可视宝电子有限公司(简称可视宝公司)是一家行业领先企业,公司成立十多年了,在公司迅速发展的同时，管理瓶颈问题也越来越突出。特别是最近发生的一些事情，让总经理李总感到如果不花大力气从根本上去解决，可能会发生更大问题，带来更多损失。

例如，一位重要客户的订单无法按时交货，导致经销商索赔。销售部认为是生产部的责任，是他们的生产计划性不强、生产安排不当、生产效率低下造成的；生产部认为是采购部门的责任，因为交不了货的直接原因是备料不齐，导致无法生产；采购部则抱怨销售部，说他们订单太急，元器件供应商根本没有办法供货，并且销售部经常修改订单，打乱了他们的采购计划，造成退货，甚至死货，导致生产部门工作不便。

小思考：你认为可视宝公司有什么问题？部门之间相互抱怨说明了什么问题？

一、生产及生产管理的概念

1. 生产的概念

生产是指将原材料、劳动力、设备、技术、资金、信息等要素的投入转化为特定的有形产品或无形服务的过程。简而言之，生产即投入—转化—产出的过程。

生产是人类社会最原始、最基本的活动之一，它是社会存在的基本前提，也为社会创造着源源不断的财富。生产的本质是创造满足人们需要的物质和财富。

知识链接

典型的社会组织的输入、转化和输出如表 5-1 所示。

表 5-1　典型的社会组织的输入、转化和输出

社会组织	主要输入	转化的内容	主要输出	利用的资源
工厂	原材料	加工制造	产品	工具、设备、工人
运输公司	A 地的物资	位移	B 地的物资	运输工具、工人
修理站	损坏的机器	修理	修复的机器	修理工具、修理员
医院	病人	诊断与治疗	恢复健康的人	医疗器械、医生、护士
大学	高中毕业生	教学	高级专门人才	教室、书本、教师
咨询站	情况、问题	咨询	建议、方案	咨询员、信息
饭店	饥饿的顾客	提供餐饮和服务	满意的顾客	厨师、服务员、食物

2. 生产管理的概念

企业生产管理就是企业对各项生产活动的计划、组织、指挥、协调与控制的总称。企业的生产管理有广义和狭义之分。

广义的生产管理是指对企业生产活动的全过程进行的管理，也就是以企业生产系统为对象的管理。它是系统性的、综合性的，内容十分广泛，包括生产过程的组织、劳动组织管理、生产技术准备、生产计划、生产组织控制、物资管理、能源管理、质量管理、安全生产

管理、环境保护等。

狭义的生产管理是指以产品的生产过程为对象进行的管理，即对企业的生产技术准备、原材料投入、工艺加工直至产品完工的具体活动过程的管理。狭义的生产管理主要包括生产过程组织、生产技术准备、生产计划与生产作业计划的编制、生产作业控制等。

二、生产管理的相关内容

1. 生产管理的目标

生产管理的目标为高效、准时、灵活、安全、清洁。

（1）高效。生产管理必须高效，就是要以较少的投入得到较多的产出。

（2）准时，是指在用户指定的时间，按用户需要的数量，提供给用户所需要的产品和服务。

（3）灵活，是指企业的生产系统能很快地适应市场的变化，生产各种不同的品种和及时开发新品种。

（4）安全，是指为了保证生产的持续、稳定与和谐发展，投入—转化—产出的过程必须体现安全性。

（5）清洁，是指在产品生产、使用和报废处理过程中，将对环境的破坏控制到最低范围，力求无污染地实行绿色生产。

想一想：

生活中常见的有关安全生产的口号、标语有哪些？

2. 生产管理的内容

按管理职能的不同，生产管理的内容分为计划、组织与控制3个方面。

（1）计划。

计划主要包括生产计划和生产作业计划。生产计划是对企业的生产任务做出统筹安排，规定企业在计划期内生产产品的品种、质量、产量、产值等指标。

（2）组织。

组织是对生产过程的各个组成部分从时间和空间上进行合理安排，使它们能够相互衔接、密切配合。

（3）控制。

控制是围绕着完成计划任务所进行的各种检查、监督、调整等工作。

3. 生产管理在企业管理中的作用

（1）生产管理是企业管理的基本组成部分。

（2）提高生产管理水平有利于增强企业的市场竞争力。

（3）加强生产管理有利于企业进行经营决策。

任务二　企业的生产计划

经典透视

鲍吉斯-罗易斯公司的泳装生产计划

鲍吉斯-罗易斯公司是布宜诺斯艾利斯的一家泳装生产厂商。由于它是一个很受季节影响的公司，它要在夏季的 3 个月将其产品的 3/4 销往海外。公司管理层还是以传统方式，依靠超时工作、聘用临时工、积聚存货来应付需求的大幅上升。但这种方式带来的问题很多。一方面，由于公司提前几个月就将泳装生产出来，其款式不能适应变化的需求情况；另一方面，在这繁忙的 3 个月里，顾客的抱怨、产品需求告急、时间安排变动及出口使得管理人员大为烦恼。鲍吉斯-罗易斯公司的解决办法是在维持工人正常的每周 42 小时工作报酬的同时，相应改变生产计划，从 8 月到 11 月中旬改为工人每周工作 52 小时。等到夏季高峰期结束，到第二年 4 月每周工作 30 小时。在时间宽裕的条件下进行款式设计和正常生产。这种灵活的调度使该公司的生产占用资金下降 40%，同时使高峰期生产能力增加了一倍。由于产品质量得到保证，该公司获得了价格竞争优势，因而销路大大扩张。

小思考：你认为鲍吉斯-罗易斯公司前后的生产计划有何区别？

企业的生产计划是指通过市场预测，从企业自身的生产能力出发，规划企业计划期内应生产的产品品种、数量、质量和进度安排。企业要进行能力、资源方面的协调和平衡。生产计划主要包括以下 3 个方面：生产能力的核定、生产计划的确定和生产作业计划的编制。

一、生产能力的核定

1. 生产能力的概念

生产能力是指在一定时期内（通常是一年），企业的生产性固定资产，在先进合理的技术组织条件下，经过综合平衡，所能生产的合格产品的最大数量，或者能够加工处理的原材料的最大数量。具体可以从以下 5 点进行理解。

（1）企业的生产性固定资产。

（2）生产能力是在企业可能达到的技术组织条件下确定的，不考虑劳动力不足和物资供应中断等不正常现象。

（3）以实物指标作为计量单位。

（4）它是企业综合平衡的结果。

（5）一般以最大产品数量来表示，有时也以加工的原材料的最大数量来表示。

2. 生产能力的种类

生产能力一般分为设计能力、查定能力和计划能力。

(1) 设计能力，是指企业建设时规划的、设计任务书与设计文件中所规定的生产能力。

(2) 查定能力，是指企业以现有生产组织技术条件为依据进行调查核定，或者由于技术变革，在这种新的条件下进行调查核定，企业可能实现的最大生产能力。

(3) 计划能力，又称现实能力，是指企业在年度内依据现有的生产技术组织条件，实际能够达到的生产能力。

企业在编制长远规划时，一般以设计能力或查定能力为依据；编制年度（季度）生产计划时，则以计划能力为依据。

3. 生产能力的影响因素

企业生产能力的大小会受到原材料、设备、工人数量、工艺方法等多种因素的影响。但影响企业生产能力的因素主要包括 3 个方面。

(1) 生产中固定资产的数量。

生产中固定资产的数量是指企业在查定时期内所拥有的全部能够用于生产的机器设备、厂房和其他生产性建筑物的面积。

(2) 固定资产的有效工作时间。

固定资产的有效工作时间是指机器设备的全部有效工作时间和生产面积的全部利用时间。

(3) 固定资产的生产效率。

对于设备来说，固定资产的生产效率是指单位机器设备的产量定额或单位产品的定额。对于生产面积来说，固定资产的生产效率是指单位产品占用生产面积的大小及占用时间的长短。

4. 生产能力的核定步骤

(1) 确定企业的经营方向。

(2) 思想、组织和资料的准备。

(3) 计算核定。生产能力的计算一般从最基层生产环节算起，先计算设备组的生产能力，然后确定各生产工段（小组）的生产能力，最后确定车间以至全厂的生产能力。

二、生产计划的确定

1. 生产计划的种类

(1) 按时间分类。

企业的生产计划按时间可分为长期、中期和短期计划。长期计划，是生产方面的长远规划，按 5 年或更长时间编制。中期计划，是按 2～3 年编制的生产计划。短期计划，是年度或季度、月度生产计划。

(2) 按层次分类。

企业里各种各样的计划是分层次的。一般可以分成战略层计划、战术层计划与作业层计划 3 个层次。三者的区别如表 5-2 所示。

表 5-2　战略层计划、战术层计划与作业层计划的区别

项目	战略层计划	战术层计划	作业层计划
计划期	长（≥5年）	中（1年）	短（月、旬、周）
计划的时间单位	粗（年）	中（月、季）	细（工作日班次、小时、分）
空间范围	企业	工厂	车间、工段、班
详细程度	高度综合	综合	详细
不确定性	高	中	低
管理层次	企业高层领导	中层、部门领导	低层、车间领导
特点	涉及资源获取	资源利用	日常活动处理

2. 生产计划的主要指标

（1）产品品种指标，是指企业生产产品的品名、规格、型号、用途、种类等。

（2）产品质量指标，是指企业在计划期内产品应该达到的质量标准，如一级率、合格品率、废品率、返修率、成品交检合格率等。

（3）产品产量指标，是指企业在计划期内应生产的符合质量标准的产品数量。

（4）产值指标，是以货币表示的产量指标，包括总产值、销售产值、工业增加值等。

3. 生产计划的确定步骤

（1）调查研究，搜集资料，分析信息。

对企业的外部环境和内部环境进行资源、能力的综合调查分析。例如，企业外部环境：整体市场需求状况、原材料供应情况、竞争对手情况等；企业内部环境：自身生产能力、劳动力、资金准备情况等。

（2）初步提出生产计划指标方案。

根据市场需求和企业内部生产能力，统筹兼顾，初步拟订企业生产指标方案。例如，产品类型的选择、产量的确定、生产线的选择、产品生产进度的安排、工人生产方式的安排等。

（3）综合权衡，确定生产计划指标。

例如，生产任务和生产能力的平衡、生产任务与劳动力之间的平衡、生产任务与物资供应之间的平衡、生产任务与生产技术准备的平衡、生产任务与资金占用的平衡等。

（4）编制生产计划大纲。

生产计划大纲的主要内容包括编制生产计划的指导思想、主要的生产指标、完成计划的难点及重要环节、需要采取的有效措施及生产计划表等。

（5）评价计划，实施计划。

对生产计划大纲进行分析修改，确定后实施计划。

三、生产作业计划的编制

1. 生产作业计划的概念

生产作业计划是企业生产计划的具体执行计划，它是根据企业年、季度生产计划所规定

的生产任务和进度，并考虑各个时期企业内部条件和外部环境，把企业的生产任务分配给各个车间、工段、班组及工作地和个人，并按日历顺序安排生产进度的具体计划。

生产作业计划是生产计划的进一步延续及补充，是企业进行日常生产活动的依据。由于各企业类型及情况不同，在具体操作中，它们的生产系统编制作业计划的方法是不一样的。

2. 生产作业计划的基本分类

（1）按时间分类。

企业的生产作业计划是不同阶段的计划组成的体系，根据时间的不同，生产作业计划可分为长期作业计划、中期作业计划和短期作业计划。长期作业计划是 1 年的作业计划。中期作业计划是 6~12 个月的作业计划。短期作业计划是 1 天到 6 个月的作业计划。生产作业计划的内容如表 5-3 所示。

表 5-3　生产作业计划的内容

生产作业计划	长期作业计划	中期作业计划	短期作业计划
计划内容	长期生产能力，如企业的选址和布局、产品设计和工艺系统的设计	一般水平的，如员工人数、企业产量、库存和订单等	详细的生产作业计划，如机器的负荷、工作的分配和次序、生产批量的大小、订单数量等

（2）按作用分类。

一般来说，生产作业计划按作用可分为 3 种：综合计划、主生产计划和物料需求计划。

综合计划即生产大纲，它是对企业未来较长一段时间内资源及需求的平衡做出的总体设想，是根据市场需求预测和企业所拥有的生产能力，对企业未来较长一段时间内的产量、劳动力水平、库存、资金等问题所做的决策性描述。

主生产计划要确定具体的最终产品在具体时间段内的生产数量。

物料需求计划是指原材料、零部件的生产采购计划，购买什么、生产什么、什么物料必须在什么时候订货或开始生产、每次订多少、生产多少等。

3. 编制生产作业计划所需要的资料

要编制好生产作业计划，必须有充分可靠的依据资料，主要包括以下几项资料。

（1）年、季度生产计划和订货合同、技术组织措施计划、生产技术准备计划、工艺装备生产计划及其完成情况。

（2）产品的零部件明细表，产品零件分车间、工段和班组明细表，产品工艺技术文件。

（3）各种产品零件分工种、分工序的工时消耗定额及其分析资料，人员配备情况及其各类人员的技术等级。

（4）原材料、外购件、工艺装备等的供应和库存情况，动力供应情况和物资消耗情况。

（5）设备的类型、数量及其运转情况，设备修理计划，厂房生产面积和台时消耗定额。

（6）上期生产作业计划预计完成情况和在制品情况。

（7）市场动态及产品销售情况。

4. 生产作业计划的编制方法

生产作业计划的编制方法根据企业生产类型和方式进行选择。常用的有在制品定额法、生产周期法、提前期法、"看板"法等。

（1）在制品定额法。

在制品定额法是指为保证生产正常进行，在一定技术组织条件下，生产各个环节所必须占用的最低限度的在制品数量。这种方法的计算是按照产品生产的反工艺顺序，从成品出产的最后车间开始，逐步向前推算各车间的在制品定额的。这种方法适用于大量大批、品种单一、各车间协作关系密切的生产企业。

（2）生产周期法。

生产周期法即根据产品生产周期来规定车间生产任务安排的方法。这种方法适用于单件小批生产的企业，它们的生产任务一般是按照订单合同来确定的。关键是注意期限上的衔接，合理进行搭配订货。企业根据接受顾客订货的情况，分别安排生产技术准备工作；根据合同交货期，为每张订单编制生产周期进度表，为每一项产品制定生产说明书，详细规定该产品在某一车间投入和出产的时间；修改调整后，编制每日作业计划，确定每个车间最终的生产任务。

（3）提前期法。

提前期法即将预先制定的提前期标准转为提前量，以此规定车间生产任务，让车间之间的衔接由"期"转为"量"的方法。计算公式为：

$$提前量=提前期\times 平均日产量$$

这种方法适用于成批生产的企业，各种产品轮流生产。

（4）准时生产法。

日本丰田公司推行的"看板管理"就是准时生产法的一种方式。它的核心理念为：只在必要的时刻，按必要的数量生产必需的产品。

准时生产法的基本思想：以装配为起点，下道工序向上道工序取零部件，在必要时向上道工序提取必要数量的零部件。而上道工序提供零部件后减少了储备，向其上一道工序提出要求，从而生产并补充必要的储备。如此层层向上推动，形成准时生产线。这种方法对生产线工人的要求较为严格。

任务三　企业的生产过程组织

经典透视

西安电瓷瓶厂

西安电瓷瓶厂创建于 20 世纪 50 年代末期。全厂共有四大类 300 多种产品，生产流程为：原料制备—成型—烧制—产品装配。按工艺专业化原则布置，其生产流程如图 5-1 所示。

现状：某些产品的合格率下降，产量上不去，还有些产品虽保持原有的合格率，但其成本过高。企业效益日见下滑，亏损严重。

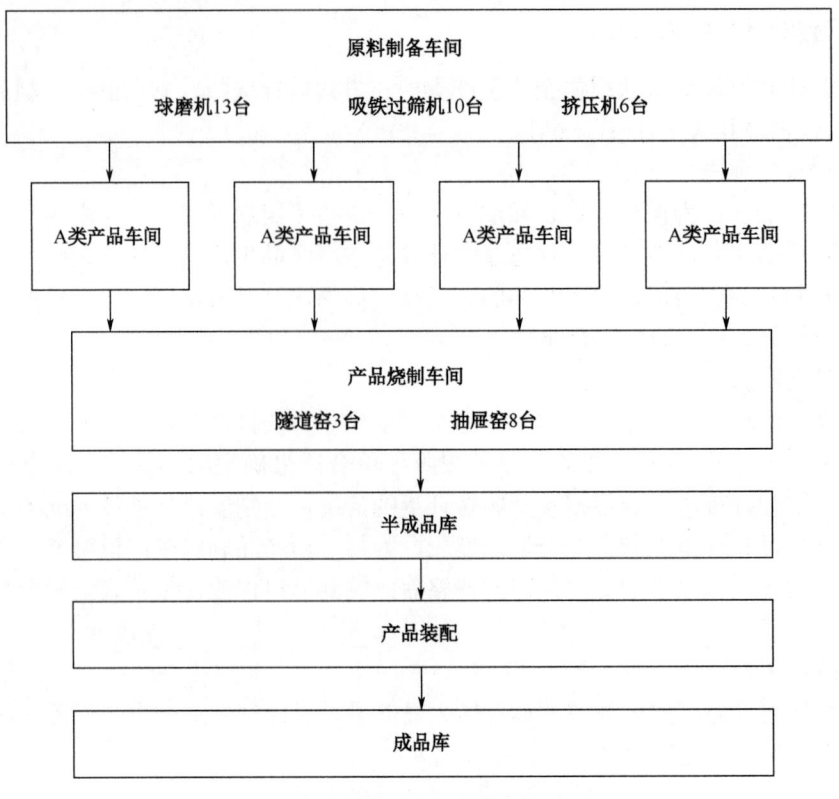

```
┌─────────────────────────────────────────────────────┐
│                   原料制备车间                        │
│                                                     │
│       球磨机13台      吸铁过筛机10台     挤压机6台      │
└─────────────────────────────────────────────────────┘
         │              │              │              │
         ▼              ▼              ▼              ▼
  ┌──────────┐  ┌──────────┐  ┌──────────┐  ┌──────────┐
  │A类产品车间│  │A类产品车间│  │A类产品车间│  │A类产品车间│
  └──────────┘  └──────────┘  └──────────┘  └──────────┘
                              │
                              ▼
┌─────────────────────────────────────────────────────┐
│                  产品烧制车间                         │
│                                                     │
│            隧道窑3台           抽屉窑8台              │
└─────────────────────────────────────────────────────┘
                              │
                              ▼
┌─────────────────────────────────────────────────────┐
│                    半成品库                          │
└─────────────────────────────────────────────────────┘
                              │
                              ▼
┌─────────────────────────────────────────────────────┐
│                    产品装配                          │
└─────────────────────────────────────────────────────┘
                              │
                              ▼
┌─────────────────────────────────────────────────────┐
│                    成品库                            │
└─────────────────────────────────────────────────────┘
```

图 5-1　西安电瓷瓶厂的生产流程

原因分析：造成这种质量差、成本高的主要原因是该厂生产按工艺专业化布置，因而各工序（车间）之间协调和沟通困难，电瓷瓶在搬运过程中损坏严重，产品工艺复杂，质量责任难以落实到个人，很多问题在各道工序都可能会发生。一旦出现问题，各工序之间互相扯皮、推诿，不能准确查出原因。考核部门对各车间单独考核，尽管各车间任务完成得很好，但从最后一道工序产出的合格品却很少。

改革：打破原有工艺布局，采用新布局，并改变原有组织结构，用团队精神来控制质量和成本。

小思考：

1．该企业采用工艺专业化的优缺点有哪些？

2．该企业的新式生产布局可能是什么样的形式？（请考虑该厂的现状，厂房、设备早已安装固定，搬运不便。）

一、生产过程组织概述

任何一种产品的生产，都必须经过一定的生产过程。生产过程是企业最基本的生产管理活动，具有非常重要的地位。

1. 生产过程的概念

企业的生产过程有广义及狭义之分。广义的生产过程是指从生产技术准备开始,到把产品制造出来,检验合格入库为止的全部过程。狭义的生产过程是指从原材料投入生产开始到产品制造出来为止的全部过程。

2. 生产过程组织的概念

生产过程组织是指合理安排各生产要素和生产过程的不同环节,使其在时间和空间上形成协调的系统,在最低成本、最少花费时间、最短运输距离的情况下生产产品。

3. 生产过程的构成

企业的生产过程由生产技术准备过程、基本生产过程、辅助生产过程、生产服务过程、附属生产过程等环节构成。

(1) 生产技术准备过程,是指产品正式投入生产前,所做的各项生产技术准备活动,例如,产品开发、产品设计、工艺设计、工艺准备、新产品试制、劳动定额制定、原材料与辅助材料消耗等。

(2) 基本生产过程,是指为完成企业基本产品的生产所进行的生产活动,它是企业生产过程的核心,代表企业的生产方向,例如,纺织企业的纺纱、织布,机械制造企业的铸锻、机械加工、零件装配等生产活动。

(3) 辅助生产过程,是指为保证基本生产过程的实现所进行的各种辅助性生产活动,例如,企业为保证基本生产所提供的动力供应、工具制造、设备修理等。

(4) 生产服务过程,是指为基本生产和辅助生产的顺利进行而从事的服务性活动,例如,原材料、半成品、工具的供应,运输,库存管理及有关的检验、测试等。

(5) 附属生产过程,是指利用企业产品的边角余料或废料进行的生产,例如,飞机厂利用边角余料生产铝制日用品等。

4. 合理组织生产过程的客观要求

合理组织生产过程,就是要在空间和时间上进行合理安排,以保证企业按时、按质、按量完成生产计划任务,并且取得最佳的经济效益。因此,企业在组织生产过程时,必须满足以下5点要求。

(1) 生产过程的连续性。连续性是指产品在生产过程的各个生产阶段、各个工序,在时间上紧密衔接而连续不间断或甚少间断。其表现为:劳动对象在整个生产过程中不是处于加工、检验阶段,便是处在运输的途中;没有或者很少有不必要的停顿或者等待。连续性的实现,可以让企业缩短生产周期、加速企业资金的周转、提高生产设备的利用率、节约生产面积,有利于降低产品成本,提高企业的经济效益。

生产过程的连续性的影响因素有企业的生产技术水平(如企业的自动化、机械化程度越高,越能实现生产过程的连续性)、企业生产过程组织管理工作的水平、企业工厂的布置等。

(2) 生产过程的比例性(协调性)。比例性是指生产过程的各生产阶段、各生产工序之间,在生产能力上要保持合理的比例关系,使它们能协调地进行生产。保证比例性,可以提

高劳动生产率和设备利用率。

一般企业在设计之初,都曾对企业的资金、面积、设备、技术、人力进行综合的考虑使其平衡。但在企业发展过程中,这些因素往往会先后发生变化,导致原来的平衡关系发生改变,如新技术的出现、工人技术水平提高、购买新设备等。因此,企业管理者要及时发现并积极采取措施,创造新的协调比例关系。

(3)生产过程的节奏性(均衡性)。节奏性是指企业在从产品的投入生产到最后完工的过程中,相同的时间间隔内所生产出的产品数量大致相等或稳定上升,避免时松时紧或前紧后松的不平衡现象,保证正常的生产负荷和节奏。保证节奏性,有利于充分利用人力和设备,提高产品质量和缩短生产周期。

企业要实现均衡生产,企业管理者既要有良好的计划意识,又要提高自身的管理水平,加强生产过程每一阶段的监督,保证设备、人力的均衡工作,建立正常的生产秩序。

(4)生产过程的平行性。平行性是指生产过程的各环节要实行平行作业。例如,企业合理布置工厂的空间,尽量保证产品的各个零部件的加工和装配都能在各自的空间内同时平行进行,在相同时间内能生产更多的产品。保证平行性,能大大缩短生产周期,提高产量效能。

(5)生产过程的适应性(柔性)。适应性是指面对复杂多变的市场,企业应具有较强的应变能力,生产过程灵活,适应市场需求的变化。在当今新的市场环境之下,产品更新换代快,消费者需求多变,企业为了提高竞争能力,必须采用先进合理的生产组织方法,如柔性生产线、成组工艺和多品种混流生产等。

知识链接

长安福特杭州工厂的国际化生产车间

长安福特杭州工厂于 2015 年 3 月 24 日正式建成投产。作为长安福特在华东地区的生产基地,杭州工厂的建成投产大幅度提升了长安福特的整体制造力,其年产量约为 25 万辆。

杭州工厂采用了福特众多全球顶尖技术,拥有世界领先的制造工艺和高度柔性化的生产线,包括冲压、焊接、涂装、总装 4 大工艺车间,可同时生产 6 款不同的车型,并且每 72 秒即可有一台新车落地。因此,杭州工厂便成为福特亚太地区最先进的工厂。

冲压车间拥有两条全封闭式高速全自动化双臂机械横杆生产线,是福特亚太地区第一条钢铝混合生产线、第一条铝材冲压线。整条压机线的精度达到或超过进口压机线的标准,高精度的设计和安装标准保证了零件生产质量的可靠性。

焊装车间采用高度自动化的柔性生产线,车间现有 9 种型号、500 余台机器人,自动化率高于行业平均水平,可进行精准的激光焊接、在线测量、焊接胶喷涂、零件装配等操作,几乎涵盖了整车厂所有的工艺应用。关键焊点的自动化率达到 100%。

涂装车间拥有福特亚太地区第一条全自动喷涂线、第一条双组分清漆工艺。92 台全自动喷涂机器人,采用国际上最先进的追踪式内喷技术,保障每辆汽车拥有更稳定的外观质量。采用 360 度旋转浸涂技术,占地面积节约了 19%,使用的化学品和水量降低了 50%,电量节约了 50%。

总装车间采用高柔性化生产线，可混线生产 6 个平台车型。车间运用一系列先进的生产系统和科学的工业工程算法，实现工位平衡与精益生产，有效降低了生产浪费，提升了生产效率，确保每辆车可靠、安全、稳定。

搜一搜：

> 智能手机的生产过程是怎样的？

二、生产过程的空间组织

生产过程的空间组织是指在一定的空间内，对企业内部各基本生产单位（车间、工段、班组等）进行合理设置，使生产活动能高质量地顺利进行。企业的厂房建设、生产设备的配备必须在空间上进行合理布局，形成一个有机的整体，保证生产过程的顺利实现。

1. 企业的生产单位的构成

企业的生产单位简而言之就是车间，是完成产品生产过程的某一阶段或某一零件的生产场所。对应着企业生产过程的车间，主要有以下 3 种。

（1）基本生产车间，对应基本生产过程，主要包括铸（锻）造车间、机械加工车间和装配车间。

（2）辅助生产车间，对应辅助生产过程，主要包括动力车间、工具车间、维修车间等。

（3）生产服务车间，对应生产服务过程，主要包括仓库、运输、技术检验、生活服务等。

2. 工厂平面布置的原则

根据已选定的厂址，合理布置企业的各种生产单位。工厂布置应全面统筹安排，具体遵循以下原则。

（1）以基本生产为重，满足生产过程的要求，尽可能缩短原材料、半成品、成品的运输路线，避免往复交叉，节省运输费用。

（2）适当提高厂房、建筑物的紧凑程度，同时根据安全防火等要求分区布置。

（3）注重厂区绿化及美化，给员工创造良好、文明、舒适的生产环境。

（4）用发展的眼光考虑企业未来发展的可能性，在平面布置中留有余地等。

3. 车间布置的形式

车间布置要求确定车间内部各基本工段（或小组）和生产服务单位之间的相互位置及设备之间的相互位置。主要有以下 3 种形式。

（1）工艺专业化形式。

工艺专业化又称工艺原则，是指按照生产过程中不同生产阶段的工艺特点来建立车间。它将同种类型的生产设备和同工种的工人集中在一起，完成不同产品的相同工艺阶段的生产，如铸造车间、机械加工车间、锻造车间、热处理车间及车间中的车工段、铣工段等。

工艺专业化布置的优点：适应性较强，能适应不同产品的加工要求；集中了同类设备，便于充分利用设备和生产面积；利于提高工人技术的熟练程度；当设备出现故障需维修或人员、材料发生短缺时，对整个产品的影响较小。

其缺点：运输数量大，运输线路长，零部件在车间之间往返和交叉运输量大；增加了在制品的资金占用；车间（工段）间的协作复杂，管理及生产控制难度较大。

工艺专业化形式适合多品种小批量生产或单件生产。

（2）对象专业化形式。

对象专业化又称对象原则，是按照相同产品或零部件来划分生产单位的，每个车间完成其所担负对象的全部工艺过程。在对象专业化生产单位里，集中了不同类型的机器设备、不同工种的工人，能独立完成一种或几种产品（零部件）的全部或部分工艺过程，不必跨越其他生产单位，如机床厂中的齿轮车间、底盘车间，汽车制造厂中的发动机车间、底盘车间等。按对象专业化形式布置的示意图，如图5-2所示。

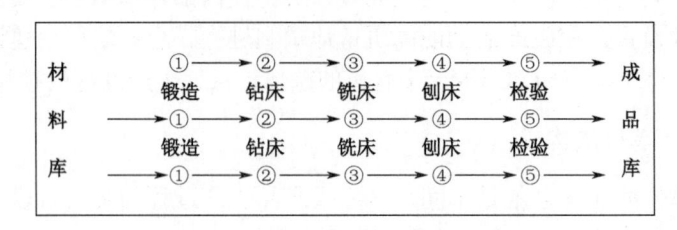

图5-2　机床厂对象专业化形式布置

对象专业化布置的优点：生产集中，大大缩短了加工路线和生产周期；减少了在制品的资金占用和数量，便于计划管理和库存管理；车间之间的协作关系少，利于强化质量责任和成本责任。

其缺点：对市场需求变化及产品品种调整的适应性差，设备更换调整的代价比较大；当生产任务不足时，容易出现生产能力得不到充分利用的情况。

对象专业化形式适用于产品品种及工艺稳定的大量、大批生产，如汽车、家电等行业。

（3）混合布置形式。

混合布置即将以上两种形式结合起来对生产单位进行布置。混合布置一般以对象原则为主，一些特殊的车间按工艺原则来布置，兼有两种形式的优点，避免了其缺点。

三、生产过程的时间组织

生产过程的时间组织要求劳动对象在车间之间、工作地之间移动，在时间上保持紧密衔接，以保证生产的连续性和节奏性，达到缩短生产周期、降低成本、提高生产效率的目的。主要内容是确定各劳动对象在各生产单位、各工序之间的移动方式和投产顺序。

劳动对象的移动方式的主要影响因素为一次投入生产的劳动对象数量。例如，投产的零件为多个时，这些零件在通过各道工序时就有不同的移动方式。一批零件有3种移动方式：顺序移动方式、平行移动方式、平行顺序移动方式。

1. 顺序移动方式

顺序移动方式是指零件在工序上整批移动，一批零件在前一道工序全部加工完毕后，整批转移到下一道工序进行加工的移动方式。它的特点是一道工序在工作，其他工序都在等待，同一批零件在各个工序上的加工时间没有任何交叉。

加工周期用计算公式表示如下：

$$T = n\sum_{i=1}^{m} t_i$$

式中，T——一批零件的生产加工周期；

n——零件批量；

m——零件加工序数；

t_i——第 i 道工序上的单件工时。

顺序移动方式示意图，如图 5-3 所示。

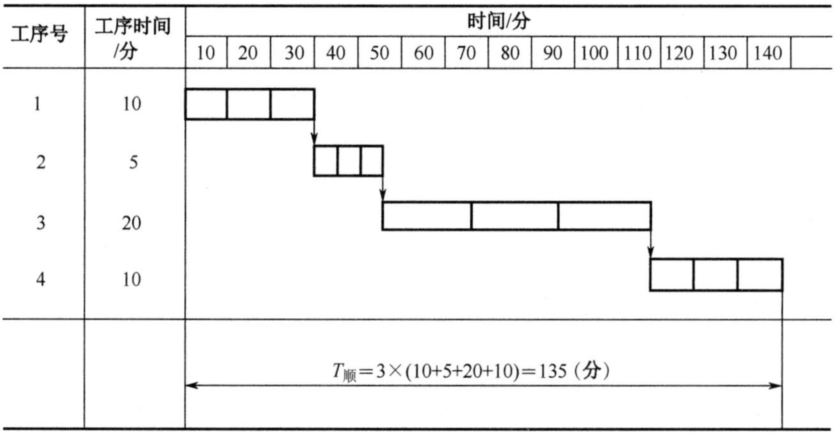

工序号	工序时间/分	时间/分
1	10	
2	5	
3	20	
4	10	

$T_{顺} = 3 \times (10+5+20+10) = 135$（分）

图 5-3　顺序移动方式示意图

例如，某企业产品投产的批量为 3 件，须经 4 道工序加工，各工序时间分别为：$t_1 = 10$ 分，$t_2 = 5$ 分，$t_3 = 20$ 分，$t_4 = 10$ 分。在顺序移动方式下，将 3 件产品全部生产出来所需要的时间是多少？

解：$T = 3 \times (10+5+20+10) = 135$（分）

顺序移动方式的优点：便于组织管理，有利于减少设备的调整时间，提高生产效率。但其也存在缺点：生产周期长，资金周转慢，在制品的数量大。因此，该方式适用于单件加工时间短、重量轻、小批量及工艺专业化的生产。

2. 平行移动方式

平行移动方式是指每个零件在前道工序加工完毕后，立即转到下道工序继续加工的移动方式，形成前后交叉作业。

加工周期用计算公式表示如下：

$$T = \sum_{i=1}^{m} t_i + (n-1)t_{\max}$$

式中，T——一批零件的生产加工周期；

n——零件批量；

m——零件加工序数；

t_i——第 i 道工序上的单件工时；

t_{max}——各道工序中最长工序的单件时间。

平行移动方式示意图，如图 5-4 所示。

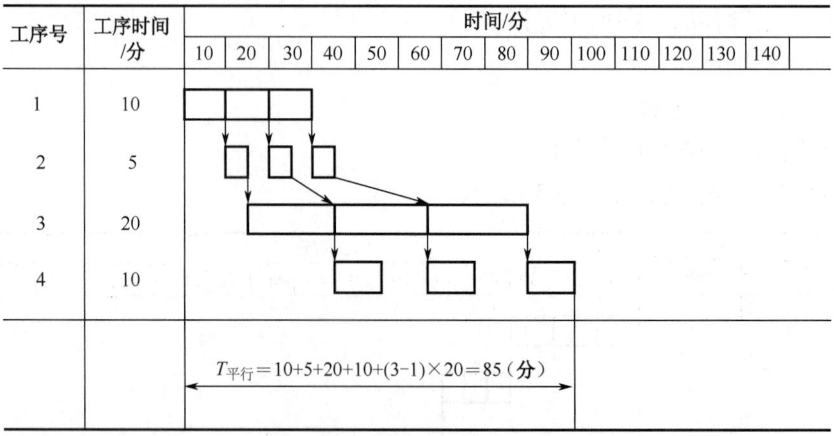

工序号	工序时间/分	时间/分
1	10	
2	5	
3	20	
4	10	

$T_{平行} = 10+5+20+10+(3-1)\times 20 = 85$（分）

图 5-4 平行移动方式示意图

我们将上一个例子的产品按平行移动方式组织生产，其结果为：

$T = 10+5+20+10+(3-1)\times 20 = 85$（分）

平行移动方式的优点：加工对象无须等待，生产周期短。但其也存在缺点：在制品运输工作量大、烦琐、管理较为复杂，而且当前道工序单件作业时间大于后道工序时，后道工序会出现间断性的设备停歇。因此，该方式适用于大量、大批、对象专业化的生产。

3. 平行顺序移动方式

平行顺序移动方式将前两种方式结合起来进行运用，吸取了两者的优点，规避了其缺点。平行顺序移动方式的特点是一批零件在前道工序尚未全部加工完毕，就将已加工的部分零件转到下道工序进行加工，使下道工序能全部地、连续地加工完该批零件，即当前道工序的作业时间小于后道工序时，前道工序加工完成的零件立即转到后道工序组装加工，按平行移动方式逐件运送；当前道工序的单件作业时间大于后道工序时，要等待前道工序完成的零件数足以保证后道工序能够连续加工生产时，才流转到下道工序组装加工。这样既可以避免后道工序发生工作时断时续的现象，又可以集中利用时间。

加工周期用计算公式表示如下：

$$T = n\sum_{i=1}^{m}t_i - (n-1)\sum_{i=1}^{m-1}t_{min}$$

式中，T——平行顺序移动方式加工周期；

n——零件批量；

m——零件加工序数；

t_i——第 i 道工序上的单件工时；

$t_{\min}$——每相邻两道工序中较短工序的单件时间。

平行顺序移动方式示意图,如图 5-5 所示。

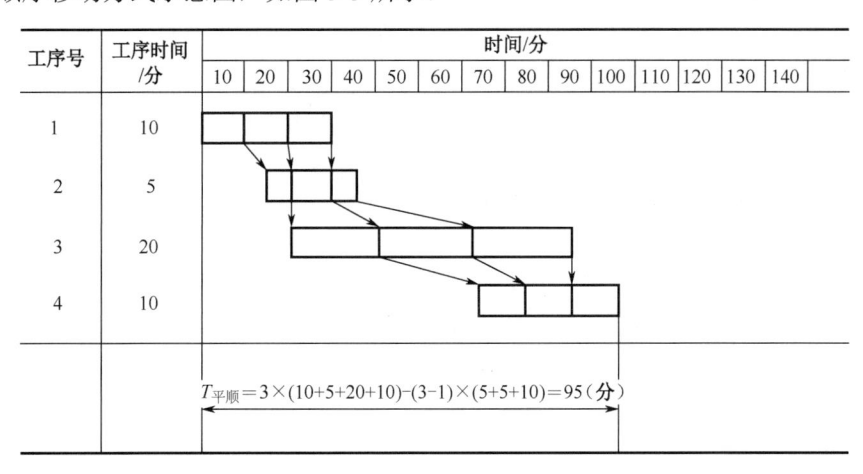

工序号	工序时间/分	时间/分
1	10	
2	5	
3	20	
4	10	

$T_{平顺}=3×(10+5+20+10)-(3-1)×(5+5+10)=95(分)$

图 5-5 平行顺序移动方式示意图

我们将上一个例子的产品按平行顺序移动方式组织生产,其结果为:

$T=3×(10+5+20+10)-(3-1)×(5+5+10)=95(分)$

平行顺序移动方式综合了前两种方式的优点。该方式适用于大量、大批、对象专业化的生产。

3 种移动方式的优缺点比较如表 5-4 所示。

表 5-4 3 种移动方式优缺点比较

比较项目	平行移动	平行顺序移动	顺序移动
生产周期	短	中	长
运输次数	多	中	少
设备利用	差	好	好
组织管理	中	复杂	简单

练一练:

一批零件,批量为 3,在 4 道工序上加工,每道工序上单件加工工时依次为 $t_1=8$ 分,$t_2=6$ 分,$t_3=10$ 分,$t_4=5$ 分,试分别求出这批零件在顺序移动方式、平行移动方式和平行顺序移动方式下的加工周期。

四、生产过程的组织形式

1. 流水线

流水线又叫流水作业或者流水生产,指劳动对象在生产过程中,按照规定的工艺路线和统一的生产速度,连续地、有节奏地进行生产。它是一种先进的生产组织形式,将对象专业化生产组织方式和平行移动方式有机结合起来,被大量企业广泛采用。现代的流水线生产方

式起源于福特制。

流水线生产方式具有如下特点。

（1）专业性。流水线上各个工作地的专业化程度很高，即流水线上固定地生产一种或几种制品，固定地完成一道或几道工序。

（2）连续性。流水线上的制品在各工序之间须用平行或平行顺序移动方式，以最大限度地减少制品的延误时间。

（3）节奏性。流水线必须按统一节拍或节奏进行。所谓节拍是指流水线上连续出产两件制品的时间间隔。

（4）封闭性。生产工艺过程是封闭的，各工作地按照制品的加工顺序排列，制品在流水线上单向顺序移动，完成工艺过程的全部或大部分加工。

（5）比例性。流水线上各工序之间的生产能力相对平衡，尽量保证生产过程的比例性和平行性。

组织流水线的条件如下。

（1）产品的产量要足够大，以保证流水线上的各个工作地均处于正常负荷状态。

（2）产品结构和工艺要求相对稳定，以保证专用设备和工艺装备能发挥出潜在效益。

（3）工艺过程应能划分为简单的工序，便于根据工序同期化的要求进行工序的合并和分解，且各工序的工时不能相差太大。

（4）厂房建筑和生产面积允许安装流水线的设备和运输装置。

（5）原材料、协作件必须是标准的、规格化的，并能按质、按时供应。

流水线生产方式能极大地提高劳动生产率和设备利用率、缩短生产周期、降低成本、加速流动资金周转、提高经济效益，但工人劳动较为单调、易疲惫，且生产线布局不易改变，设备专业化程度高，不能灵活适应产品品种和结构的变化。

知识链接

亨利·福特于1903年创立了福特汽车公司，于1908年生产出世界上第一辆T型车。1913年，该公司又开发出了世界上第一条流水线，缔造了一个至今仍未被打破的世界纪录。

在流水线之前，汽车工业完全是手工作坊型的，当时汽车的年产量大约是12辆，这一速度远不能满足巨大的消费市场的需求，所以使得汽车成为富人的象征。福特的梦想是让汽车成为大众化的交通工具。所以，如何提高生产速度和生产效率是关键，只有降低成本才能降低价格，使普通百姓也能买得起汽车。

1913年，福特应用创新理念和反向思维逻辑提出在汽车组装中，汽车底盘在传送带上以一定速度从一端向另一端前行。在前行中，逐步装上发动机、操控系统、车厢、转向盘、仪表、车灯、风窗玻璃、车轮，一辆完整的汽车组装成了。第一条流水线使每辆T型汽车的组装时间由原来的12小时28分钟缩短至90分钟，生产效率提高了8倍多！

福特还花费了大量精力研究如何提高劳动生产率。福特把装配汽车的零件装在敞口箱里，放在输送带上，送到技工面前，工人只需站在输送带两边，节省了来往取零件的时间。而且在装配底盘时，让工人拖着底盘通过预先排列好的一堆零件，负责装配的工人只需安装,这样装配速度自然加快了。福特在一年之中生产出几十万辆汽车,这个新的系统既有效又经济。如此一来可以把汽车的价格削减一半,降至每辆 260 美元,1913 年,美国的人均收入为 5301 美元,1914 年,一个工人工作不到 4 个月就可以买一辆 T 型车。

流水线使产品的生产工序被分割成一个个的环节,工人间的分工更为细致,产品的质量和产量大幅度提高,极大地促进了生产工艺过程和产品的标准化。汽车生产流水线以标准化、大批量生产来降低生产成本,提高生产效率的方式适应了美国当时的国情,使汽车工业迅速成为美国的一大支柱产业。

2. 成组技术

成组技术是组织多品种、小批量生产的科学方法。它把各种产品或者零件按照工艺、材料或者结构上一定的相似性进行分组,然后进行生产。这种技术于 20 世纪 50 年代初起源于苏联。

成组技术给企业带来了良好的效益。它简化了技术准备工作量,在一定程度上减少了生产费用,增加了生产批量,提高了劳动生产率。通过零件分组,便于企业实现标准化生产,大大简化了企业的生产管理工作。

技能提升

丰田是目前全世界汽车销量排名第一的汽车公司,2012 年共售 973 万辆车,是第一个达到年产量千万台以上的汽车公司。那么,丰田生产管理的关键原则是什么呢?

1. 建立看板体系

建立看板体系就是重新改造流程,改变由经营者主导生产数量的传统,转而重视顾客的需求,由后台的工程人员借由看板告诉前一项工程人员的需求(如需要多少零件、何时补货等),即逆向控制生产数量的供应链模式。这种方式不仅能节省库存成本(达到零库存),更重要的是能提高流程的效率。

2. 养成自动化习惯

这里的自动化不仅包括机器,还包括人的自动化,也就是养成良好的工作习惯,不断学习创新,这也是企业的责任。通过生产现场教育训练的不断改进与激励,让人员的素质越来越高,反应越来越快,动作越来越精确。

3. 标准作业彻底化

丰田对生产的内容、顺序、时间控制和结果等所有工作细节都制定了严格的规范,如装轮胎和引擎需要几分几秒等。但这并不是说标准是一成不变的,只要工作人员发现了更好、更有效率的方法,就可以变更标准作业。

4. 杜绝浪费和模糊

杜绝浪费任何一点材料、人力、时间、空间、能量、运输等资源,是丰田生产方式最基本的概念。丰田要求每个员工在每项作业环节里,都要重复问为什么(Why),然后想如何做(How),即"5W1H",并确认自己以严谨的态度完成完美的制造任务。

5. 强调实时存货

依据顾客的需求，生产必要的东西，在必要的时候，生产必要的量，这种丰田独创的生产管理概念，在 20 世纪 80 年代就已经为美国企业所用，并有很多成功案例。

6. 生产平准化

平准化指的是"取量均值性"。假如后一个工程生产作业的取量变化大，则前一个工程作业必须准备最高量，因此会造成库存浪费。所以丰田要求各生产工程的取量尽可能达到平均值，也就是前后一致，为的是将需求与供应达成平准，降低库存与生产浪费。

小思考：丰田的现代化生产方式有哪些值得学习的地方？

去工作吧！

在培训之前，小李对企业的生产管理几乎不熟悉，经过这次培训，小李掌握了企业生产、生产计划的制订、生产组织活动等知识，对企业的生产管理内容已经基本了解了。

"码"上提升

资源列表	二维码
1. 案例一：海尔的现代生产运作管理方式 2. 案例二：某煤机有限公司制造系统优化策略	

模块六　企业供应链管理
——寻求企业长期发展的价值链

学习目标

目标类型	具体目标
知识目标	理解供应链的基本概念及特征 掌握供应链管理的基本概念及基本内容 掌握供应链管理的方法
技能目标	能够把知识运用于今后工作与创业之中 能够运用供应链管理方法进行工作

职业岗位能力分解

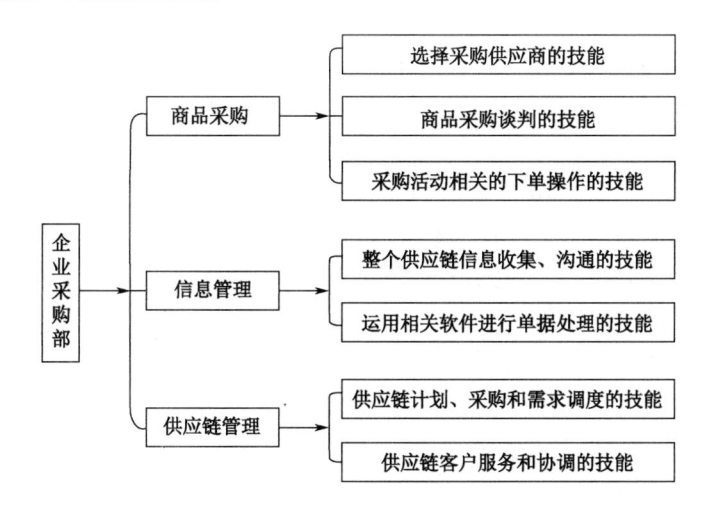

企业采购部
- 商品采购
  - 选择采购供应商的技能
  - 商品采购谈判的技能
  - 采购活动相关的下单操作的技能
- 信息管理
  - 整个供应链信息收集、沟通的技能
  - 运用相关软件进行单据处理的技能
- 供应链管理
  - 供应链计划、采购和需求调度的技能
  - 供应链客户服务和协调的技能

经营背景续集

随着网络经济的发展，企业的经营、销售和信息管理也依靠电子商务获得新的活力，从而提高了企业的生产效率。企业必须提高管理水平、建立新的管理模式，才能促进企业的发展。小李对此也是非常认可的。最近，小李自己的企业在物流配送及供应链方面存在很多问

题，尤其是在和供应商进行合作的过程中，小李感觉彼此之间的不信任比较严重。另外，与供应商的合作也普遍缺乏长远规划，这对企业是很不利的。小李认为必须寻求一种可供企业长期可持续发展的管理模式，与时俱进地开展供应链管理才能促进企业的长足发展。学习和改变已经迫在眉睫。

培训体系表

培训项目	企业供应链管理培训	
培训内容安排	具体内容	重点提示
企业供应链管理的基本知识	一、供应链的基本概念 二、供应链管理的基本内容	供应链管理的内容
供应链管理的方法	一、快速反应方法 二、有效顾客响应方法 三、企业资源计划	快速反应方法 有效顾客响应法

走进培训课堂

小李报名成功后，对培训课程充满了期待，让我们和小李一起进入精彩的培训课堂吧。

任务一　供应链管理的基本知识

经典透视

永辉超市做生鲜："鲜"从何来？

在超市经营中，生鲜是公认的最难经营的品类。一方面，生鲜商品是消费者必须反复购买的生活必需品，集客力非常强；另一方面，由于生鲜品对鲜度的要求非常高，如果措施不当就会造成高损耗甚至亏损。因此，生鲜类产品的经营如何做到既产品新鲜、又赚钱，成了许多超市多年未解的难题。

起家于福州的永辉超市，在生鲜产品的经营上非常大胆。从2001年开始创立，它不仅没有回避生鲜产品的经营，反而将其作为市场切入点和最重要的卖点，并采用完全自营的经营方式。经过十多年的探索和努力，永辉超市不仅实现了生鲜产品的"鲜"与"利"的双赢，还形成了一套独特的生鲜产品经营心得和管理模式，被业界誉为"永辉模式"。

永辉超市的生鲜品类达到4000～6000个，已经成为公司主营业务中最大的业务部分。永辉超市的每家门店中生鲜区面积都达到40%～50%，其在门店的销售占比长期维持在50%以上，直到2011年起才开始有计划地降到50%以下。

永辉超市这种以生鲜为业务龙头的经营方式，其核心就在于，以零售终端作为流通供应链的主导者，通过对供应链采购管理、物流管理和销售管理三大核心环节的建设、整合与优化，实现生鲜产品流通全过程的高效率和低成本。

1. 采购管理：源头采"鲜"

源头"鲜"则卖场"鲜"，要想在卖场里呈现最新鲜的商品，首先必须把控生鲜产品供应链的入口。因此，永辉超市通过整合农副产品的上游产地资源，采用源头采购的做法，把住"新鲜"第一关，同时，再以"量"为后期经营争取最好的获利空间。

在传统物流模式下，生鲜产品、农副产品的流通过程很长。从农户产出开始，经过产地、销地等多个批发环节，到达农贸市场或超市等零售终端，最后到达消费者。整个过程不仅环节多、加价高，且损耗大。永辉超市有一支 700~800 人的采购团队，他们整日奔波于田间地头。他们具有非常高的专业素质，对于各种生鲜产品都有非常深入的了解。某种农产品在某地每年能出产多少、何时出产、价格大概是多少、气候对于产量会有怎样的影响等，他们都很清楚。有些农产品不同地域的产出时间有差异，这给永辉超市这样谙熟产品信息的企业提供了机会，永辉超市可以根据预估的需求提前几个月做好订货工作，甚至会与有些产地合作，将整个果园、整片菜地的农产品全部包下来，作为自己的供应基地。而且，永辉超市农产品的采购量动辄几万斤到几十万斤，在价格上自然可以拿到更多的优惠。永辉超市还给采购团队配备了 iPad 等移动设备，采购需求或者采购的发货通知都通过系统在采购人员和管理部之间实时传递，大大提高了反应速度和效率。

2. 物流管理：中间保"鲜"

采购了新鲜的农产品，还要有能力将它们高效、及时地送到门店，并且做到成本可控。

第一，采用源头直采，减少中间的流通环节，缩短供应链的长度。

第二，通过统筹、集约方式，控制物流配送成本。

永辉超市对于运输配送过程的成本也进行了精心的设计与控制。永辉超市先后投资建设了物流配送中心和具有恒温、冷藏功能的冷链配送系统，与一些企业的生鲜从田间地头直接配送到门店不同的是，对于销售量较大的商品，它们先配送到物流配送中心，再从物流配送中心配送到门店。

3. 销售管理："鲜"卖先得

为了提高生鲜产品的周转率，永辉超市在门店销售管理中也采取独特的方法。

（1）非常重视卖场陈列，保证生鲜产品以最好的"卖相"示人。

（2）灵活的管理机制。生鲜产品经营讲究一个"快"字，为此，永辉超市在销售管理中，采取了非常灵活的管理手段。例如，鲜虾活着时按活鲜销售；活跃度不太高时立刻转为冰鲜出售；冰鲜卖相稍差时送到出清区（即打折区）销售或者转为熟食原料。这样，既保证了货品在每一阶段都是卖相最好的，也提高了周转速度。

经过多年的发展和积累，永辉超市从零售终端向上游反向梳理整个产业链，终于形成了自己的一套供应链管理体系，并且在不断改造和完善它。

小思考：结合案例思考供应链管理对企业经营有何重要意义。

一、供应链的基本概念

1. 供应链的定义

所谓供应链，是指产品在到达消费者手中之前涉及的原材料供应商、生产制造商、批发

商、零售商直到最终用户所组成的供需网络，即原材料获取、物料加工、产品制造、运输成品到消费者手中这一完整过程中所涉及的部门和企业，它们所组成的网络。我们可以把供应链看成企业、部门与消费者之间的资金链、信息链，也可以把它理解为一条增值链，供应链中的加工、制造、包装、运输等环节能增加物料的价值、增加企业的收益。

2. 供应链的特征

（1）复杂性。供应链节点企业涉及的跨度（层次）不同，供应链往往由多个不同类型甚至多国企业构成，相比一般单个企业的结构模式，供应链更为复杂。

（2）动态性。企业的战略和市场需求会有变化，供应链管理也要同步地适应这些变化，特别是其中的节点企业需要动态地更新。

（3）交叉性。供应链节点企业既可以是这个供应链的成员，也可以是另一个供应链的成员。众多的供应链形成交叉结构，增加了企业协调管理的难度。

（4）面向用户需求。最终用户需求是供应链形成、存在、重构的基础，同时，在供应链运作过程中，用户的需求也是供应链拉动信息流、物流、资金流运作的驱动源。

（5）快速响应性。现代的供应链应体现这一基本要求，能够灵活、快速地响应变化了的需求。

3. 供应链的类型

按照不同划分标准，我们可以将供应链分成不同类型。

（1）按范围不同划分。

按范围不同可将供应链分为内部供应链和外部供应链。内部供应链是指企业内部生产流通环节中涉及的采购部门、生产部门、仓储部门、销售部门等部门组成的供需网络。外部供应链是指与企业相关的外部的生产流通环节中涉及的原材料供应商、生产商、运输商、零售商和最终消费者组成的供需网络。

内部供应链和外部供应链构成了产品整个供应链，即产品从原材料到成品到消费者的链条。内部供应链是缩小化的外部供应链。

（2）按供应链存在的稳定性划分。

按供应链存在的稳定性可将供应链分为稳定的供应链和动态的供应链。稳定的供应链是指根据相对稳定、单一的市场需求组成的供应链，它的稳定性较强。动态的供应链是指根据相对频繁变化、复杂的市场需求组成的供应链，它的动态性较高。

（3）按用户需求与供应链容量的关系划分。

按用户需求与供应链容量的关系，可将供应链分为平衡的供应链和倾斜的供应链。

每一个供应链都具有一定的资源能力，如相对稳定的设备容量、生产能力、综合能力等，但用户需求在不断变化。平衡的供应链是指用户需求不断变化，但供应链的容量能满足用户需求而处于相对平衡的状态。倾斜的供应链是指供应链的综合能力不能满足用户的需求，如企业没在最佳状态下工作，整个供应链的成本增加、库存增加、浪费增加等，供应链处于倾斜状态。

（4）按功能模式划分。

按功能模式（物理功能和市场中介功能）可将供应链分为有效性供应链和反应性供应链。有效性供应链是以最低的成本将原材料转化成零部件、半成品、产品，并以尽可能低的价格有效地实现以供应为基本目标的供应链系统。此类产品需求一般是可以预测的，选择供应商时着重考虑服务、成本、质量和时间因素。

反应性供应链主要体现供应链的市场中介的功能，即把产品分配到满足用户需求的市场，对未预知的需求做出快速反应的供应链管理系统。此类产品需求一般是不可预测的，在选择供应商时主要考虑其反应速度、灵活性和产品质量。两种供应链的比较如表6-1所示。

表6-1 有效性供应链和反应性供应链

项目	有效性供应链	反应性供应链
基本目标	以最低的成本供应可预测的需求	尽可能快地对不可预测的需求做出反应，使缺货、降价、库存最小化
制造核心	保持高的平均利用率	配置多余的缓冲库存
库存策略	创造高收益而使整个供应链的库存最小化	安排好零部件和成品的缓冲库存
提前期	尽可能缩短提前期	大量投资以缩短提前期
供应商的标准	成本、质量	速度、质量、柔性
产品设计策略	绩效最大化、成本最小化	采用模块化设计，尽可能差异化

知识链接

联想的"黄金供应链"

"黄金供应链"是联想集团渠道管理模式的王牌，"黄金供应链"就是以最短的端对端、最低的成本来实现供应链的运营。联想集团早在2000年就开始采用"黄金供应链"双渠道模式，在这种供应链管理模式下，其供应链成本占营业额的比例仅为1.4%，而戴尔为3%，惠普为4.5%。

联想集团的双渠道是按客户分类的，联想集团把客户分为关系型客户和交易型客户两种，根据客户的实际情况，对不同的客户分别采取不同的供应链管理模式。联想集团采取传统的分销，设立分销商，使渠道结构和销售网络更加完善，并在两年内形成了以北京、上海、广东三地市场为主的区域发散中心，渠道开始走向专业化。

联想集团还在分销渠道内部实行分销商分区总经理负责制。明确分销商的定位，清晰界定分销商的产品、地域、客户，避免分销商之间的矛盾。建立网格业务代表和渠道的"锁定关系"，明确职责等，以便于贴近客户，扩大市场。

二、供应链管理的基本内容

1. 供应链管理的定义

供应链管理是指为了满足客户的需求，在从原材料到最终产品的整个过程中，对物流、信息流及工作流进行计划、组织、协调与控制,以获取有效的物资运输和储存及高质量的服务,以最大限度地减少内耗与浪费,实现供应链整体效率的最优化。追求整个供应链管理的最优化可以实现链条上每个成员的成本最小化和利益最大化,通过供应链节点上的各相关企业充分发挥各自的核心能力,优势互补,从而更有效地满足最终客户需求。有效的供应链管理可以帮助企业缩短现金周转时间、降低风险、实现盈利增长、提供可预测收入等。

2. 供应链管理的内容

供应链管理主要包括供应、生产计划、物流、需求 4 个方面。供应链管理是以同步化、集成化生产计划为指导,以各种技术为支持,以 Internet 为依托,围绕供应、生产作业、物流、满足需求来实施的。供应链管理的内容如下所述。

(1) 信息管理。

信息管理是供应链管理的基础。在供应链中,信息是供应链各方的沟通载体,它将供应链中各个阶段的企业集成起来。可靠、准确的信息是企业决策的有力支撑和依据,能提高供应链的反应速度,有效降低企业运作中的不确定性。

当然,信息管理最重要的是构建信息平台,实现信息共享,将供求信息及时、准确地传达到供应链上的各个企业,在此基础上再实现供应链的管理。

(2) 客户管理。

客户管理是供应链管理的起点。供应链源于客户需求,同时也终于客户需求,因此供应链管理的核心为满足客户的需求。

企业应注重掌握客户的信息,以帮助企业进行计划和做出预判。当然,客户的需求千变万化,存在个性差异,企业也要注重更新信息,掌握真实、准确的信息。

(3) 库存管理。

供应链管理的重要任务就是利用先进的信息技术,搜集供应链各方及市场需求方面的信息,用实时、准确的信息取代实物库存,减小需求预测的误差,从而降低库存的持有风险。

(4) 关系管理。

通过协调供应链各成员之间的关系,加强与合作伙伴的联系,在协调的合作关系的基础上进行交易,为供应链的全局最优化而努力,从而有效地降低供应链整体的交易成本,使供应链各方的利益获得同步的增加。

(5) 风险管理。

供应链上企业之间的合作,会因为信息不对称、信息扭曲、市场不确定性,以及其他政治、经济、法律等因素的变化,而导致各种风险的存在。

企业必须采取一定的措施规避供应链运行中的风险,如提高信息透明度和共享性、优化合同模式、建立监督控制机制等,尤其是必须在企业合作的各个阶段通过激励机制的运行,采用各种手段实施激励,以使供应链上各企业之间的合作更加有效,使企业都能从合作中获得满意的结果。

知识链接

一汽大众通过供应链管理提高效益

一汽-大众汽车有限公司（简称一汽-大众）成立于 1991 年，是由中国第一汽车股份有限公司和德国大众汽车股份公司等共同组建的合资企业。成立以来，一汽大众在中国汽车行业中一直名列前茅，占有较大的市场份额。一汽大众取得成功的原因除了其在市场的开拓与投入、技术创新等有效举措，另一个重要的原因是进行了出色的供应链管理。具体表现在以下几个方面。

1. 采购管理

首先，在采购上根据主计划和物料清单对库存量进行查对，通过计算机快速计算出所缺物料的品种、数量和进货时间，将采购进货要求下达到各个厂。然后由采购人员从系统中查看各供应商的历史信息，根据其价格、供货质量、服务等指标来选择供应商。这既能准确、高质量地实现物料采购，又大大缩短了采购周期。

2. 库存管理

采购的准确和及时，使库存量大大地降低。以前，库存资金占用严重，仅国产化件资金占用量就高达 1.2 亿元，使用 R/3 系统后该指标降到 4000 万元左右。同时，系统对库存量的上限和下限也有严格的控制，只要库存量达到了上限，系统就会给出报警信号，则物料无法再进入仓库；而达到下限时，系统也会提醒采购人员立即补充库存，起到了自动提示和监督的作用。在库存盘点方面也节约了大量的人力和时间，以前每天最多可清查 4 个仓库，而采用计算机管理后，4 个仓库的盘点仅用 10 分钟就可完成。

3. 生产管理

一汽大众生产装配线上的生产计划一旦形成，就会立即下达到各个生产部门，并分解到工位。同时，物料供应部门也根据计划要求准确、及时地将各种物料送往各个工位，每一种物料都有各自的条形码作为标志，一旦某个工位的物料低于下限，就立即由计算机发出缺料通知，这样可以边干边等，不至于发生停工待料的现象；而供货部门接到信号后，根据其条形码信息可及时将物料送到所需工位。在生产和组装过程中，每一道工序都由系统进行严格的监控，如每个工位都进行了哪些工作、是否合格等信息都将准确无误地存入计算机数据库中。

4. 质量控制

由于每道工序都记录了工作质量的合格与否，所以系统如实地反映了产品和配套零件的质量情况。当整车下线时所有这些信息都被扫描存储在计算机数据库中。这样，质量管理信息的采集与处理、质保的定期跟踪都变得方便和容易，较好地实现了全面质量管理。

5. 财务管理

由于将财务的分块处理变为工作流管理，有效地控制了资金流的流向，提高了财务工作效率，保证了财务数据的准确，加强了财务分析功能，大大缩短了财务处理业务量和财务结算周期。以前，完成月报需要一周的时间，年报则需更长时间，而现在标准的资产负债表，从产生到打印出来仅仅需要一分钟的时间。同时，系统中多货币及汇率的管理也为企业的财务运作提供了有效的工具。

3. 供应链管理的目标

供应链管理的目标是根据市场的多样化需求，降低成本，提高运作效率，增强企业的竞争力。详细来讲，主要有以下几点。

（1）总成本最低化。

总成本最低化是指整个供应链运作与管理的所有成本的总和最低化，包括降低运输费用或库存成本、供应链物流运作与管理活动的成本等。

（2）总库存成本最小化。

库存会造成一定程度的浪费，因此，在实现供应链管理目标的同时，要使整个供应链的库存控制在最小的范围内。

（3）客户服务最优化。

通过各企业协调一致的运作，保证达到客户满意的服务水平，吸引并保留客户，最终实现企业的价值最大化。

（4）总时间周期最短化。

供应链之间的竞争实质上是时间上的竞争，因此必须实现快速、有效的客户响应，最大限度地缩短从客户发出订单到获取满意交货的整个供应链的总时间周期。

（5）物流质量最优化。

从原材料、零部件供应的零缺陷开始，保证直至供应链管理全过程、全方位质量的最优化。

任务二　供应链管理的方法

经典透视

沃尔玛的快速反应系统

沃尔玛于1986年开始在其供应链中建立了快速反应系统，其主要功能是进行订货业务和付款通知业务。通过电子数据交换（EDI）系统发出订货明细清单和受理付款通知，提高订货速度和准确性，节约相关事务的作业成本。

快速反应系统的具体运用过程：沃尔玛设计出POS数据的输送格式，通过EDI系统向供货厂商传送POS数据。供货厂商基于沃尔玛传送来的POS信息，及时了解沃尔玛的商品销售状况，把握商品的需求动向，并及时调整生产计划和材料采购计划。

供货厂商利用EDI系统在发货之前，向沃尔玛传送发货清单。这样，沃尔玛事先就可以做好进货的准备工作，同时又可以省去货物数据的输入作业，使商品检验作业效率化。

沃尔玛在接收货物时，用扫描读取机读取包装箱上的物流条形码，把扫描读取机读取的信息与预先储存在计算机内的进货清单进行核对，判断到货和发货清单是否一致（做到单单相符、单货相符），从而简化了检验作业。在此基础上，利用电子支付系统向供货厂商支付货款。

同时，只要把ASN数据与POS数据进行比较，就能迅速知道商品库存的信息。这样做不仅使沃尔玛节约了大量事务性作业成本，而且压缩了库存，提高商品周转率。

沃尔玛还把零售店商品的进货和库存管理的职能转移给供货厂商，供货厂商对沃尔玛的流通库存进行管理和控制，即采用供应商管理库存（VMI）的方式。

沃尔玛让供货厂商与之共同管理物流配送中心。在物流配送中心保管的商品所有权属于供货厂商，供货厂商对 POS 信息和 ASN 信息进行分析，把握商品的销售和沃尔玛的库存动向。

在此基础上，决定什么时间、把什么类型商品、以什么方式、向什么店铺发货。发货的信息预先以 ASN 形式传送给沃尔玛各相关门店，做多频度小数量连续库存补货，即采用连续库存补货方式。

沃尔玛采用供货厂商管理库存和连续补货等先进的库存管理方式，使得供货厂商不仅能减少本企业的库存，还能减少沃尔玛的库存，实现双方库存水平的最小化。

另外，对沃尔玛来说，快速反应系统省去了商品进货的业务成本，同时还能集中精力于销售活动。并且，事先能得知供货厂商的商品促销计划和商品生产计划，能以较低的价格进货，这些都为沃尔玛进行价格竞争提供了必要的条件。

小思考：

1. 快速反应系统实施的要点是什么？
2. 结合案例谈谈快速反应系统对供应链管理的意义。

一、快速反应方法

1. 快速反应方法产生的背景

20 世纪 70 年代，美国的纤维纺织业出现了大幅度的萎缩，纺织品进口数量大幅度上升，到 20 世纪 80 年代初，进口产品几乎占据了美国纺织品市场的 40%。

1984 年美国 84 家大型企业结成了爱国货运动协会，该协会委托克特·萨尔蒙公司调查研究提升美国纤维产业竞争力的方法。研究表明，美国纤维产业的主要问题是其整个供应链的效率非常低，解决方法为通过信息的共享及生产商与零售商之间的合作，建立起能对消费者的需求做出迅速响应的快速反应体系。从 1985 年开始，美国纤维行业开始大规模开展快速反应运动。

沃尔玛是最早推行快速反应的企业，在纤维纺织品领域它与休闲服装生产商塞米诺尔和面料生产商米尼肯公司结成了供应链管理体系，大大提高了参与各方的经营绩效，有力地提升了相关产品的竞争力，所以起到了良好的带动和示范作用，不仅使美国服装产业的恶劣环境得到了改善，而且大大推动了快速反应方法在美国的发展。

2. 快速反应方法的定义

快速反应（Quick Response，QR）是指零售商和制造商为了实现共同的目标建立战略伙伴关系，通过信息资源共享建立一个快速供应体系，实现利益最大化。QR 方法可以利用信息技术，进行信息交换，缩短交货周期，减少库存，及时补货，提高客户服务水平，实现企

业销售额的增长。

3. QR 方法的实施步骤

实施 QR 方法需要经过以下 6 个步骤，如图 6-1 所示。

```
快速响应的集成        公司业务重组和
                     系统集成
    产品联合开发      跟踪新产品
                     开发和试销
   零售空间管理       店铺及商品品种
                     补货和购销
  先进的补货联盟      共享预测和
                     POS数据
  固定周期补货        自动补货
采用条形码和EDI技术   UPC和EDI
```

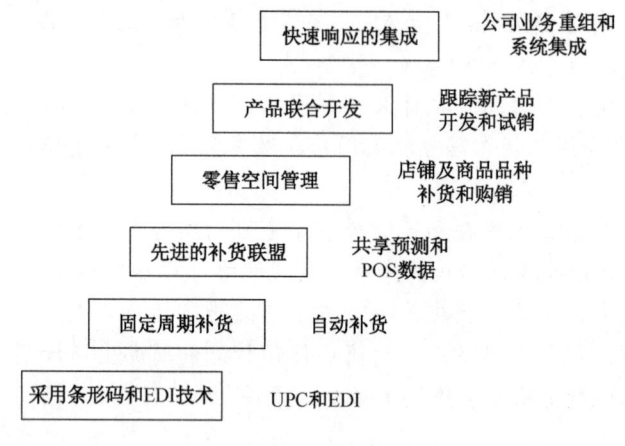

图 6-1　QR 方法的实施步骤

（1）采用条形码和 EDI 技术。

零售商首先必须有条形码（UPC 码）、POS 扫描等技术设备，以加快 POS 机的收款速度，获得更准确的销售数据并使信息沟通更加流畅。

EDI 是电子数据交换，是指按照一个公认的标准，形成结构化的消息报文格式，也是计算机可识别的商业语言。一些厂商已经实施了基本交易（如采购订单、发票等）的 EDI 业务。

（2）固定周期补货。

自动补货是指基本商品销售预测的自动化。自动补货一方面是使用基于过去和目前销售数据及其可能变化的软件进行定期预测，另一方面考虑目前的存货情况和其他因素，以确定订货量。

QR 方法的自动补货要求供应商更快、更频繁地运输重新订购的商品，以保证店铺不缺货，提高销售额。自动补货是由零售商、批发商在仓库或店内进行的。

（3）先进的补货联盟。

成立先进的补货联盟是为了保证补货业务的流畅。制造商和零售商联合起来检查销售数据，制定关于未来需求的计划和预测，在保证有货和减少缺货的情况下降低库存水平。还可以进一步由消费品制造商管理零售商的存货和补货，以加快库存周转速度，提高投资毛利率。

（4）零售空间管理。

零售空间管理是指根据每个店铺的需求模式来规定其经营商品的花色品种和补货业务。一般来说，对于花色数量、品种、店内陈列及激励培训售货员等决策，消费品制造商也可以参与甚至制定决策。

（5）产品联合开发。

这一步的重点不再是一般商品和季节商品，而是服装等生命周期很短的商品。厂商和零售商联合开发新产品，缩短新产品从概念到上市的时间，并且经常在店内试销新产品。

（6）快速响应的集成。

通过重新设计业务流程，将前 5 步的工作和公司的整体业务集成起来，以支持公司的整体战略。这一步，要求零售商和消费品制造商重新设计其业绩评估系统、业务流程和信息系统，设计的重点要围绕着消费者。

4．QR 方法成功的条件

（1）必须改变传统的经营方式和革新企业的经营意识。

（2）必须开发和应用现代信息处理技术。

（3）必须实现信息的充分共享。

（4）供应方必须缩短生产周期，降低商品库存。

知识链接

QR 方法给厂商、零售商带来的利益如表 6-2 所示。

表 6-2　QR 方法给厂商、零售商带来的利益

QR 方法给厂商带来的利益	QR 方法给零售商带来的利益
更好的顾客服务 降低了流通费用 降低了管理费用 更好的生产计划	提高了销售额 减少降价的损失 降低了采购成本 降低了流通费用 加快了库存周转 降低了管理成本

二、有效顾客响应方法

1．有效顾客响应方法产生的背景

有效顾客响应（Efficient Consumer Response，ECR）是 1992 年美国食品行业发起的方法。一些制造商、批发商、零售商组成了联合小组，目的是通过降低和消除供应链上的浪费来提高为消费者提供的价值。

2．ECR 的定义及战略

ECR 是由生产商、批发商和零售商等供应链节点组成各方相互协调和合作的供应链管理系统，它能更好、更快并以更低的成本满足消费者的需要。ECR 的优点在于供应链各方共同的目标为提高消费者的满意度，他们共同进行合作，分享信息和诀窍。ECR 把以前处于分离状态的供应链联系在一起。

ECR 的战略集中于以下 4 个领域：新产品投入、促销活动、商品补充、店铺空间安排，如图 6-2 所示。

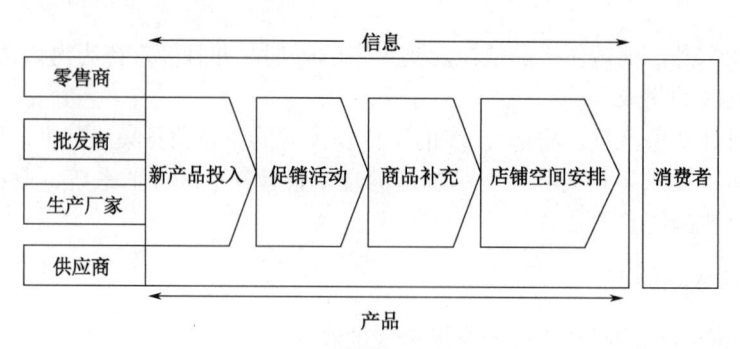

图 6-2　ECR 的战略

（1）新产品投入。

新产品投入是 ECR 的核心。它能够提前进行产品生产计划，降低生产成本，帮助供应商和零售商有效地开发新产品，满足消费者的需求。

（2）促销活动。

运用 ECR 系统可以提高仓库、运输和生产效率，减少库存及仓储费用，使贸易和促销的整个系统效益最高。主要是简化贸易关系，将经营重点从采购转移到销售。

（3）商品补充。

商品补充是支撑 ECR 战略的基础。通过利用计算机辅助订货系统、POS 扫描的数据、动态的配送系统等，将补货时间和成本最优化。这样能降低成本，降低商品售价。

（4）店铺空间安排。

在有限的店铺空间中，选择最佳的陈列方式，提高货架使用率，关注销量高的产品，及时处理滞销产品。优秀的零售商至少每月检查一次店内空间布局情况，甚至每周一次，这样能及时了解产品销售情况，对商品的空间分配进行调整。

3. ECR 系统的构建

ECR 系统是将营销技术、物流技术、信息技术等有效结合的供应链管理系统。ECR 系统构建后，它的目标是实现低成本的流通、建设基础管理设施、消除组织的隔阂、协调合作满足消费者的需求。ECR 系统的结构如图 6-3 所示。

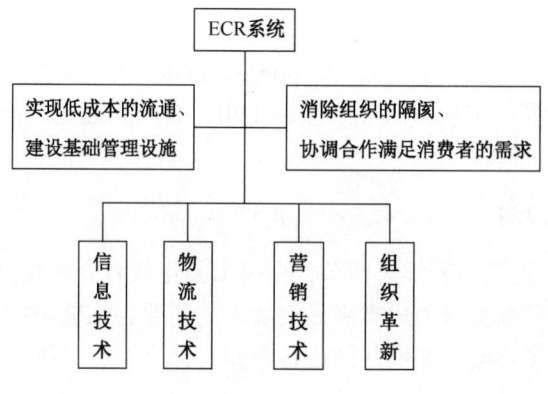

图 6-3　ECR 系统的结构

知识链接

雀巢与家乐福的 ECR 管理

雀巢公司是世界上最大的食品集团,总部位于瑞士,由亨利·内斯特于1867年创立。目前在全球范围内拥有200多家子公司,500多家工厂,员工总数约有22万名,其产品行销80多个国家,主要产品涵盖婴幼儿食品、乳制品及营养品类、饮料类、冰淇淋、冷冻食品及厨房调理食品类、巧克力及糖果类、宠物食品类与药品类等。

家乐福公司是世界上第二大的连锁零售集团,于1959年在法国设立,全球有9061家店,24万名员工。自1983年进入中国台湾,1987年进入中国大陆以来,业务发展迅速。

雀巢公司和家乐福公司均在 ECR 的推动上下了很大功夫。从1999年开始,两家公司在 ECR 方面计划进行更密切的合作,于是在中国台湾等地的分公司开始进行供应商管理库存(Vender Management Inventory, VMI)示范计划,并希望将相关成果在各自的公司内推广。

VMI 是 ECR 中的一项运作模式,主要是指供应商依据销售及安全库存的需求,替零售商下订单或补货,而实际销售的需求则是供应商依据由零售商提供的每日库存与销售资料进行统计预估得来的。通常供应商有一套管理系统来处理相关的事务,这样将大幅缩短供应商面对市场的响应时间,从而能尽早得知市场的确切销售信息,降低供应商与零售商的库存,进一步提早安排生产,降低缺货率。

台湾雀巢公司从1999年10月开始,积极与家乐福公司合作,建立 VMI 示范计划的整体运作机制,总目标是增加商品的供应率,降低家乐福公司的库存天数,缩短订货前置时间及降低双方的物流作业成本。具体指标包括:雀巢公司对家乐福物流中心的产品到货率达90%,家乐福物流中心对零售店面的产品到货率达95%,家乐福物流中心库存天数下降至预设标准,以及家乐福对雀巢的建议订货单修改率下降至10%等。另外,雀巢公司也希望将新建立的模式扩展至其他销售渠道上加以运用,以加强掌控能力并获得更大的规模效益,而家乐福公司也会与更多的重点供应商进行相关合作。

整个计划是在一年之内,建立一套 VMI 的运作环境,并且可以循环执行。具体而言,分为两个阶段:第一个阶段包括确立双方投入资源、建立评估指标、就所需条件进行谈判、确定整个运作方式及系统配置,时间约半年;第二个阶段为后续的半年,修正系统与运作方式,使之趋于稳定,并以评估指标不断进行问题寻找与改善,直至自动运行为止。

在人力投入方面,雀巢公司与家乐福公司双方均设置了一个协调机构,其他部门如物流、采购、信息等则以协助的方式参与。在经费的投入上,家乐福公司主要是在 EDI 系统建设上的花费,雀巢公司除 EDI 系统建设外,还引进了一套 VMI 系统。

在计划的实际执行上,还可细分为5个子阶段:①评估双方的运作方式与系统在合作上的可行性;②一把手的推动与团队建设;③沟通协调系统的建立;④同步化系统与自动化流程;⑤持续性训练与改进。

在系统建设方面,雀巢公司与家乐福公司双方均采用 EDI 网络的方式来进行资料传输,而在雀巢公司的 VMI 管理系统部分,则是采取外购产品的方式来建设。雀巢公司在家乐福、法国及其他国家雀巢公司的建议下,充分考虑系统需求特性后,最后选用了 Infule 的 EWR 产品。经过近一年的推进实施,雀巢公司和家乐福公司的整个 VMI 运作方式逐渐形成了如下

5个步骤的运作模式。

（1）每日 9:30 以前，家乐福公司用 EDI 方式传送结余库存与出货资料等信息到雀巢公司。

（2）9:30—10:30，雀巢公司将收到的资料合并至 EWR 的销售资料库系统中，并产生预估的补货需求，系统将预估的需求量写入后端的 BPCS ERP 系统，依实际库存量计算出可行的订货量，产生建议订单。

（3）10:30 前，雀巢公司以 EDI 方式传送建议订单给家乐福公司。

（4）10:30—11:00，家乐福公司在确认订单并进行必要的修改后回传至雀巢公司。

（5）11:00—11:30，雀巢公司依据确认后的订单进行拣货与出货。

除建设一套 VMI 运作系统与方式外，双方在具体目标方面也取得了显著成果：雀巢公司对家乐福物流中心的产品到货率由原来的 80%左右提升到 95%；家乐福物流中心对零售店面的产品到货率也由 70%左右提升至 90%左右，而且仍在继续改善中；库存天数由原来的 25 天左右下降至目标值以下；在订单修改率方面也由 60%~70%的修改率下降至 10%以下。而对雀巢公司来说最大的收获是在与家乐福公司合作的关系上。过去与家乐福公司是单向的买卖关系，家乐福公司享受着大客户的种种优惠，雀巢公司则尽力推出自己的产品，这样，彼此都忽略了真正的市场需求，从而导致卖得好的商品经常缺货，而不畅销的商品却库存积压。经过这次合作，双方有了更多的相互了解，也有了共同解决问题的意愿，并使原本各项问题的症结点一一浮现，这对从根本上改进供应链的整体效率非常有利。而同时，雀巢公司也开始考虑将 VMI 系统运用到其他销售渠道上。

三、企业资源计划

1. 企业资源计划的概念

企业资源计划或称企业资源规划（Enterprise Resources Planning，ERP），是一个集合企业内部的所有资源（如人力、资金、物料、设备、时间、信息等），并进行有效的计划和控制，以达到最大效益的集成系统。ERP 是建立在信息技术基础上，以系统化的管理思想为企业决策层及员工提供决策运行手段的管理平台。

2. ERP 的特点

ERP 把客户需求和企业内部的制造活动及供应商的制造资源整合在一起，形成企业一个完整的供应链，其核心管理思想主要体现在以下 3 个方面：①体现对整个供应链资源进行管理的思想；②体现精益生产、敏捷制造和同步工程的思想；③体现事先计划与事前控制的思想。

3. ERP 的计划层次

ERP 计划分为以下 5 个层次，如图 6-4 所示。

（1）经营规划。这是企业整体目标的体现。

（2）生产规划。这是从宏观层次确定经营的计划目标。

（3）主生产计划。以生产大纲为依据，控制资源与生产的平衡关系。

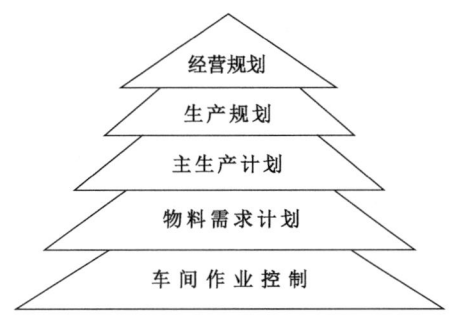

图 6-4　ERP 的计划层次

（4）物料需求计划。根据主生产计划的要求，进行需求量和企业生产能力之间的平衡协调。

（5）车间作业控制。进行工序的编制和采购计划的制订。

技能提升

海底捞：餐饮连锁供应链平台化模式

海底捞，一个以"好火锅自己会说话"作为唯一广告词的火锅店，其因"服务好"而引起同行或服务类企业的纷纷学习与效仿。"服务好"背后需要一系列的管理体系做支撑，其中海底捞的供应链运营体系功不可没。海底捞旗下的蜀海投资是海底捞供应链的核心运营机构，2013 年海底捞的后台供应链真正实现了全国全网平台化服务，集中化采购、集中化中央厨房处理，海底捞的整个供应链成为传统餐饮领域供应链的标杆。

1. 采购与库存管理

海底捞末端门店几乎是零库存（库存仅供当天消费），每天各个门店报送需求后，后台系统全程可视，后台系统汇总后下达采购及生产任务，整个供应链系统实现了快速响应机制。

2. 时蔬基地直供

海底捞在全国各地有自己的直供蔬菜基地，基地的种植计划与前端门店的计划完全协同，基地的每种蔬菜的播种、采摘都有严格的时间计划，甚至基地种植的菜什么时候上餐桌都有严格的计划。

3. 物流

海底捞在全国建立了多个物流中心+中央厨房，集中统一的冷链物流配送是其核心。值得注意的是，为了保障冷链不断链，海底捞的物流配送门店是亲自到楼下取货，而不是物流企业送进店，这样有效地保障了食品安全。

4. 海底捞供应链的内涵

尽量向供应链的后端移动，实现规模化管理和效益；将生产与服务剥离，分别实现标准化和人性化管理，从而有可能达到各自的最优。这也许是海底捞的商业逻辑。

餐饮连锁的供应链是最难运营的体系，海底捞的成功不仅仅是前台的贴心服务，如果没有后台供应链的支撑，海底捞就不会有今天的成功。集中中央厨房式供应链体系，打造集中采购+直供的供应链模式，是餐饮连锁参考学习的标杆。

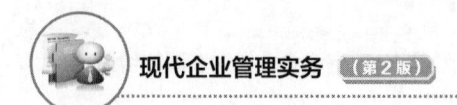

小思考：海底捞餐饮连锁供应链平台化模式有什么特点？

去工作吧！

在培训之前，小李一直很困惑如何让企业在保持灵活服务的同时，获得规模效益。经过这次培训，小李了解了电子商务供应链管理的核心思想和管理方法，对企业的业务流程重组已经有了初步的想法。

"码"上提升

资源列表	二维码
1. 案例一：风神汽车有限公司的供应链管理 2. 案例二：双汇"地震"，震痛的供应链 3. 案例三：美的成本控制案例——供应链双向挤压整合成本 4. 案例四：揭秘顺丰优选的运营模式	

模块七　企业市场营销管理

——让竞争变得更有艺术性

学习目标

目标类型	具体目标
知识目标	理解市场营销的基本概念、基本理念及营销工作流程 掌握市场分析的内容及 SWOT 分析方法 掌握市场细分的依据、要求及程序 掌握目标市场选择的标准及策略 掌握产品及产品策略的含义、类型和应用 掌握价格及定价策略的含义、类型和应用 掌握分销及分销策略的含义、类型和应用 掌握促销及促销策略的含义、类型和应用
技能目标	能够把营销理念运用于实际的营销活动中 能够独立地、规范地开展专项市场营销工作 能够在具体的营销活动中熟练运用产品策略、定价策略、分销策略和促销策略开展营销活动

职业岗位能力分解

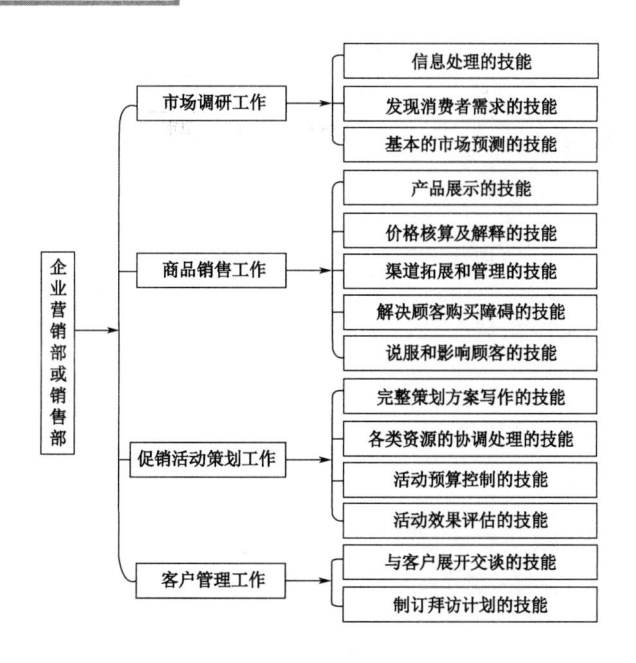

企业营销部或销售部
- 市场调研工作
  - 信息处理的技能
  - 发现消费者需求的技能
  - 基本的市场预测的技能
- 商品销售工作
  - 产品展示的技能
  - 价格核算及解释的技能
  - 渠道拓展和管理的技能
  - 解决顾客购买障碍的技能
  - 说服和影响顾客的技能
- 促销活动策划工作
  - 完整策划方案写作的技能
  - 各类资源的协调处理的技能
  - 活动预算控制的技能
  - 活动效果评估的技能
- 客户管理工作
  - 与客户展开交谈的技能
  - 制订拜访计划的技能

经营背景续集

小李已经走过了大半年的企业经营历程，对企业管理技能的掌握使得他的企业业绩有很大的提升，前景也很不错。但是，小李注意到最近有很多企业也在涉足老年人服务领域，感觉竞争压力很大，竞争形势很严峻。小李认为传统的竞争手段已经不能在竞争中获胜，自己必须进行充电，尽快地掌握先进的、实用的营销技巧，使自己的企业在竞争中获胜，并不断培养自己企业的核心竞争力。因此，小李决定到本地著名的营销培训机构进行短期学习。

培训体系表

培训项目	企业市场营销管理培训	
培训内容安排	具体内容	重点提示
市场及市场营销	一、市场概述 二、市场营销	市场的构成要素 市场营销观念、基本工作流程
市场分析	一、市场营销环境分析 二、消费者购买行为分析 三、组织市场购买分析	市场环境分析的主要内容 SWOT 分析法的应用 消费者购买行为分析 组织市场购买行为分析
市场细分与目标市场定位	一、市场细分 二、目标市场选择 三、市场定位	市场细分的标准和程序 目标市场选择的策略 市场定位的策略
市场营销组合策略	一、市场营销组合概述 二、产品策略 三、价格策略 四、分销渠道策略 五、促销策略	市场营销组合 产品生命周期 定价的方法和策略 分销渠道模式和选择 促销组合策略

走进培训课堂

小李报名成功后，对培训课程充满了期待，让我们和小李一起进入精彩的培训课堂吧。

任务一　市场及市场营销

经典透视

如何把梳子卖给和尚？

有 4 个营销员接到任务——到庙里找和尚推销梳子。

第一个营销员空手而回，说到了庙里，和尚说没头发不需要梳子，所以一把都没卖掉。

第二个营销员回来了，他销售了十多把。他介绍经验说，我告诉和尚，要经常梳梳头皮，不仅止痒，还可以活络血脉，有益健康。念经念累了，梳梳头，头脑清醒。这样就卖掉一部分梳子。

第三个营销员回来了，他销售了百十把。他说，我到了庙里，跟老和尚讲，你看这些香客多虔诚呀，在那里烧香磕头，磕了几个头起来头发就乱了，香灰也落在他们头上。你在每个庙堂的前面放一些梳子，他们磕完头、烧完香可以梳梳头，会感到这个庙关心香客，下次还会再来。这一来就卖掉了百十把。

第四位营销员回来了，他销售了好几千把，而且还有订货。他说，我到庙里跟老和尚说，庙里经常接受客人的捐赠，得有回报给人家，买梳子送给他们是最便宜的礼品。你在梳子上写上庙的名字，再写上 3 个字："积善梳"，说可以保佑对方，这样可以作为礼品储备在那里，谁来了就送，保证庙里的香火更旺。这一下就销掉了好几千把梳子。

小思考：面对同样一种商品，4 个营销员的销售业绩却差别很大，这是为什么？

市场营销是企业管理的重要方面之一，企业在经营管理过程中运用市场营销的相关原理、技巧和方法等，可以帮助企业取得更好的经营业绩和获得较强的竞争力，要想知道市场营销到底是什么，我们先从什么是市场来了解。

一、市场概述

1. 市场的含义

对于什么是市场的问题，一直以来都存在着很明显的局限性，很多人仅从市场是交易的场所的角度出发来理解和定义它，但是，市场营销中所讲的市场的含义是比较宽泛的，是包含多种要素和层次的。实际上，市场营销中所研究的市场是指一种产品的所有购买者的需求的总和。对这个含义的详细解释如下。

（1）市场是交换的场所。
（2）市场是买卖双方共同作用的结果。
（3）市场不仅体现交换行为，还反映交换关系。
（4）市场是商品现实购买者和潜在购买者的集合。
（5）市场是多样性的，也是多层次性的。
（6）市场的本质是一种交换，遵循平等自愿的原则。

2. 市场的构成要素

市场是由多种要素构成的，而且市场的运行也是多种力量共同作用的结果。在诸多的构成要素中，最重要的是人口、购买力和需求这 3 个，如图 7-1 所示。下面对这 3 个要素做详细的介绍。

（1）人口。

人口是社会物质生活的必要条件，是全部社会生产行为的基础和主体，拥有一定量的人口是开展营销活动的前提和基础，人口总量对现实购买者和潜在购买者数量的影响较大，企业的盈利首先是以具有一定量的消费者消费公司的产品为基础的。因此，直接地讲，人口总量的大小对市场容量、市场规模、市场开发等都具有重要的影响。

人口 ＋ 购买力 ＋ 需求

图 7-1　市场的 3 个重要构成要素

（2）购买力。

购买力是指在一定时期内可用于购买商品的货币总额。由于购买力是指对商品的实际购买能力，因此，一切不通过货币结算的实物收支和不是用来购买商品和劳务的货币支出，如归还借款、缴纳税金、党费、工会会费等，均不属于社会商品购买力的范围。对市场而言，人口总量大致说明消费者基数大，但是，对企业的营销活动而言，重点是要考虑具有支付能力的人，即考虑人群的购买力问题，没有购买力的人，无论其购买欲望如何强烈都无法向其成功营销。购买力受可任意支配收入的影响，也和消费者本身的消费习惯和消费模式有关。

（3）需求。

需求是指有能力购买并且愿意购买某个具体产品的欲望。需求是一种心理状态，它体现了消费者对某种产品需要的强烈程度。对一个消费者而言，只有同时满足购买力和需求两个要素才能实现真正的购买行为。

3．市场的类型

市场依据不同的标准可以分成不同的类型，具体如表 7-1 所示。

表 7-1　市场的类型

划分标准	划分依据	具体类型
市场的主体	购买者的购买目的和身份	消费者市场
		转卖者市场
		政府市场
	企业的角色	购买市场
		销售市场
	产品或服务供给方的状况（即市场上的竞争状况）	完全竞争市场
		完全垄断市场
		垄断竞争市场
		寡头垄断市场

续表

划分标准	划分依据	具体类型
消费客体的性质	交易对象的最终用途	生产资料市场
		生活资料市场
	交易对象是否具有物质实体	有形产品市场
		无形产品市场
	交易对象的具体内容	商品市场
		现货市场
		期货市场

二、市场营销

1. 市场营销的定义

市场营销的定义截至目前有很多种，其中比较具有代表性的是美国市场营销协会和菲利普·科特勒所下的定义，市场营销是以变化的环境为基础、以顾客的需求为导向、以价值传播为手段，综合运用市场和产品两大要素满足顾客需求进而实现组织目标的综合经营管理活动。

知识链接

菲利普·科特勒

菲利普·科特勒被誉为"现代营销学之父"，是美国西北大学凯洛格管理学院终身教授，也是该学院国际市场学 S·C·强生荣誉教授，还是美国管理科学联合市场营销学会主席、美国市场营销协会理事、营销科学学会托管人、管理分析中心主任、杨克罗维奇咨询委员会成员、哥白尼咨询委员会成员、中国 GMC 制造商联盟国际营销专家顾问。

菲利普·科特勒提出"优秀的企业满足需求；杰出的企业创造市场"的观点。

在菲利普·科特勒之前，市场营销是 4P 营销组合（Product：产品，Pricing：价格，Place：地点，Promotion：推销）的同义词。随着市场营销概念的不断拓宽，重新定义 4P 成为当务之急，菲利普·科特勒在他的著作中提到："企业必须积极地创造并滋养市场"。

2. 市场营销的基本内容

市场营销的内容是非常丰富的，我们将其分成四大类，分别是市场营销原理、市场营销实务、市场营销管理和特殊市场营销，具体内容如图 7-2 所示。

3. 市场营销观念

市场营销观念是指企业进行经营决策、组织管理市场营销活动的基本指导思想，也就是企业的经营哲学。企业的市场营销观念决定了企业如何看待顾客和社会利益，如何处理企业、社会和顾客三方的利益关系。企业的市场营销观念经历了从最初的生产观念、产品观念、推销观念到市场营销观念和社会营销观念的发展和演变，如图 7-3 所示。真正的营销观念形成于第四个阶段的市场营销观念,这是市场营销观念演变进程中的一次重大飞跃。下面将具体介绍这些营销观念。

图 7-2 市场营销的基本内容

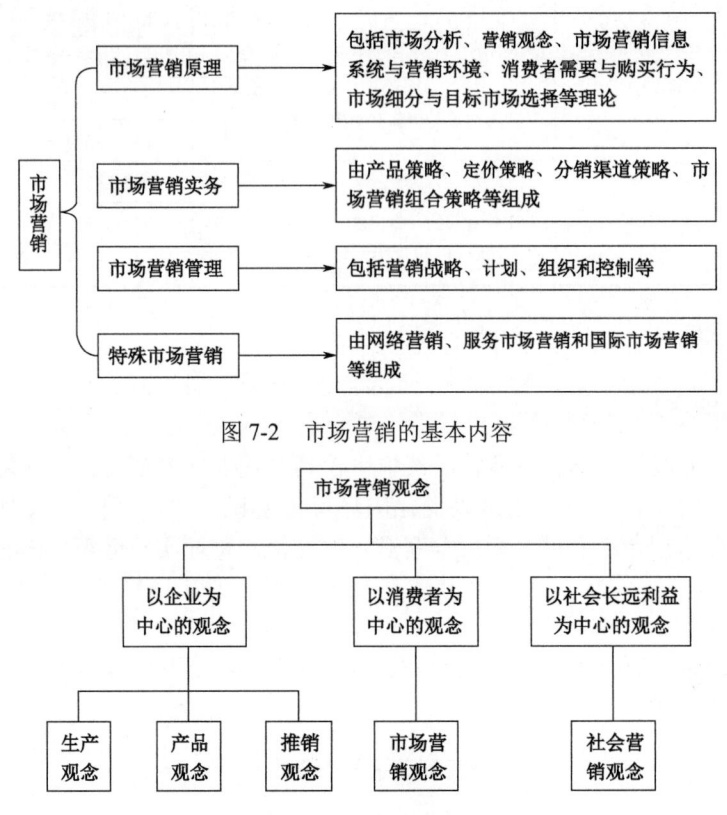

图 7-3 市场营销观念

(1) 生产观念。

生产观念是一种传统的营销观念,其主要适用于经济不发达、供给相对不足、卖方竞争有限的情况。生产观念认为,消费者喜欢那些随处可以买得到和买得起的产品,因此,企业将主要精力放在这类产品的生产上。其特点是:追求高效率、大批量、低成本生产,产品品种单一,生命周期长;企业对市场的关心,主要表现在关心市场上产品的有无和产品的多少,而不是市场上消费者的需求;在企业管理中以生产部门作为主要部门。

(2) 产品观念。

产品观念是指企业在开发产品时不依据市场需求,而是把提高质量、降低成本作为一切活动的中心,以此扩大销售、取得利润的一种经营指导思想。产品观念注重生产数量和产品质量,但忽视产品营销和消费者需求。企业最容易产生"市场营销近视",只看到自己的产品质量好,忽视产品的包装和宣传,看不到市场需求的变化,致使企业经营陷入困境。这种观念、不适用于市场经济发达的情况。

(3) 推销观念。

推销观念是生产观念的发展和延伸,是指以推销现有产品为中心的一种营销观念。推销观念认为,消费者通常表现出一种购买惰性或抗拒心理,如果听其自然,消费者一般不会足量购买某一企业的产品,因此,企业必须积极推销,以刺激消费者大量购买本企业的产品。

推销观念在现代市场经济条件下被大量用于推销那些非渴求物品，即购买者一般不会主动想到要去购买的产品或服务。这些行业善于使用各种技巧来寻找潜在客户，并采用高压方式说服他们接受其产品。许多企业在产品过剩时，也常常奉行推销观念。它们的短期目标是销售其能生产的产品，而不是生产能出售的新产品。这一观念与生产观念相比，没有本质区别，只是形式上作了改变。

（4）市场营销观念。

市场营销观念是一种"以消费者的需求为中心，以市场为出发点"的经营指导思想。市场营销观念认为，实现组织诸目标的关键在于正确确定目标市场的需求与欲望，并比竞争对手更有效、更有利地传送目标市场所期望满足的东西。市场营销观念具有如下几个特点。

① 以消费者的需求为中心，实行目标市场营销。
② 运用市场营销组合手段，全面满足消费者的需求。
③ 树立整体产品概念，刺激新产品开发，满足消费者的整体需求。
④ 通过满足消费者的需求实现企业获取利润的目标。
⑤ 市场营销部门成为指挥和协调企业整个生产经营活动的中心。

（5）社会营销观念。

随着全球环境被破坏、资源短缺、人口爆炸等问题日益严重，要求企业顾及消费者整体与长远利益即社会利益的呼声越来越高。市场营销学界提出了一系列的新观念，如人类观念（Human Concept）、理智消费观念（Intelligent Consumption Concept）、生态准则观念（Ecological Imperative Concept）。其共同点是认为企业生产经营不但要考虑消费者的需求，而且要考虑消费者和整个社会的长远利益。这种观念被称为社会营销观念。此观念指出企业的任务在于确定目标市场的需求、欲望和利益，比竞争者能更有效地使顾客满意，同时维护与增进消费者和社会的福利。社会营销观念是市场营销观念的进一步完善和发展。与市场营销观念相比，社会营销观念的特点是：在继续坚持通过满足消费者和用户的需求及欲望而获取利润的同时，更加合理地兼顾消费者和用户的眼前利益与长远利益，更加周密地考虑如何解决满足消费者和用户的需求与社会公众利益之间的矛盾。

4. 营销新理念——微营销

在如今以市场需求为主导的经济时代，消费者的需求呈现出精细化和多样化的特点，细分市场日渐成熟，同时在互联网技术快速发展的刺激下，整体市场的发展节奏也在不断加快。因此，企业需要建立一套灵活的管理思维，不断优化企业结构和相关服务，轻装上阵，来自如应对不可预知的市场变化。在这种大环境下，"微营销"的概念应运而生。市场营销作为企业实现盈利的重要辅助环节，被众多企业经营者当作制胜的法宝，然而传统粗放式推广方法已不能满足于精细化市场的营销需求，企业的投资回报率也在不断下降，因而市场亟待出现一种更为快捷、高效的营销途径。随着整个互联网经济的快速发展，以网络为传播平台的营销行业如雨后春笋般迅速壮大，其整体服务水平也呈现出阶梯式的增长，并诞生了以网络技术为基础的精准营销模式。

微营销是以移动互联网为主要沟通平台，配合传统网络媒体和大众媒体，通过有策略、可管理、持续性的线上线下沟通，建立和转化、强化客户关系，实现客户价值的一系列过程。微营销实际上是一个移动网络微系统，就是将线上线下营销整合起来，将线下引流到线上支付，将线上引流到线下（实体店面）浏览。微营销的构成如图7-4所示。

图 7-4　微营销的构成

5. 市场营销的基本工作流程

市场营销工作本身就集科学性与艺术性于一身，既有科学的理论和方法指导，又体现着人类思考的智慧和艺术。总体而言，不同的行业开展营销活动的方式是不同的，营销活动的目的不同也会产生不同的营销工作流程，在这里，我们简单给出一般意义上开展市场营销活动的流程，如图 7-5 所示。

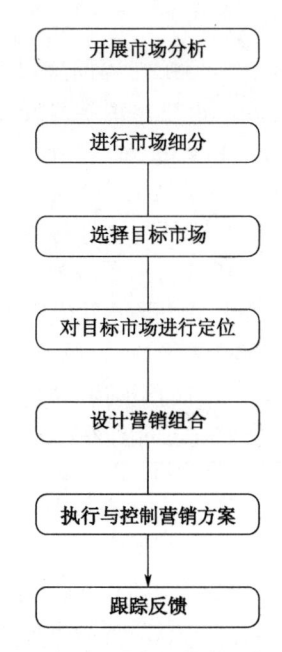

图 7-5　市场营销的基本工作流程

任务二　市场分析

经典透视

两家小店

有两家卖粥的小店，左边这家和右边那家每天的顾客相差不多，都是川流不息，人进人出的。然而晚上结算的时候，左边这家总是比右边那家多挣出百十元，天天如此。

于是，我走进了右边那家粥店。服务小姐微笑着把我迎进去，给我盛好一碗粥，问我："加不加鸡蛋？"我说加。于是她给我加了一个鸡蛋。

每进来一个顾客，服务员都要问一句："加不加鸡蛋？"有说加的，也有说不加的，大概各占一半。

我又走进左边那家小店。服务小姐同样微笑着把我迎进去，给我盛好一碗粥，问我："加一个鸡蛋，还是加两个鸡蛋？"我笑了，说："加一个。"

再进来一个顾客，服务员又问一句："加一个鸡蛋，还是加两个鸡蛋？"爱吃鸡蛋的就要求加两个，不爱吃的就要求加一个。也有要求不加的，但是很少。一天下来，左边这家小店就要比右边那家多卖出很多个鸡蛋。

小思考： 两家小店，经营的产品一样，所处的地理位置也一样，是什么导致它们的销售业绩不同的？经营较好的这家店抓住了顾客什么样的消费心理？

想让企业的产品在市场中获得较好的销售业绩，必须满足消费者的需求。企业要使产品满足消费者的需求就必须在产品生产之前进行市场分析，明确消费者需求的趋势和产品发展的趋势。下面详细地讲解关于市场分析的内容。

一、市场营销环境分析

1. 市场营销环境概述

任何企业的经营管理活动都是在一定的市场环境下进行的，并且受市场环境的影响。所谓市场营销环境，是指对企业的各项营销活动和营销目标的实现直接或间接产生影响的各种要素的总称。市场营销环境具有客观性、关联性、层次性、差异性和动态性的特点，市场营销环境可以分为宏观市场营销环境和微观市场营销环境两大类。

2. 宏观市场营销环境

宏观市场营销环境又称间接营销环境，是指影响企业营销活动的一系列的社会力量和因素，主要是人口、经济、政治法律、科学技术、社会文化等因素，如图7-6所示。

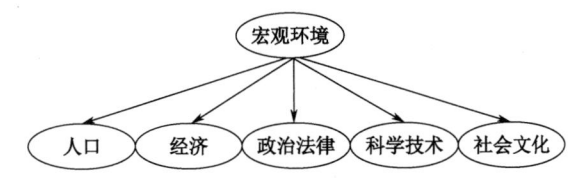

图7-6 市场营销的宏观环境

（1）人口环境。

人口是市场的第一要素。人口数量直接决定市场规模和潜在容量，人口的性别、年龄、民族、婚姻状况、职业、居住分布等也对市场格局产生着深刻影响，从而影响着企业的营销

活动。企业应重视对人口环境的研究,密切关注人口特性及其发展动向,及时地调整营销策略以适应人口环境的变化。

(2)经济环境。

经济环境是影响企业营销活动的主要宏观环境因素,它包括收入因素、消费支出、产业结构、经济增长率、货币供应量、银行利率、政府支出等因素,其中收入因素、消费支出对企业的营销活动影响较大。

(3)政治法律环境。

法律政治环境是影响企业营销的重要宏观环境因素,包括政治环境和法律环境。政治环境引导着企业营销活动的方向,法律环境则为企业规定经营活动的行为准则。政治与法律相互联系,共同对企业的营销活动产生影响和发挥作用。

(4)科学技术环境。

科技是第一生产力,每一种新技术的发现和推广都会给有些企业带来新的市场机会,从而促使新行业的出现。同时,也会给某些行业或企业带来威胁,使这些行业或企业受到冲击甚至被淘汰。

(5)社会文化环境。

社会文化是一个国家、地区的民族特征、价值观念、生活方式、风俗习惯、宗教信仰、伦理道德、教育水平、语言文字等的总和。不同的民族、不同的价值观、不同的风俗习惯、不同的宗教信仰会产生不同的消费模式和消费动机,会对企业的产品提出不同的要求。因此,企业应该针对不同的社会文化环境制定不同的营销策略,组织不同的营销活动。

3. 微观市场营销环境

微观市场营销环境又称为直接营销环境,是指与企业紧密相连、直接影响企业营销能力和效率的各种力量和因素的总和,主要包括企业自身、供应商、营销中介、消费者、竞争者及社会公众等,如图7-7所示。

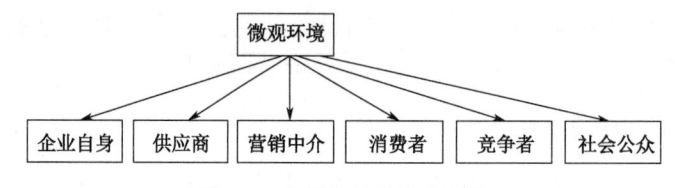

图7-7 市场营销的微观环境

(1)企业自身。

企业在开展营销活动前要充分考虑企业内部环境因素。企业是组织生产和经营的经济单位,是一个系统组织,包括计划、技术、采购、生产、营销、质检、财务、后勤等部门。企业内部各职能部门的工作及其相互之间的协调关系,直接影响企业的整个营销活动。

(2)供应商。

供应商是指为企业生产提供特定的原材料、辅助材料、设备、能源、劳务、资金等资源的供货单位。这些单位所供资源的变化会直接影响企业产品的产量、质量及利润,从而影响企业营销计划和营销目标的完成。

(3)营销中介。

营销中介是指为企业营销活动提供各种服务的企业或部门的总称,对企业的营销活动有着直接、重大的影响力。只有通过有关营销中介所提供的服务，企业才能把产品顺利地送达到目标消费者手中。

（4）消费者。

消费者是市场的主体，是企业营销活动的最终目标。任何企业的产品和服务，只有得到了消费者的认可，才能赢得这个市场。为此，企业要注重对消费者进行研究，分析消费者的需求规模、需求结构、需求心理及购买特点，这是企业营销活动的起点和前提。

（5）竞争者。

在商品经济条件下，任何企业在目标市场进行营销活动时，都会遇到竞争对手。在竞争中，知己知彼方能百战不殆，所以企业在制定营销策略时，应该先了解竞争对手的生产经营状况，从而有效地开展营销活动。

（6）社会公众。

社会公众是在企业营销活动中与企业营销活动发生关系的各种群体的总称。社会公众对企业的态度，会对其营销活动产生巨大的影响，它既可以有助于企业树立良好的形象，也可能破坏企业的形象。所以企业必须处理好与主要社会公众的关系，争取社会公众的支持和偏爱，为自己营造和谐、宽松的社会环境。

4. 市场营销环境的 SWOT 分析

在市场营销环境分析中运用比较多的一种方法是 SWOT 分析法，下面做具体的介绍。

（1）SWOT 分析的含义。

SWOT 分析法也称道斯矩阵，即态势分析法，就是确认企业所面临的优势（Strength）与劣势（Weakness）、机会（Opportunity）与威胁（Threat），并据此确定企业的战略定位，最大限度地利用内部优势和机会，将企业劣势与威胁降低到最低限度。

优劣势分析主要着眼于企业自身的实力及其与竞争对手的比较，而机会和威胁分析则将注意力放在外部环境的变化及对企业可能产生的影响上。

（2）SWOT 矩阵。

企业把外部环境中存在的机会与威胁和内部环境中的优势与劣势放在一个矩阵图中，把内外部的 4 个方面进行组合，这样就会产生 4 种不同的战略类型，以便企业进行有效的决策。SWOT 矩阵如表 7-2 所示。

表 7-2　SWOT 矩阵

外部力量 \ 内部能力		内部环境	
		优势（Strength）	劣势（Weakness）
外部环境	机会（Opportunity）	SO 战略 机会、优势组合 最大限度的发展	WO 战略 劣势、机会组合 利用机会，回避弱点
	威胁（Threat）	ST 战略 优势、威胁组合 利用优势，降低威胁	WT 战略 劣势、威胁组合 收缩、合并

（3）在应用 SWOT 分析法过程中应注意的几个问题。

在具体的实践过程中还应该注意以下几个问题，才能保证 SWOT 分析法的运用效果。

第一，对外部环境中存在的机会与威胁不应该依靠个人的经验主义和个人主观主义、不应该不做充分的市场调研就进行决策、不应该对市场做眼前的判断，而是应该借助科学的调查方法，在掌握充分市场信息的基础上进行客观判断和决策，应该把眼光放长远一些，注重外部环境的客观形势及变化规律。

第二，对内部优势和劣势的分析应该基于企业实际情况。管理者往往过分夸大自身企业的优势，而忽略自身的劣势，也有的管理者搞不清楚自己企业的优势和劣势到底是什么，在这种情况下做出的优劣势分析是不科学的，也是不客观的。我们在对自己的企业进行分析时应该依据企业的实际情况，只有正视实际情况才能做出准确的战略定位，才能帮助企业培养核心竞争力。

第三，在进行组合时，不仅要考虑自身的优劣势和外部的机会威胁，还要考虑外部力量的动态变化给企业带来的影响，尤其要考虑竞争者、合作者、消费者和员工等群体的变化所带来的影响。

二、消费者购买行为分析

所谓消费者，是指为满足个人的目的而购买商品和接受服务的社会成员。消费者与生产者及销售者不同，消费者是产品和服务的最终使用者，而不是生产者、经营者。也就是说，消费者购买商品的目的主要是用于个人或家庭需要而不是经营或销售，这是消费者最本质的一个特点。研究消费者的购买行为，可以掌握消费者的消费心理和消费模式，以便企业组织生产满足消费者需求的产品和提供有特色的服务。

1. 消费者市场需求的特点

消费者市场又称最终消费者市场、消费品市场或生活资料市场，是指个人或家庭为满足其生活需求而购买商品和接受服务所形成的场所。消费者市场是整个市场体系的基础，是起决定作用的市场。消费者市场具有如下几个特点。

（1）需求表现出很大的差异性。

消费者对商品的需求往往受消费者自身的性格、文化程度、价值观念、宗教信仰、欣赏水平、收入水平和生活阅历等因素的影响，因此消费者在具体购买行为中会表现出很大的差异性。

（2）需求表现出很强的层次性。

一般来讲，消费水平的高低受收入水平的影响，不同收入水平的消费者消费的层次也不相同。总体收入越高，其可任意支配的收入也会相应提高，这样在消费过程中对高档商品的需求就会增加，反之就会对中低档商品的需求增加。因此，消费者需求表现出很强的层次性。

（3）需求目的的非营利性。

在消费者市场上进行交换的消费者的主要目的是满足其日常的生活所需，并不是想在其他市场进行再次交换而获取利润。因此，消费者市场上的需求带有明显的非营利性。

（4）需求有很强的替代性。

当一种商品的价格上升时，消费者就会选择其他具有同等功能且满足同样需求的商品进行消费，这种商品被称为替代品。消费者在实际购买过程中往往非常关注替代品的信息以便于选择。因此，消费者市场的需求具有很强的替代性。

2. 消费者的购买动机分析

动机是使个人需要得到满足的一种驱动和冲动。消费者的购买动机是指消费者为了满足某种需要，产生购买商品的欲望和念想。消费者的购买动机可分为以下两类。

（1）生理性购买动机。

生理性购买动机，又称本能动机，是指人们因生理需要而产生的购买动机，包括维持生命动机、保护生命动机、延续和发展生命的动机，如饥思食、渴思饮、寒思衣。生理性购买动机具有经常性、习惯性和稳定性的特点。

（2）心理性购买动机。

心理性购买动机是指人们由于心理需要而产生的购买动机。根据对人们心理活动的认识，以及对情感、意志等心理活动的研究，可将心理性购买动机归纳为以下三类。

① 感情动机，是指由个人的情绪和情感等心理方面的因素而引起的购买动机。根据不同感情的侧重点不同，可将其分为3种消费心理倾向：求新、求美、求荣。

② 理智动机，是指建立在对商品的客观认识的基础上，经过充分的分析比较后产生的购买动机。理智动机具有客观性、周密性的特点，在购买中表现为求实、求廉、求安全的心理倾向。

③ 惠顾动机，是指对特定的商品或特定的商店产生特殊的信任和偏好而形成的习惯重复光顾的购买动机。这种动机具有经常性和习惯性的特点，表现为嗜好心理。

人们的购买动机不同，购买行为必然是多样的、多变的。企业要深入细致地分析消费者的各种需求和动机，针对不同的需求层次和购买动机设计不同的产品和服务，制定有效的营销策略，才能获得营销成功。

3. 消费者的购买行为分析

一个人的所有行为都是大脑对刺激物的反应，消费者购买商品也是如此，是大脑受到了某种刺激才会产生购买行为。而刺激在被消费者接受之后，要经过几个阶段，才能产生看得见的行为反应，或完成一次购买行为。

（1）"不足之感"阶段。

不足之感指的是消费者在受到刺激之后，产生了缺少什么并由此需要此物（商品或劳务）的感觉，即消费需要。

（2）"求足之愿"阶段。

求足之愿指的是消费者在产生不足之感后，自然产生满足、弥补此不足的愿望，萌生购买动机，并希望通过购买产品来获得满足。同时，这种购买动机是可以被诱导的。

（3）"购买行为"阶段。

购买行为是指消费者为满足某种需要，在购买动机的驱使下以货币换取商品的行动。当然，在这之前，消费者会根据需要先去了解、搜集各种相关信息，并对可供选择的商品进行综合的分析比较，最后才做出是否要购买的决策。

（4）"购后行为"阶段。

购后行为指的是消费者使用了产品、获得了相应的消费体验和对本次购买做出了评价之后采取的一系列行动。消费者如果消费体验好，会采取正面的行动，出现再购买行为等；反之，则会进行反面宣传，甚至劝阻他人购买等，而对于本次购买的产品，会进行出租、出借、束之高阁、折价处理、转赠他人、退货、抛弃等处理方式。

三、组织市场购买分析

组织市场是区别于消费者市场的另一类市场。组织市场在总交易量、每笔交易的当事人数、客户经营活动的规模和多样性、生产阶段的数量和持续时间等方面，比消费者市场大得多、复杂得多。

1. 组织市场的概念

组织市场是以各种组织机构为主体所形成的对企业产品和劳务需求的总和。例如，在满足消费者需求的过程中有很多组织机构需要消耗其他组织提供的大量商品和劳务，这样它们就成了企业营销的对象，即大客户，也因此形成了所谓的组织市场。主要的组织市场有产业市场、转卖者市场和非营利组织市场等。

2. 组织市场的特点分析

（1）组织市场的需求是一种派生需求。

组织机构购买产品是为了满足其消费者的需要，也就是说，组织机构对产品的需求，归根结底是从消费者对消费品的需求中派生出来的。显然，汽车制造商之所以购买轮胎，是因为消费者要到4S店去买汽车的缘故。

（2）购买数量较大，相对集中。

组织市场的购买者多数是大客户，一次性采购的数量较大，采购也相对集中。例如，大学院校为了满足教学需要而采购计算机，这样的采购数量大、产品单一、集中程度高。

（3）多为专家购买。

组织购买者为了满足要求，一般会成立专门的组织负责采购，并且制定明确的采购标准、条件及决策程序。其成员也是由多个部门的人员共同组成的，其中有一部分是该商品方面的专家，这样采购者对所购买商品的各项技术参数就非常熟悉，与消费者市场相比就体现出专家购买性。

（4）购买决策过程复杂。

因为组织购买体现出多人决策及专家购买性，所以购买决策过程比较复杂。对于应该购买的商品，不是个人决策就能解决的，需要按照程序逐步开展购买工作，这样影响购买的因素就增多，使得购买过程变得复杂。

知识链接

政府采购

政府采购（Government Procurement）是指国家各级政府为从事日常的政务活动或为了满

足公共服务的目的，利用国家财政性资金和政府借款购买货物、工程和服务的行为。政府采购不仅是指具体的采购过程，而且是采购政策、采购程序、采购过程及采购管理的总称，是一种对公共采购管理的制度。

完善、合理的政府采购对社会资源的有效利用、提高财政资金的利用效果起到很大的作用，是财政支出管理的一个重要环节。

任务三　市场细分与目标市场定位

经典透视

江小白：玩转瓶身营销

江小白，一款有自己卡通人物形象的小白酒，他说自己是"当下热爱生活的文艺青年的代表"。江小白以"我是江小白，生活很简单"为品牌理念，坚守"简单包装，精制佳酿"的反奢侈主义产品理念，坚持"简单纯粹，特立独行"的品牌精神。江小白联合同道大叔推出了一款十二星座瓶身限量版包装，并且每个星座都有专属的星座酒话文案。

懂酒的人觉得江小白的口味并没有其他同等档次的白酒好，在醇香度上还有很大欠缺。但是，它的文化营销策略促成了它的成功。江小白提倡直面青春的情绪，不回避、不惧怕。与其让情绪煎熬压抑，不如任其释放。这个宣言直接决定了江小白的市场定位就是年轻群体。2011年才出道的江小白，其瓶身营销一度被业内奉为经典。它的每一句语录都说到了年轻人的心坎里。

小思考：结合材料分析江小白的市场定位和目标市场选择有什么特别之处。

一、市场细分

1. 市场细分的概念

市场细分的概念是由美国市场学家温德尔·史密斯（Wendell Smith）于1956年提出来的。不同顾客的需求具有差异性，而在同一地理条件、社会环境和文化背景下人的需求特点和消费习惯大致相同。正是因为消费需求在某些方面的相对同质性，市场上绝对差异的消费者才能按一定标准聚合成不同的群体。所以消费者需求的绝对差异造成了市场细分的必要性，消费需求的相对同质性则使市场细分有了实现的可能性。但同时企业由于受到自身实力的限制，不可能向市场提供能够满足一切需求的产品和服务。为了有效地进行竞争，企业必须进行市场细分，选择最有利可图的目标细分市场，集中企业的资源，制定有效的竞争策略，以取得和增加竞争优势。

综上所述，市场细分是指企业按照消费者的一定特性把原有市场分割为两个或两个以上的子市场，以用来确定目标市场的过程。

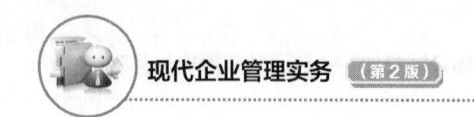

2. 市场细分的依据

依据不同的标准可以进行不同的市场细分，市场细分的依据如图 7-8 所示。

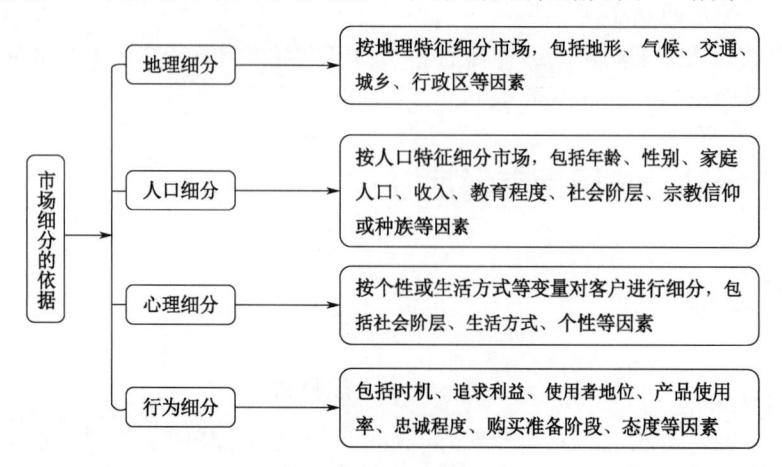

```
                ┌─ 地理细分 ──→ 按地理特征细分市场，包括地形、气候、交通、城乡、行政区等因素
                │
市场细分         ├─ 人口细分 ──→ 按人口特征细分市场，包括年龄、性别、家庭人口、收入、教育程度、社会阶层、宗教信仰或种族等因素
的依据           │
                ├─ 心理细分 ──→ 按个性或生活方式等变量对客户进行细分，包括社会阶层、生活方式、个性等因素
                │
                └─ 行为细分 ──→ 包括时机、追求利益、使用者地位、产品使用率、忠诚程度、购买准备阶段、态度等因素
```

图 7-8　市场细分的依据

3. 市场细分的要求

企业进行市场细分时，应该遵循以下基本要求。

（1）要有明确的细分特征。

经过细分的子市场应该具有明显的特征，以区别于其他子市场，细分后的子市场应该有自己特定的目标消费群体，而且这些群体有共同的需求，在购买行为方面也有类似性。

（2）要有可预测的发展潜力。

企业进行市场细分的目的是发现市场机会，进行长远投资。细分市场一旦确定就比较稳定，企业应该充分考虑细分市场的长远利益和发展潜力，而且对细分市场未来的发展潜力进行预测，做出初步的估计。

（3）要有一定的盈利。

细分市场是企业的利润增长点所在，因此要有一定的市场容量和规模，要有非常充足的需求量，这样才能给企业带来预期的利润，才使得细分市场更有价值。

（4）要考虑企业自身的实际。

企业进行市场细分，不仅要考虑前面提到的几个影响细分的因素，还要充分衡量自身的实际情况，应该量力而行，充分考虑企业自身的人力、财力和物力，要发挥企业的优势和专长，避免资源浪费和决策错误。

4. 市场细分的程序

市场细分应该按照如图 7-9 所示的程序进行。

在按照程序进行市场细分时，尤其要注意在拟定选择标准时就应该对谁是购买者、购买什么、在哪里购买、为什么购买、怎样购买等问题做出回答；在确定营销要素时应该把不同市场的特点凸显出来；在市场潜力的估计方面应该把重点放在需求估计上，再结合竞争情况来决定企业的营销策略。

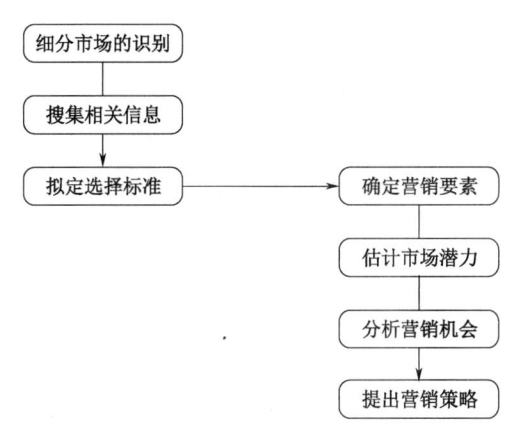

图 7-9　市场细分的程序

二、目标市场选择

1. 目标市场的概念

在进行市场细分后，企业面临着很多子市场的选择，考虑到企业不可能同时进入所有的细分市场，只能根据自身的实际情况有选择性地进入到局部子市场中。所谓目标市场，是指企业对众多的细分市场进行综合评价后决定要进入的市场。

2. 目标市场选择的标准

企业在进行目标市场选择时要依据的标准有目标市场的规模发展和谐力、目标市场结构的吸引力、目标市场符合企业实际和目标市场的盈利能力 4 个方面。除目标市场结构的吸引力以外的其他几个方面在市场细分的要求中已经进行了详细的阐述，在此不再赘述，只对目标市场结构的吸引力做简单介绍。迈克尔·波特认为有 5 种力量决定了整个市场或其中任何一个细分市场长期的内在吸引力，如图 7-10 所示。

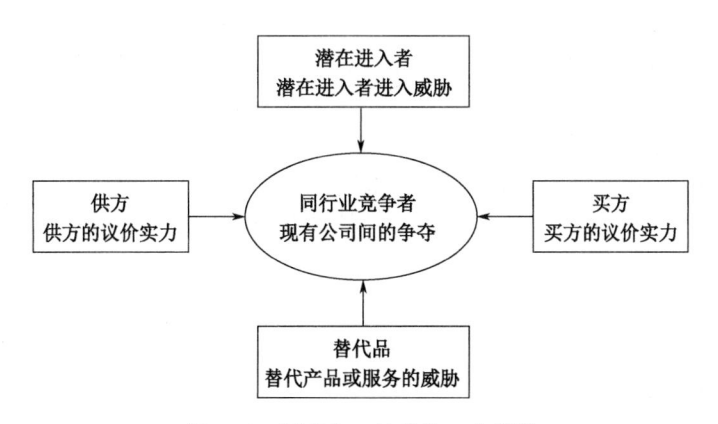

图 7-10　迈克尔·波特的 5 力模型

3. 目标市场策略

企业进行目标市场选择是为了获得更好的发展机会，要想实现这个目标，企业必须结合目标市场策略进行目标市场的选择。下面介绍 3 种典型的目标市场策略。

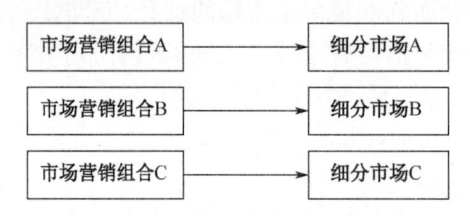

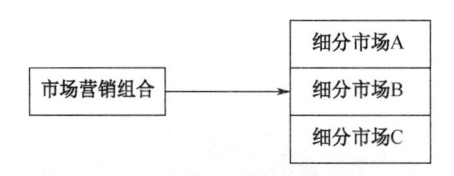

（1）无差异性目标市场策略。

无差异性目标市场策略是指企业把整体市场作为一个营销目标而不加以区分营销，针对消费者的共同需求，统一制订营销计划，开展营销活动的策略。这种策略强调消费者的共同需求，忽视其差异性。采用这一策略的企业，一般都是实力强大、进行大规模生产、又有广泛而可靠的分销渠道，以及统一的广告宣传方式和内容的企业。其最大的缺点是不能满足消费者变化的个性化需求。无差异性目标市场策略如图7-11所示。

市场营销组合 → 整个市场

图 7-11　无差异性目标市场策略

（2）差异性目标市场策略。

差异性目标市场策略是指企业把整体市场划分为若干不同细分市场作为其目标市场，针对不同目标市场的特点，分别制订出不同的营销计划，按计划生产目标市场所需要的商品，满足不同消费者需求的策略。这种策略强调消费者的个性化需求，企业往往以小批量、多品种开展生产，但也会导致经营成本上升。差异性目标市场策略如图7-12所示。

市场营销组合A → 细分市场A
市场营销组合B → 细分市场B
市场营销组合C → 细分市场C

图 7-12　差异性目标市场策略

（3）集中性目标市场策略。

集中性目标市场策略是指企业选择一个或几个细分化的专门市场作为营销目标，集中企业的优势力量，对某细分市场采取攻势营销战略，以取得市场上的优势地位的策略。一般来说，实力有限的中小企业多采用集中性目标市场策略。集中性目标市场策略如图7-13所示。

市场营销组合 → 细分市场A
　　　　　　　　细分市场B
　　　　　　　　细分市场C

图 7-13　集中性目标市场策略

三、市场定位

1. 市场定位的概念

市场定位是指企业从长远利益出发，综合考虑现有竞争格局、消费者的消费偏好等因素，积极塑造并传播本企业产品的鲜明特色和良好形象，进而使得消费者对该产品产生强烈好感的过程。

市场定位的实质是使本企业与其他企业严格区分开来，使消费者明显感觉和认识到这种差别，从而让企业在消费者心目中占有特殊的位置。市场定位的目的是使企业的产品和形象在目标消费者的心理上占据一个独特、有价值的位置。

2. 市场定位的策略

（1）档次定位。

档次定位是依据品牌在消费者心目中的价值高低来区分出不同的档次，这是比较常见的一种定位方法。品牌价值是产品质量、消费者的心理感受及各种社会因素的综合反映。例如，价值高达几万元人民币的劳力士手表是财富和地位的象征，拥有它，就展示了自己的成功和社会地位。

（2）独特卖点定位。

独特卖点定位是依据品牌向消费者提供的利益定位，并且这个利益点是独一无二的。例如，在汽车市场上，丰田和本田突出的是"经济与可靠"，奔驰显示的是"高贵"，沃尔沃突出的是"安全与耐用"等。

（3）使用者定位。

使用者定位是依据品牌与某类消费者的生活形态和生活方式的关联来定位的。以劳斯莱斯汽车为例，它不仅是一种交通工具，而且是英国富豪生活方式的一种标志。成功地运用使用者定位，可以将品牌人性化，从而树立独特的品牌形象和品牌个性。

（4）类别定位。

类别定位是指依据产品的类别建立起品牌联想。类别定位试图在消费者心目中留下该品牌等同于某类产品的印象，以成为某类产品的代名词或领导品牌，使消费者在有了某类特点需求时就会联想到该品牌。

市场定位的策略比较丰富，除了上面介绍的几种定位策略，还有情景定位策略、比附定位策略及文化定位策略等。

任务四　市场营销组合策略

经典透视

招商银行：番茄炒蛋

2017年11月1日，一支名为《世界再大，大不过一盘番茄炒蛋》的广告（见图7-14）突然在朋友圈刷屏。转发的朋友们纷纷表示："看到飙泪，不知不觉就泪目了"。故事内容相信大家都已经知道了，就是一位出国在外的留学生，想在同学面前露一手，于是向大洋彼岸的母亲求助，最后留学生做出了满意的番茄炒蛋，然而让留学生忽略的是，由于中美两地的时间差，留学生的母亲是深夜为儿子教学的，满满的感动。

评论：该广告是招商银行为推广其留学生信用卡而推出的案例，不过随着广告的刷屏，网友们也提出了质疑，如存在过度煽情嫌疑、广告内容跟品牌相关度差等。

小思考：你对上述评论怎么看？

图 7-14　番茄炒蛋的广告

一、市场营销组合概述

所谓市场营销组合，是指企业按照目标市场的需要，把自己可控制的各种营销要素进行优化组合和综合运用，以便取得更好的经济效益和社会效益。1960 年，麦卡锡在《基础营销》一书中提出了著名的 4P 组合，即产品（Product）、渠道（Place）、价格（Price）、促销（Promotion）组合，如图 7-15 所示。

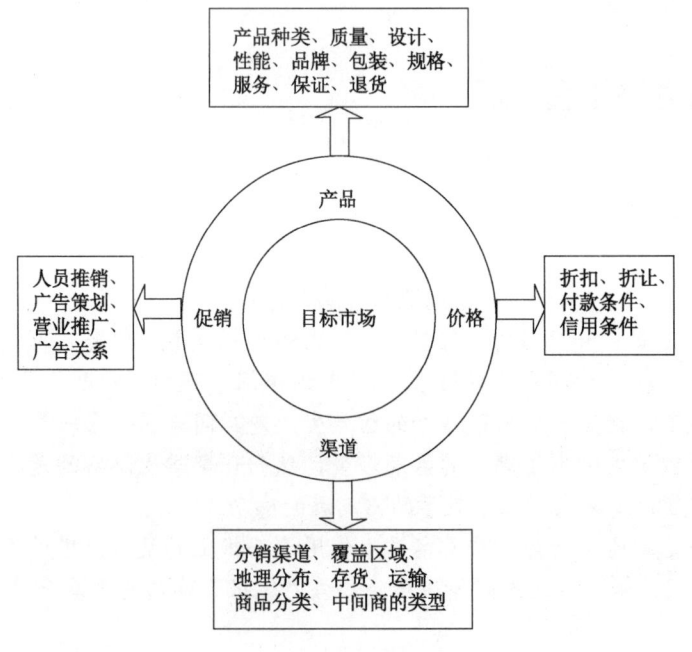

图 7-15　市场营销组合模式

二、产品策略

1. 产品整体的概念

产品在市场营销学中有着特别的含义,它强调的不是一个产品本身,而是产品整体。所谓产品整体,是指人们通过购买而获得的能够满足某种需求和欲望的物品的总和,它既包括具有物质形态的产品实体,又包括非物质形态的利益,这就是产品整体的概念,具体如图 7-16 所示。

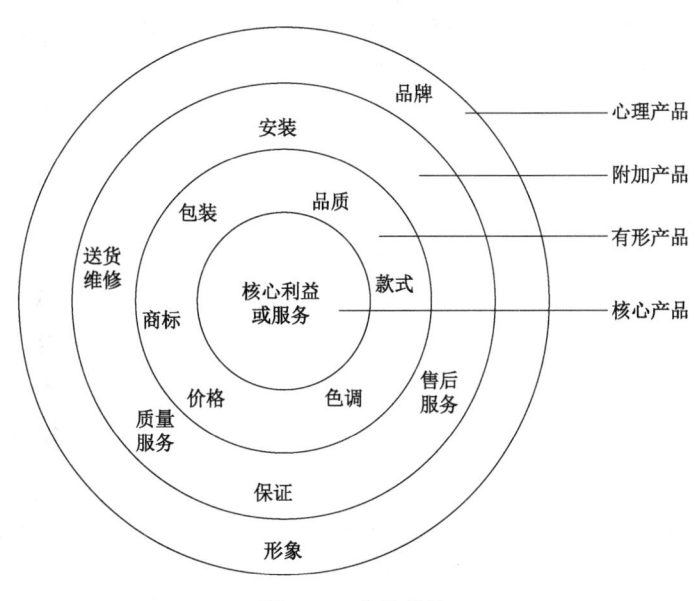

图 7-16 产品整体

2. 产品的生命周期及营销策略

产品的生命周期及营销策略如图 7-17 所示。

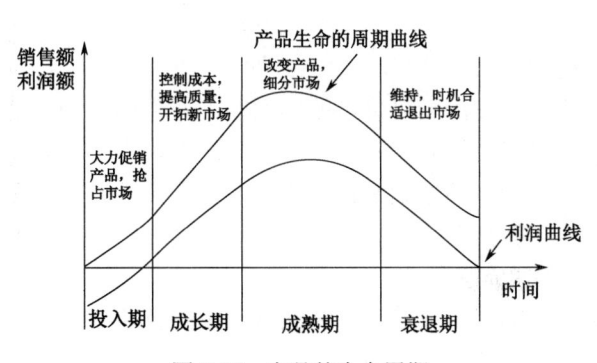

图 7-17 产品的生命周期

3. 品牌策略和包装策略

品牌是一个名称、名词、符号或设计,或者是它们的组合,其目的是识别某个销售者或某群销售者的产品或劳务,并使之同竞争对手的产品和劳务区别开来。商标是品牌的法律名词，即申请注册并被批准的品牌。品牌策略是品牌战略的具体体现。品牌本身是比较简单的，但是品牌所携带的信息是非常丰富的，如品牌代表企业形象，预示企业行为，展示市场定位风格，体现产品价值等。品牌策略就是企业在品牌定位及品牌营销中所采用的技巧与方法。

包装是为在流通过程中保护产品，方便储运，促进销售，按一定的技术方法所用的容器、材料和辅助物等的总称；也指为达到上述目的在采用容器、材料和辅助物的过程中施加一定技术方法等的操作活动。一般来说，商品包装应该包括商标或品牌、形状、颜色、图案和材料等要素。常见的包装策略有类似包装策略、配套包装策略、再使用包装策略、附赠包装策略、改变包装策略、更新包装策略、复用包装策略、绿色包装策略、系列式包装策略、等级式包装策略、情趣式包装策略、年龄式包装策略、性别式包装策略、礼品式包装策略等。

三、价格策略

价格是市场营销组合的重要构成部分，价格对产品在市场上的营销成功与否起到关键的制约作用，价格也能体现产品在市场上的竞争力。价格策略就是根据购买者各自不同的支付能力，结合产品进行定价，从而实现最大利润的定价方法。

1. 影响企业定价的因素

（1）成本因素。

成本是企业定价的最低限价，即商品的价格最低不能低于成本。商品的价格承担着补偿在生产过程中所有耗费的责任，如果商品的价格低于成本，商品是无法完成其自身使命的。

（2）市场因素。

商品的价格除受成本影响，还受市场规模、市场需求、市场竞争等市场因素的影响。尤其是受市场需求的影响，当商品的供给大于需求时，则价格下降；当商品的供给小于需求时，则价格上升。同时，还要考虑商品的需求弹性，弹性大，可降价扩大销售，弹性小，则适当提价以增加利润。

（3）购买者行为因素。

在购买者行为因素中，心理因素对价格的影响较大。不同的购买者在购买决策中存在着不同的心理状态，有的以品牌为导向，有的以质量为导向，有的以外观为导向，有的以新颖为导向。不同的购买心理对价格的期望是不同的，企业在定价时，要充分分析购买者的心理对价格的期望。

（4）政策因素。

政策因素包括国家有关的经济政策、法律法规、市场竞争方面的监管制度等，这些都会约束企业的定价行为。

2. 企业定价的方法

定价方法是指企业为了实现定价目标，而给产品制定一个基本价格的方法。

（1）成本导向定价法。

成本导向定价法是以产品单位成本为基本依据，再加上预期利润来确定价格的定价方法，是最基本、企业最常用的定价方法。成本导向定价法又衍生出了总成本加成定价法、目标收益定价法、边际成本定价法、盈亏平衡定价法等几种具体的定价方法。

成本导向定价法的主要优点是操作简单，企业利润可以维持在一个合理的水平，多数服务型企业经常采用这种方法。其不足之处是没有考虑市场价格及需求变动的关系，也没有考虑市场的竞争问题，这样很容易使企业在竞争中处于被动地位。

（2）需求导向定价法。

需求导向定价法是一种以市场需求为中心，以顾客对商品价值的认识判断为依据的定价方法，它强调的是顾客对商品的主观判断和总体感觉，主要分为认知价值定价和差别定价两种具体的方法。认知价值定价法指出，决定商品价格的关键因素是顾客对商品价值的认知水平，而不是卖方的成本。差别定价法是在给产品定价时根据不同的需求强度、不同的购买力、不同的购买地点和不同的购买时间等因素，设定不同的价格，强调顾客的不同需求会对价格产生不同的期望。

（3）竞争导向定价法。

竞争导向定价法是指企业在定价时以市场上相互竞争的同类商品的价格为定价基本依据，结合竞争商品的价格和竞争态势的变化对价格做出适当调整的定价方法。这种定价方法立足于竞争，不会过多考虑成本和需求等因素。其主要方法有随行就市定价法、倾销定价法、垄断定价法、保本定价法、密封投标定价法和拍卖定价法。

3. 企业定价的策略

定价在企业营销活动中是非常重要的组成部分，前面介绍的定价方法只是针对产品的基础价格而言的，在企业的营销实践中，企业要根据市场环境和竞争环境的变化灵活地采取定价策略，修正或调整产品的基础价格。常见的定价策略有折扣定价策略、地区定价策略、心理定价策略、差别定价策略等。对于新产品而言，主要的定价策略有撇脂定价和渗透定价两大类。

撇脂定价法又称高价法或吸脂定价，即在产品刚刚进入市场时将价格定位在较高水平，在竞争者研制出相似的产品以前，尽快地收回投资，并且取得相当的利润。然后随着时间的推移，再逐步降低价格使新产品进入弹性大的市场。一般而言，对于全新产品、受专利保护的产品、需求的价格弹性小的产品、流行产品、未来市场形势难以测定的产品等，可以采用撇脂定价策略。

渗透定价策略是指在产品进入市场初期时将其价格定在较低水平，尽可能吸引最多的消费者的一种营销策略。

四、分销渠道策略

1. 分销渠道的含义

一般来讲，分销渠道是指产品从生产者转移到消费者手中所经历的途径。因此，分销渠道包括商人中间商和代理中间商，此外，还包括处于渠道起点和终点的生产者和最终消费者或用户。但是，不包括供应商、辅助商。

2. 分销渠道的结构

（1）直接渠道与间接渠道。

直接渠道是指生产者将产品直接供应给消费者或用户，没有中间商介入。直接渠道的形式是生产者到用户。直接渠道是工业品分销的主要方式。间接渠道是指生产者利用中间商将商品供应给消费者或用户，中间商介入交换活动。

（2）长渠道与短渠道。

分销渠道的长短一般是按经过流通环节的多少来划分的，经过流通环节越多，渠道越长，经过流通环节越少，渠道越短。

（3）宽渠道与窄渠道。

渠道的宽窄取决于渠道的每个环节中使用同类型中间商数目的多少。企业使用的同类中间商多，产品在市场上的分销面广，称为宽渠道。例如，一般的日用消费品（毛巾、牙刷、开水瓶等），由多家批发商经销，又转卖给更多的零售商，能大量接触消费者，大批量地销售产品。企业使用的同类中间商少，分销渠道窄，称为窄渠道。它一般适用于专业性强的产品，或贵重耐用的消费品，由一家中间商统包，几家经销。它使生产企业容易控制分销，但市场分销面受到限制。

（4）单渠道与多渠道。

当企业的全部产品都由自己直接所设的门市部销售，或全部交给批发商经销，称为单渠道。多渠道则可能是在本地区采用直接渠道，在外地则采用间接渠道；在有些地区独家经销，在另一些地区多家分销；对消费品市场采用长渠道，对生产资料市场则采用短渠道等。

3. 影响分销渠道选择的因素

（1）市场因素，包括目标市场的范围、顾客的集中程度、顾客的购买量和购买频率、消费的季节性、竞争状况等。

（2）产品因素，包括体积、重量、易腐烂性、易损耗性、价格、时尚性、标准化程度、技术复杂程度等。

（3）企业自身因素，包括财务能力、渠道的管理能力、控制渠道的愿望等。

（4）中间商因素，包括合作的可能性、费用、服务等。

（5）环境因素，包括经济形势，如经济萧条、衰退时，企业往往采用短渠道，经济形势好时，采用长渠道；有关法规，如专卖制度、进出口规定、反垄断法、税法等。

4. 分销渠道的管理

企业管理人员在进行渠道设计之后，还必须对个别中间商进行选择、激励、评估和调整。

（1）选择渠道成员。

生产者选择渠道成员应注意以下条件：能否接近企业的目标市场；地理位置是否有利；市场覆盖范围有多大；中间商对产品的销售对象和使用对象是否熟悉；中间商经营的商品大类中，是否有相互促进的产品或竞争产品；资金大小、信誉高低、营业历史的长短及经验是否丰富；拥有的业务设施，如交通运输、仓储条件、样品陈列设备等情况；从业人员数量的多少、素质的高低；销售能力和售后服务能力的强弱；管理能力和信息反馈能力的强弱。

（2）激励渠道成员。

生产者不仅要选择中间商，而且要经常激励中间商使之尽职。促使经销商进入渠道的因素和条件已经构成部分激励因素，但生产者要注意对中间商的评判，评判应设身处地为别人着想，而不能仅从自己的利益出发。同时，生产者还必须尽量避免激励过分（如给中间商的条件过于优惠）和激励不足（如给中间商的条件过于苛刻）两种情况。

（3）评估渠道成员。

生产者除了选择和激励渠道成员，还必须定期地、客观地评估他们的绩效。如果某一渠道成员的绩效过分低于既定标准，则需找出主要原因，同时还应考虑可能的补救方法。当放弃或更换中间商将导致更坏的结果时，生产者只好容忍这种令人不满的局面；当放弃或更换中间商不会出现更坏的结果时，生产者应要求工作成绩欠佳的中间商在一定时期内有所改进，否则就取消它的资格。

（4）调整销售渠道。

根据实际情况、渠道成员的实绩，对渠道的结构加以调整，如增减渠道成员、增减销售渠道或变动分销系统。

五、促销策略

促销是促进销售的简称，是指营销者向消费者传递有关本企业及产品的各种信息，说服或吸引消费者购买其产品，以达到扩大销售量的目的。促销实质上是企业与现实和潜在消费者进行的一种信息沟通活动，即营销者（信息提供者或发送者）发出刺激消费的各种信息，把信息传递给一个或更多的目标对象（即信息接收者，如听众、观众、读者、消费者或用户等），以影响其态度和行为。常用的促销手段有人员推销和非人员促销两类，非人员促销主要有广告、营业推广和公关促销3种。

1. 人员推销

人员推销是指企业派出推销人员直接与消费者进行交谈，以达到促进和扩大销售目的的过程，如图7-18所示。人员推销是最古老的推销方式，也是当前最主要的推销方式。有人认为，人员推销就是凭耍嘴皮而进行的欺骗活动，这是对推销的一种误解。其实，人员推销是一项专业性和技术性都很强的工作，它要求推销员具备良好的政治素质、业务素质和心理素质，以及吃苦耐劳、坚韧不拔的工作精神和毅力。

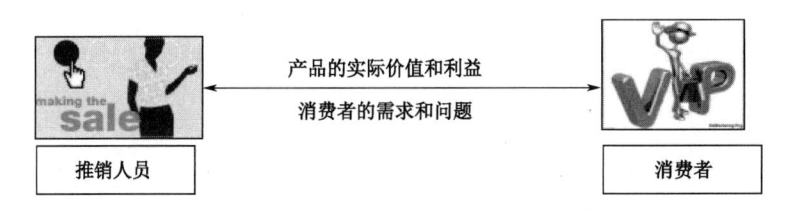

图7-18 人员推销

人员推销是一种双向互惠的商业活动，不仅是卖的过程，而且是买的过程，即帮助消费者购买的过程。人员推销不是推销产品本身，而是推销产品的使用价值和实际利益；消费者

不是购买产品实体本身，而是购买某种需要的满足；推销员不是推销单纯的产品，而是推销一种可以解决某些问题的答案。

人员推销是一种具有很强人性因素的、独特的促销手段。它具备许多区别于其他促销手段的特点，如信息传递的双向性、推销过程的灵活性、满足需求的多样性和推销目的的双重性。它可完成许多其他促销手段所无法实现的目标，其效果是极其显著的。相对而言，人员推销较适于推销性能复杂的产品。当销售活动需要更多地解决问题和说服工作时，人员推销是最佳选择。说服和解释能力在人员推销活动中尤为重要，它会直接影响推销效果。

2. 广告

广告，即广而告之。一般而言，在市场营销中广告多指经济广告，又称商业广告，是指以盈利为目的的广告，通常是商品生产者、经营者和消费者之间沟通信息的重要手段，或企业占领市场、推销产品、提供劳务的重要形式，其主要目的是扩大经济效益。

利用广告进行促销要把握好几个关键方面：一是广告设计；二是媒体选择；三是费用控制。在进行广告设计时要注意突出广告主题，广告表达要言简意赅，不要过于抽象，广告诉求要客观真实。广告媒体的选择要考虑各类媒介的特点、成本、传播范围、费用、方式等要素，选择符合企业实际且影响力较广的媒介。在广告费用控制方面，关键是要量力而行，不要过分迷恋广告效果而使得广告费用投入太大，成为企业的负担。企业的广告费用预算要参考当年的销售额、竞争对手的广告费用、营销目标实现需要的广告费用及企业财务实力等因素进行综合考虑，应该既不成为企业的负担，也不制约企业的营销推广。

知识链接

历届中央电视台广告标王如表 7-3 所示。

表 7-3　历届中央电视台广告标王

年份/年	企业	中标价
1995	孔府宴	3079 万元
1996	秦池	6666 万元
1997	秦池	3.212118 亿元
1998	爱多	2.1 亿元
1999	步步高	1.59 亿元
2000	步步高	1.26 亿元
2001	娃哈哈	2211 万元
2002	娃哈哈	2015 万元
2003	熊猫	1.0889 亿元
2004	蒙牛	3.1 亿元
2005	宝洁	3.8 亿元
2006	宝洁	3.49 亿元
2007	宝洁	4.2 亿元

续表

年份/年	企业	中标价
2008	红牛	1.5 亿元
2009	纳爱斯	3.05 亿元
2010	蒙牛	2.039 亿元
2011	蒙牛	2.3 亿元

3. 营业推广

营业推广是一种适于短期推销的促销方法，是企业为鼓励购买、销售商品和劳务而采取的除广告、公关和人员推销之外的所有企业营销活动的总称。营业推广可以起到吸引消费者购买和奖励品牌忠实者的积极作用。当然，营业推广也有不足之处，如影响面较小、时效较短、消费者容易产生疑虑等。面向消费者的营业推广方式有赠送促销、折价券、包装促销、抽奖促销、现场演示、联合推广、参与促销、会议促销等。面向中间商的营业推广方式有批发回扣、推广津贴、销售竞赛、扶持零售商等。

4. 公关促销

公关促销是指组织为改善与社会公众的关系，促进公众对组织的认识、理解及支持，达到树立良好组织形象、促进商品销售的目的的一系列公共活动。公关促销是一种创造美好形象的艺术，它强调的是成功的人和环境、和谐的人事气氛、最佳的社会舆论，以赢得社会各界的了解、信任、好感与合作。常见的公关促销方法有宣传报道、编辑出版物、主体活动、公益活动、宴请与参观游览等。

技能提升

今日发现：资讯兴趣社交产品的新生代

在今日发现中，我们看到新一代兴趣社交的五大"首创"。把熟人和陌生人用兴趣关联产生关系并持久地聚在一起，填补了继熟人和陌生人社交之间的一个巨大蓝海市场。

认识梁建峰的人都叫他"梁子"，20 世纪 80 年代的人有着"90 后"的心，曾经见证了中国 3 代互联网的兴衰，走遍中国 110 多个二三线城市，有着 13 年的数码 IT 和用户运营经验，如今带领一帮有志之士自主创业。

他在创办今日发现之前，曾连续做过两个创业项目：针对高端白领用户的生鲜电商，打造了一个面向中小学教育群体的智能硬件品牌。两个项目都有高潜力，前者的资产价值高，但其保质难度也大；后者的市场同质化严重，但具有无限广阔的市场空间……随着两个项目的成功出售，梁子看到了另一个巨大的市场机会。

创业者要善于看大势，今天的大势是什么？是技术革命基于移动互联网技术的大变革。今天的移动互联网，代表着全新的产业和生活方向，它是一场连接一切、改变一切的技术革命，现在才刚刚开始，必将波及所有产业。捕捉到这一信息，梁子又一次从零开始，确定目标——打造一个以用户为主导，以优质内容资讯为核心诉求，以兴趣链接一切为出发点的新

一代兴趣社交平台。

今日发现在这个市场中，与无数个新兴互联网黑马公司一样，面临巨头的竞争和行业的挑战。新闻资讯领域涵盖资讯、视频、音乐等，而目前市场上的大多数新闻类 App 至少存在 3 个方面的痛点。

一是信息"一锅烩"。很多新闻 App 一味地追求内容数量而忽视了内容质量，让本身就处在信息大爆炸时代的用户无从下手。

二是内容无创新。很多新闻 App 的内容缺乏原创，大部分是把传统媒体上的内容、形态直接搬到 App 上，用户只是被动接受这种单向性的信息产品。

三是用户黏性低。大多数新闻 App 很少整合用户创造的内容，而在互联网时代下网络上内容的产出主要来源于用户，由用户人际关系网形成高黏合度，达到网状覆盖。而目前的新闻 App 大多仅开放了评论功能，用户互动性低，也很难形成忠诚度高的用户群。

在梁子看来，创业就是天时、地利、人和三者齐备而全力出击。目前中国市场正处在换代的分水岭，这个换代是指两个不同年龄段用户思维的换代，即"60 后""70 后""80 后"VS"90 后"，"60 后"到"80 后"是中流砥柱，他们喜欢打拼，喜欢奉献，喜欢创造，他们是正在发力、正值壮年的当代，而"90 后"则是全新的新生代，他（她）们不喜欢被束缚、人云亦云、教条守旧，他们自我独立、个性张扬、不走平常路，他们是未来的一代。而今日发现针对的就是这一代，他们是年轻的一代，和他们的父辈不一样，他们的世界是未知的、是探索的、是寻找的、是发现的……正如今日发现的口号：发现你的"发现"。

正是这一清晰的定位，今日发现将立足的根本点放在为"90 后"量身定做新闻资讯类产品上。"90 后"身上有一些显著的个性标签：少耐心，喜欢快消性产品，乐于网购；反权威，更自我；喜欢尝试新的事物；对社交媒体重度依赖；注重简单的分享……他们这一代更强调态度、腔调，以及个性化、多元化、时尚化、真实化。

而另一个根本点是基于碎片化时间的商业价值。如果一项产品能够把用户的碎片化时间转换成娱乐、休闲、购物等有效用的时间，这类产品就具有很强的生命力，因为它的黏性很强。梁子认为，移动互联网产品之所以能够满足用户的需求，无非它抓住了两点：第一，它必须是用户的必需品；第二，它占据用户的碎片化时间。

用优质内容满足用户在碎片化时间里获得精神愉悦的需求，是今日发现渗透至用户日常生活的绝对优势。梁子将今日发现定义为一个"大娱乐"产品，他们要做的是把新闻、视频、音乐等资讯内容的各个频道打通并进行关联整合，使之真正成为一个优质内容的平台。

"新闻在今天看来，已不是单纯的新闻，视频音乐也不仅仅局限于影视和单曲，它们都是资讯，只是不同的类型而已。我们要做的就是把用户的兴趣和资讯科学地关联并融合在一起。"梁子希望在这个大资讯时代，专门打造一款针对"年轻人"的资讯兴趣社交产品，"90 后"约吗？

5 个"首创"：微信在左，陌陌在右，中间是今日发现。

竞争中的绝对优势来源于自身的绝对创新。若将社交领域细分，微信是为熟人而生的，陌陌是为陌生人而生的，而今日发现则是为兴趣而造的。某资深媒体人对今日发现的看法是：微信在左，陌陌在右，今日发现在中间。

第一个"首创"是专门为"90 后"新生代打造的唯一一款资讯社交产品。很多时候，越是什么都想抓越是抓不着，对用户清晰地定位，是产品的基石。

第二个"首创"是新闻资讯 UGC，进入新闻 2.0 时代，人人是记者，人人是读者。

"在传统已有的新闻资讯类 1.0 产品中，如新浪、网易等，用户是不可能创建一个新闻资讯的，他们的新闻大多数来自编辑、记者或者官方媒体。"梁子这样说。

"而我们要做的，就是让资讯来自用户，来自每一个个体，每个用户都可以在这个平台上创建自己的新闻资讯，创建自己的频道和兴趣，随时随地打开今日发现就可以拍摄图片视频或编辑文字段子，将所见所闻记录下来并上传到互联网……"回归真实、彰显个性、关注生活，让新闻 UGC 开启一个全新的 2.0 时代。

第三个"首创"是新闻资讯"朋友圈"。

两个兴趣相投的人，在某个时间、某个节点，会看到同一篇资讯，这时此篇新闻的底部就会出现他们的头像，随心点击任何一个用户头像就可以和她（他）聊聊天、谈谈地。这样就会让有相同兴趣的人千里来相会，不用刻意去搜索、去寻找，自然而然地碰到一起。

第四个"首创"是"我要头条"的功能。在日常生活中，不管是碰到一些令人不爽，或者特别烦心的事，还是发现了一些好玩、幽默的东西，用户都可以把它随手记录下来，或是视频或是文字，再添加一些好玩的模板，让平台上的用户点赞、议论，当被围观的越来越多，它就会被推荐到头条上，让亿万级用户去欣赏围观。

第五个"首创"则是兴趣社交。在目前的社交 App 市场，一想到熟人社交 App，非微信莫属，一想到陌生人社交就是陌陌，但在熟人和陌生人社交之间有一块空白的领域，还是一片处女地，既不属于熟人也不属于陌生人，既属于熟人也属于陌生人，叫作兴趣社交。今日发现将新闻资讯和兴趣社交打通，把兴趣相投的人连接在一起，通过 UGC 聊天，开创了中国第一家兴趣社交的 App 平台。

小思考：

1. 今日发现是基于何种市场环境而产生的？
2. 今日发现的市场定位是什么？
3. 今日发现未来的发展将会受到何种威胁？

去工作吧！

经过培训，小李非常兴奋，因为他发现通过营销手段可以实现企业的很多目标，尤其在市场竞争过程中，更是魅力无限，他已经迫不及待地想试试了。

"码"上提升

资源列表	二维码
1. 微信朋友圈营销技巧 2. 2017年创新营销案例 3. 2017上半年刷爆朋友圈的十大营销案例 4. 微信朋友圈营销技巧：先做一个不让人反感的人 5. 更多资源获取方式	

模块八　企业质量管理

——质量是企业的生命线

学习目标

目标类型	具体目标
知识目标	理解质量、产品质量的本质含义
	理解质量文化的内涵及质量管理的发展阶段
	掌握全面质量管理的基本内容及工作方法
	掌握全面质量管理的基础性工作
	掌握质量认证在企业质量管理中的价值和作用
技能目标	能够准确地把握并应用产品质量的内涵
	能够在企业管理活动中开展全面质量管理工作
	能够帮助企业开展质量认证工作

职业岗位能力分解

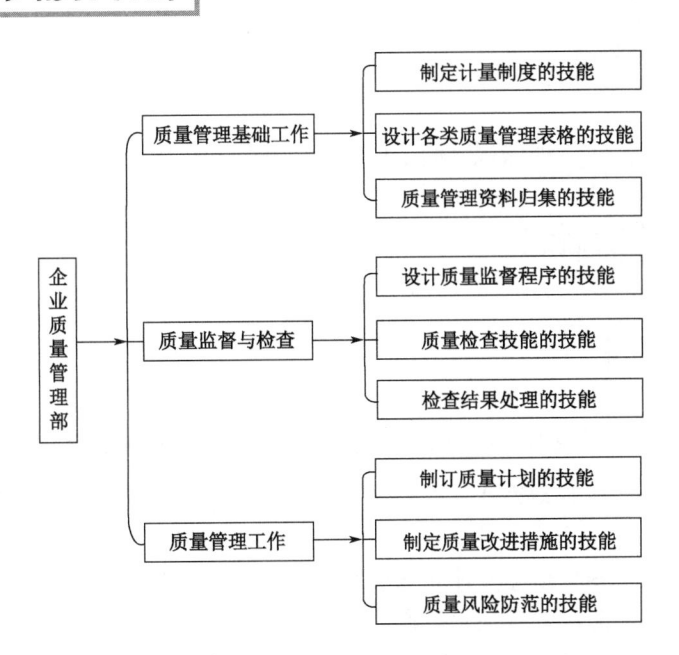

企业质量管理部
- 质量管理基础工作
  - 制定计量制度的技能
  - 设计各类质量管理表格的技能
  - 质量管理资料归集的技能
- 质量监督与检查
  - 设计质量监督程序的技能
  - 质量检查技能的技能
  - 检查结果处理的技能
- 质量管理工作
  - 制订质量计划的技能
  - 制定质量改进措施的技能
  - 质量风险防范的技能

经营背景续集

小李刚开始以为，自己的创业项目应该是不太注重质量的，但是，在他对其他同类型的企业进行调查后发现，老年人公寓项目非常重视质量管理。他对自己的企业进行了调查和分析后发现，他的企业在质量管理方面存在很多问题，如员工没有质量意识、缺乏完善的质量管理制度、给老年人用的产品没有完善有效的质量监督制度等。因此，为了快速、准确地掌握质量管理方面的知识，小李决定到本地著名的质量管理培训机构进行短期学习。

培训体系表

培训项目	企业质量管理培训	
培训内容安排	具体内容	重点提示
产品质量概述	一、质量概述 二、质量文化 三、质量管理的发展阶段	质量相关的基本概念 质量管理的内涵
全面质量管理	一、全面质量管理的基本概念 二、全面质量管理的基本内容 三、全面质量管理的方法 四、全面质量管理的基础工作	全面质量管理的含义 全面质量管理的内容与方法 全面质量管理的基础性工作
质量认证与ISO9000认证标准概述	一、质量认证 二、ISO9000认证标准	质量认证的内涵 ISO9000认证标准的内容

走进培训课堂

小李报名成功后，对培训课程充满了期待，让我们和小李一起进入精彩的培训课堂吧。

任务一　产品质量概述

经典透视

"三无"锅炉爆炸伤人　生产者、销售者负连带赔偿责任

吴老太家的一台取暖锅炉发生爆炸，将其全身烧伤。吴老太将生产者某设备厂、厂家经营者沈某和销售者沈某之子沈小某诉至法院索要赔偿。近日，北京市密云县法院审结此案，判决设备厂赔偿吴老太各项损失共计6万余元，沈小某负连带赔偿责任。

被告设备厂是从事民用常压锅炉生产、销售的个体工商户，经营者为沈某。2013年9月15日，吴老太花2800元到沈小某经营的位于密云某市场的锅炉水暖批发商店（未取得营业执照）购买了一台水煤炉。10月底，设备厂对煤炉进行了安装和调试，并投入使用。2013年12月12日晚间，当吴老太添煤时，煤炉上盖突然炸起，炉火喷出将吴老太烧伤。2013年12月13日—2014年1月3日，吴老太在北京积水潭医院住院治疗21天，花费96750.59元，经北京市新型农村合作医疗报销49207.2元。

法院对本案进行审理后认为，产品缺陷是指产品存在危及人身、他人财产安全的不合理的危险。因产品存在缺陷造成他人损害的，生产者承担侵权责任，受害人也可以向销售者要求赔偿。因产品缺陷致人损害的侵权诉讼，由产品的生产者根据法律规定的免责事由承担举证责任。在本案中，吴老太在正常使用煤炉的过程中被煤炉内喷出的火烧伤，可以确定煤炉本身存在危及人身安全的危险。作为锅炉的生产者，设备厂无法提供符合规范的产品合格证、生产日期、产品编号，且在庭审中不能提供证据证明吴老太烧伤系自身存在故意或者重大过失所导致，或者第三人原因所致，应对吴老太所受损失承担赔偿责任。沈小某明知所售煤炉没有产品合格证，在产品质量无法保障的情况下仍然将其出售，并导致吴老太被烧伤，应承担连带赔偿责任。据此，法院做出上述判决。

小思考：产品质量对现代企业意味着什么？

一、质量概述

质量的内容十分丰富，随着社会经济和科学技术的发展，也在不断充实、完善和深化，同样，人们对质量概念的认识也经历了一个不断发展和深化的过程。

1. 常见的几种质量定义

（1）朱兰的质量观。

朱兰博士是世界著名的质量管理专家，他所倡导的质量管理理念和方法始终深刻影响着企业界质量管理的发展。他的"质量计划、质量控制和质量改进"被称为"朱兰质量三部曲"。朱兰认为："质量是一种适用性，而所谓适用性（Fitness for Use），是指使产品在使用期间能满足使用者的需求。"可以看出，朱兰对质量的理解侧重于用户的需求，强调了产品或服务必须以满足用户的需求为目的。事实上，产品的质量水平应由用户给出评价，只要是用户满意的产品，不管其特性值如何，就是高质量的产品，而没有市场的所谓的"高质量"是毫无意义的。

（2）戴明的质量观。

戴明博士是世界著名的质量管理专家，他对质量管理的发展做出了卓越的贡献。以戴明命名的"戴明质量奖"至今仍是日本质量管理的最高荣誉。戴明关于质量管理的学说简洁明了，其主要观点是戴明14点，其核心是：目标不变、持续改善和知识渊博。戴明14点是20世纪全面质量管理的重要理论基础，其主要内容如下。

① 要为企业的质量管理制订长远的目标和计划，而不是一个月或一年的。

② 绝不要对自己的产品质量自鸣得意，绝对不能容忍粗劣的原料、不良的操作、有瑕疵的产品和低劣的服务。

③ 停止依靠大批量的检验来达到质量标准，要采用统计质量控制方法，质量应通过改

良生产过程来实现，要求供应商也采用统计控制技术。

④ 选择最好的供应商并与之建立长期合作关系，减少供应商的数目并控制供应商及其产品的质量。

⑤ 查明问题究竟是局限于生产过程的某一部分，还是来源于整个过程本身，要不断地改进生产及服务系统，必须在每一项活动中降低浪费、提高质量。

⑥ 对于要工人做的工作，必须对他们进行训练，要建立岗位培训系统，并使用统计方法来衡量培训工作是否奏效。

⑦ 高层管理人员必须提高下属管理者的水平，下属人员要随时报告需要改善的地方，高层管理人员必须立即采取改善行动。

⑧ 所有员工都必须有胆量去发问、提出问题或表达意见，要消除恐惧心理。

⑨ 打破部门之间的界限，鼓励各部门紧密地相互配合工作，改善质量及降低成本。

⑩ 取消各种口号和标语，取消对员工的量化指标要求，只要求永不停歇地改进。

⑪ 取消数量化的定额（包括计件工作制），把工作焦点放在质量上，因为数量化的定额往往会鼓励生产废次品。

⑫ 消除一切妨碍基层员工工作顺畅和会失去工作尊严的因素。

⑬ 建立严谨的教育及培训计划，教会员工掌握新方法，一切训练都应包括基本统计技巧的运用。

⑭ 创造一个每天都推动以上 13 项要求的高层管理结构，并使高层管理者负责实施这些原则。

（3）克劳士比的质量观。

克劳士比是国际上知名的质量管理专家，他于 20 世纪 60 年代提出的零缺陷理论在质量管理界获得了高度认可，许多世界著名的公司都在实践他的零缺陷理论。零缺陷又称无缺点（Zero Defect，ZD），零缺陷的思想主张企业通过发挥人的主观能动性来进行经营管理，生产者和工作者都要努力使自己的产品、业务没有缺点，并向着高质量标准目标而奋斗。它要求生产工作者从一开始就本着严肃认真的态度把工作做得准确无误，在生产中结合产品的质量、成本与消耗、交货期等方面的要求来合理安排工作，而不是依靠事后的检验来纠正。零缺陷质量管理有如下 3 个要点。

① 质量管理的标准是零缺陷，合格品率是"容许错误存在"的体现。

② 要求每一个人第一次就把事情做对，因为事后补救是非常昂贵的。

③ 提高质量的良方是事先预防，不是事后检验。

克劳士比认为，质量和成本不是相排斥的，两者是相容的，质量好了，成本必然会降低，效益必然会提高，且质量控制的投入要少得多，真正费钱的是第一次没把事情做对而需要弥补所导致的。据统计，美国的企业，总营业额的 15%～20%被用在测试、检验、变更设计、维修、售后保证、售后服务、退货处理等方面，如果第一次就把事情做对，这些费用就可以避免。

（4）田口玄一的质量观。

田口玄一博士是日本著名的质量管理专家，他于 20 世纪 70 年代提出关于质量的田口理论，他认为：产品质量首先是被设计出来的，其次才是被制造出来的，检验并不能提高产品质量。田口的这一观点与质量管理的"事前预防、事中控制、事后分析"的观点不谋而合，得到国际质量管理界的高度认可。

田口玄一从社会损失的角度给质量下了如下定义：所谓质量，就是产品上市后给社会造成的损失，因产品功能本身产生的损失除外。事实上，任何产品在使用过程中都会给社会造成一定的损失，造成损失越小的产品，其质量水平就越高。例如，汽车产品在使用过程中，会消耗大量的能源，同时还会由于排放废气而给环境造成污染，节油和污染小的汽车就是高质量的产品。但是，由于汽车扬声器而带来的噪声污染和由于汽车数量多而造成的交通堵塞则不应被视为汽车的质量问题。

（5）ISO8402:1994 对质量的定义。

ISO8402:1994 定义的质量是指反映实体满足明确或隐含需要的能力和特性的总和。

① 在合同环境中，需要是规定的，而在其他环境中，隐含需要则应加以识别和确定。

② 在许多情况下，需要会随时间而改变，这就要求定期修改规范。

从定义可以看出，质量就其本质来说是一种客观事物，具有某种能力的属性，客观事物由于具备了某种能力才可能满足人们的需要。需要由两个层次构成：第一个层次是产品或服务必须满足规定或潜在的需要，这种需要可以是技术规范中规定的要求，也可以是在技术规范中未注明、但用户在使用过程中实际存在的需要，它是动态的、变化的、发展的和相对的，随时间、地点、使用对象和社会环境的变化而变化。因此，这里的需要实质上就是产品或服务的适用性；第二个层次是以第一个层次为前提的，质量是产品特征和特性的总和，全部符合特征和特性要求的产品，就是满足用户需要的产品。因此，质量定义的第二个层次实质上就是产品的符合性。另外，在质量的定义中所说的实体是指可单独描述和研究的事物，它可以是活动、过程、产品、组织、体系、人及它们的组合。

由以上分析可知，企业只有生产出用户使用的产品，才能占领市场。而就企业内部来讲，企业必须生产符合质量特征和特性指标的产品。所以，企业除了要研究质量的适用性，还要研究其符合性。

（6）ISO9000:2000 对质量的定义。

ISO9000:2000 对质量的定义是一组固有特性所满足要求的程度。

上述定义可以从以下几个方面来理解。

① 相对于 ISO8402:1994 中质量的术语，能更直接地表达出质量的属性。由于它对质量的载体不做界定，说明质量是可以存在于不同领域或任何事物中的。对质量管理体系来说，质量的载体不仅针对产品，即过程的结果（如硬件、流程性材料、软件和服务），也针对过程和体系或者它们的组合。也就是说，所谓质量，既可以是零部件、计算机软件或服务等产品的质量，也可以是某项活动的工作质量或某个过程的工作质量，还可以指企业的信誉、体系的有效性。

② 特性是指事物所特有的性质，固有特性是事物本来就有的，它是通过产品、过程或体系设计和开发及其后的实现过程形成的属性。例如，物质特性（如机械、电气、化学或生物特性）、感官特性（如嗅觉、触觉、味觉、视觉等）、行为特性（如礼貌、诚实、正直）、时间特性（如准时性、可靠性、可用性）、人体工效特性（如语言或生理特性、人身安全特性）、功能特性（如飞机的最高时速）等。这些固有特性的要求大多是可测量的。赋予产品的特性（如某一产品的价格），并非是产品、体系或过程的固有特性。

③ 满足要求就是应满足明示的（如明确规定的）、隐含的（如组织的惯例、一般习惯）或必须履行的（如法律法规、行业规则）需要和期望。只有全面满足这些要求，才能评定为好的质量或优秀的质量。

④ 顾客和其他相关方对产品、体系或过程的质量要求是动态的、发展的和相对的。它将随着时间、地点、环境的变化而变化。所以，应定期对质量进行评审，按照变化的需要和期望，相应地改进产品、体系或过程的质量，确保可以持续地满足顾客和其他相关方的要求。

⑤ 质量一词可用差、好或优秀等形容词来修饰。

在质量管理过程中，质量的含义是广义的。除了产品质量，还包括工作质量。质量管理不仅要管好产品本身的质量，还要管好好质量赖以产生和得以形成的工作质量，并以工作质量为重点。

2. 产品质量

产品质量是由各种要素组成的，这些要素亦被称为产品所具有的特征和特性。不同的产品具有不同的特征和特性，其总和便构成了产品质量的内涵。产品质量要求反映了产品的特征和特性满足顾客和其他相关方要求的能力。这些质量要求可以转化成具有具体指标的特征和特性，通常包括使用性能、安全性、可用性、可靠性、可维修性、经济性和环保性等几个方面。

产品的质量分为产品的内在质量和产品的外观质量，产品的内在质量是指产品的内在属性，包括性能、寿命、可靠性、安全性、经济性 5 个方面；产品的外观质量是指产品的外部属性，包括产品的光洁度、造型、色泽、包装等，如自行车的造型、色彩、光洁度等。

产品的内在质量是基本的、主要的，只有在保证其内在质量的情况下，外观质量才有意义。

二、质量文化

质量文化是指以近代以来的工业化进程为基础，以特定的民族文化为背景，人们在质量实践活动中逐步形成的物质基础、技术知识、管理思想、行为模式、法律制度与道德规范等因素及其总和。质量文化的概念体现着 20 世纪以来工业文明的特征，它继承了当代质量实践活动的主流价值观念——全面质量管理思想的绝大多数精髓，并突破了 20 世纪 80 年代以来在西方发达国家得到广泛关注与研究的企业文化的界限。可以认为，质量文化是当代文化研究的最新课题，也是国家或地区借助于文化力量振兴其经济竞争力的强大武器。值得说明的是，由于质量文化思想还处在初创阶段，存在着将质量文化的概念与企业文化的概念混同的现象。

从含义上看，企业文化通常是指企业内大多数成员的共同价值观和行为模式，它体现为企业全体员工所普遍接受和共同遵循的理想追求、价值观念和行为准则，而质量文化是指群体或民族在质量实践中所形成的技术知识、行为模式、制度与道德规范等因素及其总和，两者在概念上是完全不同的。从范畴上看，企业文化研究的重点是塑造企业的核心价值观念，它可能是质量取向的，也可能是非质量取向的，其着眼点是组织层次，而质量文化研究的重点是国家或地区范围内的质量文化建设，其着眼点包括组织层次、地区经济层次或国家经济层次。毫无疑问，质量文化涉及的范围更宽，包含的层次更多，产生的影响更大。因此，将质量文化界定为某种特定含义的企业文化是一种基本的认识误区。

三、质量管理的发展阶段

20 世纪，人类跨入了以"加工机械化、经营规模化、资本垄断化"为特征的工业化时代。在过去的整整一个世纪中，质量管理的发展大致经历了 3 个阶段。

1. **质量检验阶段**

20 世纪初，人们对质量管理的理解还只限于质量的检验。质量检验所使用的手段是各种检测设备和仪表，方式是严格把关，进行百分之百的检验。这就是说，计划设计、生产操作、检查监督各有专人负责，从而产生了一支专职检查队伍，构成了一个专职的检查部门，这样，质量检验机构就被独立出来了。起初，人们非常强调工长在保证质量方面的作用，将质量管理的责任由操作者转移到工长，故被人称为"工长的质量管理"。

后来，这一职能又由工长转移到专职检验人员，由专职检验部门人员实施质量检验，称为"检验员的质量管理"。质量检验是在成品中挑出废品，以保证出厂产品的质量，但这种事后检验把关，无法在生产过程中起到预防、控制的作用，废品已成事实，很难补救，而且百分百比例的检验，增加了检验费用。在生产规模进一步扩大、大批量生产的情况下，其弊端就凸显出来了。

2. **统计质量控制阶段**

统计质量控制阶段的特征是数理统计方法与质量管理的结合。1924 年美国的休哈特提出了控制和预防缺陷概念，并成功创造了"控制图"。他认为质量管理不仅要进行事后检验，而且在发现有废品生产的先兆时就应该进行分析改进，从而预防废品的产生。控制图就是运用数理统计原理进行这种预防的工具。控制图的出现，是质量管理从单纯的事后检验转向检验加预防的标志，也是其形成一门独立学科的开始。第一本正式出版的质量管理科学专著就是 1931 年休哈特的《工业产品质量经济控制》。

3. **全面质量管理阶段**

20 世纪 50 年代以来，生产力迅速发展，科学技术日新月异，管理学界出现了很多新情况，主要有以下几个方面。

（1）科学技术和工业生产的发展，对质量的要求越来越高。自 20 世纪 50 年代以来，火箭、宇宙飞船、人造卫星等大型、精密、复杂产品的出现，人们对产品的安全性、可靠性、经济性等要求越来越高，质量问题就更为突出。要求人们运用"系统工程"的概念，把质量问题作为一个有机整体加以综合分析研究，实施全员、全过程、全企业的管理。

（2）20 世纪 60 年代在管理理论上出现了"行为科学论"，它主张改善人际关系，调动人的积极性，突出"重视人的因素"，注重人在管理中的作用。

随着市场竞争、尤其国际市场竞争的加剧，各国企业都很重视"产品责任"和"质量保证"问题，加强内部质量管理，确保生产的产品安全、可靠。20 世纪 60 年代以来，费根堡

姆的全面质量管理概念逐步被世界各国接受，在运用时各有所长，它在日本被称为全公司的质量管理（CWQC）。我国从 1978 年开始引入和推行全面质量管理。

任务二 全面质量管理

经典透视

消费者购物，买的就是质量，可生活中就有"买不走"的质量。一位朋友到一家久负盛名的拉面店吃牛肉面，临行前特地带了一个饭盒，准备吃完后给自己的孩子也带一份回去。当服务员将两碗面端来，他刚要将其中一碗倒入饭盒时，却被拉面的老师傅制止了："你这是干什么？"

朋友不解地回答："我带一碗回去呀！"

"那你为什么不早说？"

"为什么要早说呢？"

"为什么！等你把面吃完了，拿回去的这一碗面还能吃吗？早就糊掉了！"

朋友一听，笑了："没关系，带回去给孩子吃，没关系的！"

"不行！我不管是给谁吃的，我们这个店是有招牌的。如果要带回去，等你吃完了，我再另做一碗。开玩笑，这样的面不是砸我们的招牌吗？"

"可我没时间等呀！孩子快放学了。"

"不会让你久等的。保证你一吃完面，正好可以提走。以后最好是带着你的孩子过来吃，我们这面的质量是买不走的。"

好一个"买不走"的质量！朋友既惊讶又感动。他终于明白为什么附近面馆林立，而唯独这一家口碑最好、生意最兴旺，若不是自己多此一举，可能吃 100 碗面也未必明白其真谛。

小思考："买不走"的质量体现了经营者拥有什么样的质量观念？

一、全面质量管理的基本概念

1. 全面质量管理

全面质量管理是指一个组织以质量为中心，以全员参与为基础，目的在于通过顾客满意和本组织所有成员及社会受益而达到长期成功的管理途径。在全面质量管理中，质量这个概念和全部管理目标的实现有关。

2. 全面质量管理的基本观点

（1）为用户服务的观点：在企业内部，凡接收上道工序的产品进行再生产的下道工序，就是上道工序的用户，"为用户服务"和"下道工序就是用户"是全面质量管理的一个基本观点。通过每道工序的质量控制，达到提高最终产品质量的目的。

（2）全面管理的观点：所谓全面管理，就是进行全过程的管理、全企业的管理和全体员工的管理。

（3）以预防为主的观点：以预防为主，就是对产品质量进行事前控制，把事故消灭在发生之前，使每一道工序都处于控制状态。

（4）用数据说话的观点：科学的质量管理，必须通过对正确的数据资料进行加工、分析和处理找出规律，再结合专业技术和实际情况，对存在的问题做出正确判断并采取正确的措施。

二、全面质量管理的基本内容

全面质量管理的内容，概括起来是"三全""四一切"。

1. 三全

（1）全面质量的管理。

过去我们一说到质量，往往是指产品质量，它包括产品的性能、寿命、可靠性和安全性，即狭义的质量概念。但是，产品质量再好，如果制造成本高、销售价格贵，是不受用户欢迎的。即使产品质量很好，成本也低，还必须交货及时和服务周到，才能真正受到用户欢迎。因此，一个企业必须在抓好产品质量的同时，抓好成本控制、交货期控制和服务质量。这些质量的全部内容就是广义的质量概念，即全面质量，用公式表示如下：

$$产品质量+成本控制+交货期+服务质量=全面质量$$

可见，质量管理必须对这种广义质量的全部内容进行管理。

（2）全过程的管理。

产品是怎样形成的呢？它是由企业经过一系列活动过程生产出来的。这个过程包括市场调查、研究、设计、试制、工艺与工装的设计制造、原材料供应、生产制造、检验出厂和销售服务等。产品质量的提高依赖于整个过程中每个环节的工作质量的提高，因此，质量管理必须对这种全部过程的每个环节都进行管理。

（3）由全体人员参加的管理。

产品质量的好坏，是企业许多生产环节和各项工作的综合反映。每个环节的每项工作都会涉及人。企业的人员，无论是台前的还是幕后的，是车间的还是科室的，没有一个人不与产品质量有着直接或间接的关系。每个人都重视产品质量，都从自己的工作中去发现与产品质量有关的因素，并加以改进，产品质量就会不断提高。因此，质量管理，人人有责。只有人人都关心质量，都对质量高度重视，产品质量才能有真正的提高和保证。所以，质量管理必须由全体人员进行。

2. 四一切

（1）一切为用户着想——树立质量第一的思想。

产品生产就是为了满足用户的需求。因此，企业应把用户看作自己服务的对象。为了保持产品的信誉，必须树立质量第一的思想，在为用户提供物美价廉的产品的同时，还要及时地为用户提供技术和服务。

（2）一切以预防为主——好的产品是设计和生产出来的。

用户对企业的要求，最重要的是保证质量。当前有两种片面的看法：一种认为坚决实行"三包"制度就可以保证质量；另一种认为只要检查从严就能保证质量。这些看法是对保证质量的误解。因为这种事后检查，把保证质量的重点放在检查上是不能从根本上保证质量的。不解决产生不良品的问题，不良品还是照样产生，致使产品成本增加。由于产品质量不是一步形成的，而是逐步形成的，因此应该对工序加以控制，把生产过程中影响产品质量的因素统统控制起来，将过去单纯以产品事后检验为主，改为以预防为主、防检结合，采用事前控制的有效预防措施。显然，这样生产出来的产品质量自然是好的。所以说，好的产品是设计和生产出来的，不是检验出来的。

（3）一切用数据说话——用统计的方法来处理数据。

一切用数据说话就是用数据和事实来判断事物，而不是凭印象来判断事物。搜集数据要有明确的目的性。为了正确地说明问题，必须积累数据，建立数据档案。搜集完数据，必须进行加工，才能在庞杂的原始数据中，把暗含规律的内容展示出来。加工整理数据的第一步就是分层。分层在全面质量管理中具有特殊的重要意义，必须引起我们的重视。对数据进行分析的基本方法是画出各种统计图表，如排列图、因果图、直方图、管理图、散布图、统计分析表等。

（4）一切工作按 PDCA 循环进行。

为了使思维活动条理化、形象化、科学化，人们除了用各种图表加以辅助，同时也需要先进的、科学的思考方法。PDCA 循环就是全面质量管理的思想方法和工作步骤，由于它是由美国的戴明博士首先提出来的，所以也被称为戴明环，其中，P 是计划（Plan），D 是实施（Do），C 是检查（Check），A 是处理（Action）。任何一个有目的、有过程的活动都可按照这 4 个阶段进行。

三、全面质量管理的方法

1. 加强对 4M 的管理

全面质量管理的一个重要特点是预防，即变仅靠事后把关为加强事前预防，变管理结果为管理因素。在生产过程中影响产品质量的主要因素是 4M，即人（Man）；设备（Machine），包括机器和工艺装备；材料（Material），包括零件、材料和半成品；方法（Method），包括作业方法、条件和环境。

（1）对人的管理。

在四大因素中，人是最重要的因素。不论是设备的操作、检修、保养，还是材料的验收把关，以及作业方法的实现和改进，都依靠人来实现。因此，对于管理者来说，应做好以下几方面的工作。

① 加强对员工的技能训练：让员工充分理解质量标准和作业标准；让员工按要求进行充分训练；对员工进行个别而具体的指导。

② 提高员工的质量意识；让员工加强对自己作业质量的控制；让员工提高对自己工作重要性的认识；加强全面质量管理思想和方法的宣传教育。

（2）对设备的管理。

这里所说的设备，包括除设备、机械及装置以外的夹具和量具等。对设备的管理是要尽早发现设备运转不良并分析其原因，从而采取适当的措施，进行预防性维护，以防患于未然。

（3）对材料的管理。

这里的材料，不只是产品的原材料，也包括生产所使用的零件和辅助材料等。对材料的管理主要是加强验收检查，改进保管方法，避免材料的碰伤、变形和变质等。对保管中的材料进行定期检查，对将出库的材料严格检查把关。

（4）对作业方法的管理。

应该将最佳的作业方法予以标准化，予以成文，并向员工彻底说明。

2. 推行 5S 活动

5S 活动是指以 5 个日语单词的罗马注音"S"为开头的 5 个词汇，分别是整理（Seiri）、整顿（Seiton）、清扫（Seiso）、清洁（Seiketsu）、素养（Shitsuke）。

通过推行 5S 活动，可以使工作井然有序、提高工作效率、使产品质量得到保证、设备故障率降低、减少浪费、提高安全水平，还能使人际关系和睦、人员心情舒畅，从而进一步提高人的素养。

整理：区分不用、不常用、偶尔用和经常用的东西，将不用的东西坚决扔掉，不常用的东西放远点（仓库），偶尔用的东西集中放在车间，经常用的东西放在作业区。

整顿：对整理后需要的东西的整顿。定位置摆放（定置管理），物各有位、物在其位。工具和物料分类、分规格摆放，标志清楚，一目了然。

清扫：自己用的东西要保持干净，而不是依赖清扫工。对设备清扫时要检查是否有异常并进行护理维护。清扫地面时如发现铁屑、油、水、汽滴漏等要调查其原因。

清洁：前 3 项的维持、坚持（标准化）。要点：不搞突击，贵在坚持和保持。

素养：5S 始于素养，终于素养。在改造客观世界的同时也改造了主观世界，产生美的意识，使心灵和行为变得更美，养成了良好的风气和习惯。

3. 推行 PDCA 循环的工作方法

PDCA 工作循环，是按照计划、执行、检查、处理这 4 个阶段的顺序来进行管理工作的，如图 8-1 所示。

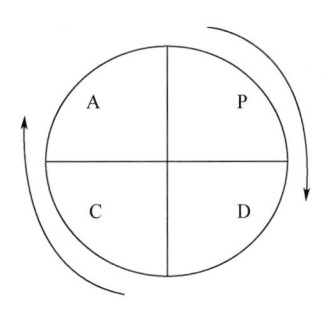

图 8-1 PDCA 循环

第一阶段是计划，包括方针、目标、活动计划、管理项目等。

第二阶段是实施，即按照计划的要求去做。

第三阶段是检查，检查是否按规定的要求去做，哪些做对了，哪些没有做对，哪些有效

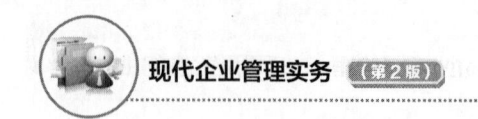

果,哪些没有效果,并找出异常情况的原因。

第四阶段是处理,把成功的经验总结下来,变成标准,以后就按照这个标准去做。失败的教训也要加以总结,以防以后再发生。没有解决的遗留问题反映到下一个循环中去。

计划、实施、检查、处理这个过程,不断反复进行,一个循环接着另一个循环,每一次循环都赋予新的内容,像车轮一样,转动一次工作就前进一步。

整个企业的工作要按 PDCA 循环进行,企业各部门、车间、班组直到个人的工作,也要根据企业的总目标、总要求,具体制定出自己单位和个人的 PDCA 工作循环,形成大环套小环,一环扣一环;小环保大环,推动大循环。PDCA 循环作为质量管理的一种科学方法,适用于企业各个环节、各个方面的质量管理工作。

四、全面质量管理的基础工作

全面质量管理的基础工作是建立企业质量体系、开展质量管理活动的立足点和依据,也是质量管理活动取得成效、质量体系有效运转的前提和保证。根据国内外的经验,开展全面质量管理,首先应着重做好以下 5 个方面的工作。

1. 质量管理教育工作

全面质量管理是"以质量为中心,以人为本"的管理。因此,开展全面质量管理活动,必须从提高职工的素质抓起,把质量教育作为第一道工序。只有通过质量管理教育工作,不断提高企业全体职工的质量意识,掌握和运用质量管理的理论、方法和技术,自觉提高业务水平、操作技术水平和管理能力,不断改进和提高工作质量,才能生产出使顾客满意的产品。

质量管理的教育工作主要包括两个方面内容:一方面是全面质量管理基本思想、基本原理的宣传和教育;另一方面是职工的技术业务的培训和教育。

2. 标准化工作

标准是衡量产品质量和各项工作质量的尺度,也是企业进行生产技术活动和经营管理工作的依据。

标准包括技术标准和管理标准两类。技术标准是对技术活动中需要统一协调的事物制定的技术准则;管理标准是为合理组织、利用和发展生产力,正确处理生产、交换、分配和消费中的相互关系,以及行政和经济管理机构为行使其计划、监督、指挥、协调、控制等管理职能而制定的准则。

标准化是指在经济、技术、科学和管理等社会实践中,对重复事物和概念,通过制定、发布和实施标准实现统一,以获得最佳秩序和社会效益的活动。标准化工作是企业提高产品质量和发展品种的重要手段,也为企业实现各项管理职能提供了共同遵守的准则和依据。

企业开展标准化工作时,应当着重解决几个问题:一是必须以"顾客第一"的思想为指导;二是必须坚持系统化的原则;三是企业的标准化工作必须符合权威性、科学性、群众性、连贯性和明确性等具体要求。

3. 计量管理工作

计量管理工作包括精密测量、理化试验和技术鉴定等工作，它是保证产品质量特性的数据统一、技术标准的贯彻执行，以及生产优质产品的重要手段。因此，计量管理工作是全面质量管理工作的一个重要环节。企业计量管理工作的重要任务是统一计量单位，组织量值正确传递，保证量值统一。

4. 质量信息工作

质量信息指的是反映产品质量和产供销各环节工作质量的原始记录、基本数据，以及产品使用过程中反映出来的各种信息资料。

要做好质量管理工作，掌握产品质量运动的发展规律，必须深入实践，认真调查研究，掌握大量的、齐全的、准确的信息资料。质量信息的准确性、完整性和及时性，将严重影响决策的质量。质量信息是质量管理不可缺少的重要依据，是改进产品质量、组织厂内外反馈、改善各环节工作质量最直接的原始资料，是正确认识影响产品质量诸因素变化和产品质量波动的内在联系、掌握提高产品质量规律的基本手段，是使用计算机进行质量管理的基础，是加强质量管理不可缺少的一项基础工作。

5. 建立质量责任制

建立质量责任制是企业开展全面质量管理的一项基础性工作，也是企业建立质量体系中不可缺少的内容。企业对每一个部门、每一个职工都应明确规定他们的具体任务，以及应承担的责任和权利范围，做到事事有人管、人人有专责、办事有标准、考核有依据。把与质量有关的各项工作同广大职工的积极性和责任心结合起来，形成一个严密的质量管理工作系统，一旦发现产品质量问题，可以迅速进行质量跟踪，查清质量责任，总结经验教训，更好地保证和提高产品质量，在企业内部形成一个严密有效的全面质量管理工作体系。

任务三　质量认证与 ISO9000 认证标准概述

经典透视

原告：北京市海淀区健翔冷冻食品厂。

被告：北京市宣武区菜蔬冷库。

1992 年 8 月，北京市海淀区菜蔬公司与沈阳市饮食公司老边饺子馆签订联合生产销售速冻老边饺子的协议。为此，北京市海淀区菜蔬公司成立了北京市海淀区健翔冷冻食品厂，并取得使用老边饺子商标的权利。同月 6 日，北京市海淀区技术监督局对北京市海淀区健翔冷冻食品厂申请的速冻老边饺子企业标准予以备案，批准该产品企业标准代号为 Q 海／ZJX001－93，并于次年 9 月 7 日签发京海技监食标认字第 930201 号食品标签认可证书。从此，北京市

海淀区健翔冷冻食品厂开始生产、销售老边饺子，该商品包装上印有老边饺子馆的楼房图案、产品介绍和标准代号。

1993年11月，北京市宣武区菜蔬冷库亦与沈阳市饮食公司老边饺子馆签订联合经营速冻老边饺子的协议。经营初期，北京宣武区菜蔬冷库按照联营对方提供的样品，委托其他单位加工制作食品包装袋15万个，用以包装速冻饺子上市销售。该包装袋上的装潢设计图案与北京市海淀区健翔冷冻食品厂的相似，且标有产品的标准代号Q海/ZJX001-93。1993年12月，北京市海淀区健翔冷冻食品厂发现并证实由北京市宣武区菜蔬冷库生产，并在北京市场上销售的速冻老边饺子包装袋上印有本食品厂的老边饺子企业标准代号，且装潢设计图案也与本食品厂的相似。因此，北京市海淀区健翔冷冻食品厂向北京市海淀区人民法院提起诉讼，要求北京市宣武区菜蔬冷库立即停止侵权，公开赔礼道歉，赔偿经济损失。

「审判」

本案在审理过程中，经北京市海淀区人民法院主持调解，双方当事人于1994年5月13日自愿达成协议：

（1）北京市宣武区菜蔬冷库于1994年5月13日起停止使用北京市海淀区健翔冷冻食品厂老边饺子企业标准代号Q海/ZJX001-93；于1994年5月16日起停止使用与北京市海淀区健翔冷冻食品厂外观装潢相似的老边饺子包装袋。

（2）北京市宣武区菜蔬冷库当庭向北京市海淀区健翔冷冻食品厂赔礼道歉。

（3）北京市宣武区菜蔬冷库赔偿北京市海淀区健翔冷冻食品厂经济损失1.5万元。

（4）诉讼费2022元由北京市宣武区菜蔬冷库负担。

上述协议，符合有关法律规定，北京市海淀区人民法院予以确认。

小思考：本案例带给我们什么样的启示？

一、质量认证

质量认证按认证对象不同分为产品质量认证和质量体系认证两类。产品质量认证是指依据产品标准和相应技术要求，经认证机构确认并通过颁发认证证书和认证标志来证明某一产品符合相应标准和相应技术要求的活动。产品质量认证的对象是特定产品，包括服务。认证的依据或者说获准认证的条件是产品（服务）质量要符合指定的标准的要求，质量体系要满足指定质量保证标准的要求，获准认证的方式是通过颁发产品认证证书和认证标志。其认证标志可用在获准认证的产品上。产品质量认证又有两种：一种是安全性产品认证，它是由法律、行政法规或规章规定强制执行的认证；另一种是合格认证，属自愿性认证，是否申请认证，由企业自行决定。

凡属强制性认证范围的产品，企业必须取得认证资格，并在出厂合格的产品上或其包装上使用认证机构发给的特定认证标志。否则，不准生产、销售或使用。因为这类产品往往涉及广大人民群众的生命和财产的安全问题。质量体系认证认证的对象是企业的质量体系，或者说是企业的质量保证能力。认证的依据或者说获准认证的条件是企业的质量体系应符合申请的质量保证标准，即 GB/T 19001/ISO9001 或 GB/T 19002/ISO9002 或 GB/T 19003/ISO9003 和必要的补充要求。质量体系认证是自愿性的。不论是产品质量认证，还是质量体系认证都是由第三方来进行，以确保认证的公正性。

企业在选择认证机构时，一般应考虑 4 个因素：权威性、价格、顾客是否接受和认证机构的业务范围。权威性是指认证机构的知名度和影响力。此外，还必须考虑所选择的认证机构是否为顾客所接受，通常，顾客对选择认证机构并没有国别、行业或地区等的要求，但也不否认某些顾客对此有特定要求，因而在选择认证机构时，必要时也应了解顾客的期望和要求。最后，还应考虑认证机构的业务范围，认证机构必须在国家认可或确定的业务范围内方为有效，超过这个范围的认证一律无效。

二、ISO9000 认证标准

1. ISO9000 质量管理体系

ISO（国际标准化组织）是世界上最大的国际标准化组织，成立于第二次世界大战以后，总部位于瑞士的日内瓦。该组织成立的目的是在世界范围内促进标准化及其相关工作的发展，以利于国际贸易的交流和服务，以促进产品和服务贸易的全球化。ISO 制定的各项国际标准得到该组织的 100 多个成员所在国家和地区的认可。

ISO9000 标准是 ISO 在 1987 年提出的概念，延于 BS5750 质量标准，是由 ISO/TC176（国际标准化组织质量管理和质量保证技术委员会）制定的一系列国际标准。需要注意的是，ISO9000 标准不是一个标准，而是一组标准的统称。ISO9000 标准是 ISO 发布的 12000 多个标准中最通行、最普遍的标准。

随着国际贸易发展的需要和在实施标准中出现的问题，特别是服务业在世界经济中所占的比例越来越大，ISO/TC176 分别于 1994 年、2000 年对 ISO9000 标准进行了两次全面的修订。由于该标准吸收了国际上先进的质量管理理念，采用 PDCA 循环的质量哲学思想，对于产品和服务的供需双方来说具有很强的实践性和指导性。因此，标准一经问世，立即受到世界各国的普遍欢迎。目前全球已有几十万家工厂企业、政府机构、服务组织及其他各类组织导入了 ISO9000 标准并获得第三方认证，在中国截至 2004 年年底已有超过 13 万家单位通过了 ISO9000 标准的认证。ISO 最新颁布的 ISO9000:2008 系列标准，有 4 个核心标准：ISO9000:2005《质量管理体系——基础和术语》、ISO9001:2008《质量管理体系——要求》、ISO9004:2009《质量管理体系——业绩改进指南》、ISO19011:2011《管理体系审核指南》。其中，ISO9001:2008《质量管理体系——要求》是认证机构进行审核的依据标准，也是想进行认证的企业需要满足的标准。

2. 认证的好处、适用范围及申请认证的条件

（1）认证的好处。

① 强调以顾客为中心的理念，明确企业通过各种手段去获取和理解顾客的需求，确定顾客的需求，通过体系中各个过程的运作满足顾客的需求甚至超越顾客的需求，并通过对顾客满意的测量来获取顾客满意程序的感受，以不断提高企业在顾客心中的地位，增强顾客的

信心。

② 明确要求企业最高管理层直接参与质量管理体系活动，从企业层面制定质量方针和各层次质量目标，最高管理层通过及时获取质量目标的达成情况，以判断质量管理体系运行的绩效，直接参与定期的管理评审，以掌握整个质量体系的整体状况，并及时对体系不足之处采取措施，从企业层面保证资源的充分性。

③ 明确各职能和层次人员的职责权限及相互关系，并从教育、培训、技能和经验等方面明确各类人员的能力要求，以确保他们是胜任的，全员参与到整个质量体系的建立、运行和维持活动中，以保证企业各环节的顺利运作。

④ 明确控制可能产生不合格产品的各个环节，对于产生的不合格产品进行隔离、处置，并通过制度化的数据分析，寻找产生不合格产品的根本原因，通过纠正或预防措施防止不合格产品发生或再次发生，从而不断降低企业发生的不良质量成本，并通过其他持续改进的活动来不断提高质量管理体系的有效性和效率，从而实现企业成本的不断降低和利润的不断增长。

⑤ 以单一的第三方注册审核代替累赘的第二方工厂审查，通过第三方专业的审核可以更深层次地发现公司存在的问题，通过定期的监督审核来督促企业的人员按照企业确定的质量管理体系规范来开展工作。

⑥ 获得质量体系认证是取得客户配套资格和进入国际市场的敲门砖，也是目前企业开展供应链管理很重要的依据。

（2）适用范围。

ISO9001:2008 标准为企业申请认证的依据标准，在标准的适用范围中明确本标准适用于各行各业，且不限制企业规模的大小。目前国际上通过认证的企业涉及国民经济中的各行各业。

（3）申请认证的条件。

组织申请认证须具备以下基本条件。

① 具备独立的法人资格或经独立的法人授权。

② 按照 ISO9001:2008 标准的要求建立文件化的质量管理体系。

③ 已经按照文件化的体系运行 3 个月以上，并在进行认证审核前按照文件的要求进行了至少一次管理评审和内部质量体系审核。

技能提升

春兰公司（简称春兰）是我国知名企业之一，自 1998 年开始，春兰开始导入 6σ 管理模式。作为最先将 6σ 管理引入国内的家电企业，春兰根据自身的特点，制定了 40 多个 6σ 管理的基本运行规则。春兰系列空调 99.96%的一次开箱合格率，以及春兰系列空调实现 6 万小时无故障的国内最高纪录，都是运用 6σ 管理模式的成果。

春兰的 6σ 管理从市场调研、产品设计开始，为顾客提供真正符合他们需求的产品；由细节做起，追求产品的零缺陷和生产成本的最低化，为顾客生产物超所值的产品；完善售后服务体系，提供及时、周到、优质的售后服务，直到用户完全满意为止。春兰将其归纳为：从设计开始，由细节做起，到满意为止。

1. 6σ 从产品设计开始

春兰是一家科技实力型企业，成立了直属于总部的春兰研究院，其智能大厦高 21 层，投资 15 亿元，占地 5.4 万平方米，集智能控制中心、CAD 中心、信息工程中心、仿真分析中心于一身，内有春兰博士后工作站，附设 2 个实验工厂。春兰每年将 5 亿元巨资投入研发领域。

为了实现设计零缺陷，春兰在深入了解用户需求的同时，不断实现设计工具和技术的创新。早在 3 年前，春兰便已全面采用计算机仿真设计，一揽子解决了产品的材料选择、工艺制造、成本控制等方面问题。

随着空调的普及，"空调病"开始在消费者中流行。春兰对此高度重视，于业内率先设计出了一种清新型空调，能将室内污浊的空气压缩、吸收，然后排放到室外，并以每小时 28 立方米的速度从室外换进新鲜空气，使室内的空气始终保持新鲜、流动状态，从而有效防治了"空调病"的发生。

春兰专门针对中东消费者需求开发的大冷量新型窗式空调，采用适合高温条件下使用的高性能压缩机和高强度、耐腐蚀的原材料及配件，在室外温度高达 60℃ 的情况下依然运转如常。该款空调深受中东消费者的欢迎，现已成为春兰空调类产品出口量最大的品种之一。

2. 6σ 在制造中被严格执行

为了追求制造上的零缺陷，春兰斥巨资大量引进世界最先进的制造设备，如激光成型机、全自动空调、冰箱、彩电、洗衣机、摩托车柔性生产流水线和检测线，以及国内唯一的工业 CT 机等。

对于新产品制造，春兰独创了"十""百""千"质量管理方式，即在产品的技术设计通过评审之后，首先要生产出 10 台样机，由实验室对样机进行严格测试。通过此项考核后，再生产 100 台样机检测、评审，全部达标后才能进入 1000 台的试产考核。在试产过程中，产品在任何一阶段有任何一点细节不符合标准，这一阶段的试验就必须全部重新做。

春兰在执行国标、部标的同时，参照国际最高标准，制定了几十种比国标、部标严格得多的质量内控标准作为考核依据，执行严格的测试程序。春兰产品在新加坡、比利时、荷兰、法国、阿根廷等国与三菱、松下产品齐名，成为受消费者和经销商欢迎的品牌。

3. 6σ 铸就金牌顾客服务

春兰在全国 200 多个城市和全球 80 多个国家与地区设立了近 3000 家专业和特约服务点，建立了完整的用户档案和全国计算机联网的"多功能用户服务体系"，开通了 24 小时全球 800 免费服务电话，有上千辆服务车和 3 万名中外服务人员在为其工作，业内最大的春兰物流系统有 50% 的业务与售后服务相连。所有这些都确保了春兰能够向消费者提供令他们完全放心、满意的服务。

根据 6σ 管理的基本原理，春兰制定了一系列服务管理办法，包括《服务人员守则》《服务网点建设与管理规定》《导购员手册》《热线员手册》《投诉处理制度》《用户档案管理制度》等。以《服务人员守则》为例，其对上门服务的工作人员做了详细的规定："三不分"——不分用户在何处购买，不分是谁的责任，不分是三包期内还是三包期外，均必须先行服务；"五必须"——必须实行 24 小时热线电话咨询服务，必须按规定着装，必须按预约时间上门，必须使用标准文明语言，进用户家门必须穿鞋；"六不准"——不准吸用户一支烟，不准喝用户一杯水，不准收用户一份礼，不准损坏和弄脏用户一件物品，不准乱收费，不准与用户发生争执和纠纷。春兰建立了一整套服务人员培训制度，配以设施齐全的培训场所，以保证所有服务人员都能全面了解并符合 6σ 管理的要求。

每年，分层次接受培训的服务人员达数千人之多，他们中有服务经理、服务管理人员，也有工作在一线的安装维修员、导购员、热线员等。为了满足偏远地区服务人员学习的需要，春兰每年都会组织工程技术人员、高级管理人员、经验丰富的维修骨干去外地巡回讲学，以保证全国的服务水平保持一致。

春兰的服务在全国消费者中广受好评。在由中央电视台举办，国家统计局、北京长安公证处和普华永道会计师事务所参与的"2001 家电售后服务消费者十大满意品牌"评选活动中，春兰荣获全国"售后服务十佳企业"，并名列"十佳"前茅。

小思考：

1. 运用全面质量管理的知识分析春兰成功的经验。
2. 通过阅读本案例，总结春兰实施 6σ 管理的特点。
3. 本案例给了其他同类企业哪些启示？

去工作吧！

在培训之前，小李对应该如何对产品的质量进行管理感到很茫然，经过这次培训，小李了解了企业质量管理的内容与方法，对如何控制、改进产品质量已经有了初步的想法，他下一步准备着手对自己的产品进行质量改进，争取制作出合格、优质的产品，满足顾客的需求。

"码"上提升

资源列表	二维码
1. 案例：宝胜集团通过质量树品牌助力实体经济振兴 2. 案例：一宗出口假冒伪劣商品案件引发的思考 3. 案例：打击以假充真需要"火眼金睛" 4. 3·15晚会主题+曝光名单 5. 获取更多资源链接	

模块九　企业财务管理

——实现企业价值最大化

学习目标

目标类型	具体目标
知识目标	理解财务管理的概念、特点、内容和目标
	掌握企业资金筹集的渠道与方式
	掌握企业投资的程序
	掌握企业成本管理目标与利润构成
	掌握企业财务分析的主要指标
技能目标	能掌握并运用企业筹资、投资、运营、利润分配等各项财务活动的管理方法
	能结合企业个案，科学确定和分析评价其财务目标
	能结合具体企业，正确分析企业的财务环境，能够协调不同利益主体在财务管理目标上的矛盾，妥善处理财务关系

职业岗位能力分解

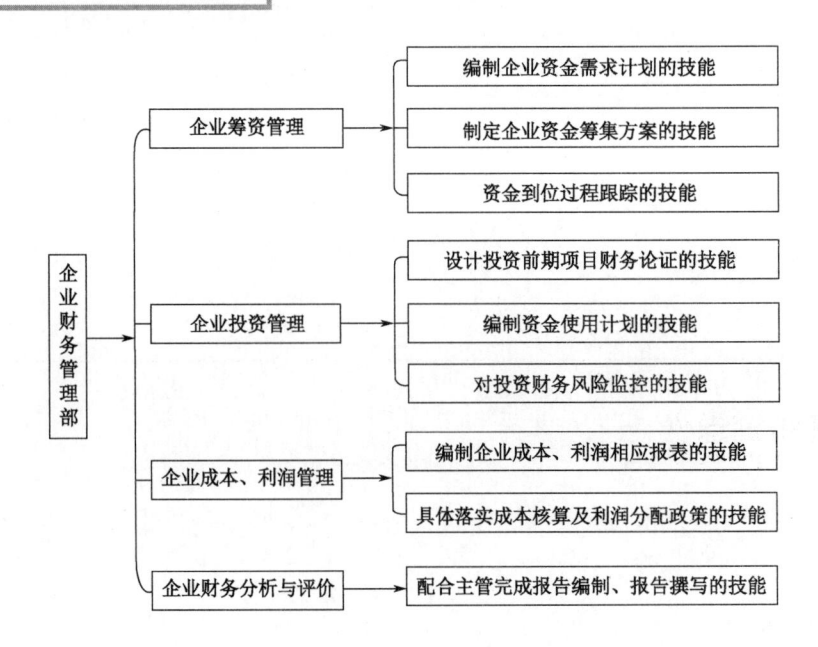

```
                          ┌── 编制企业资金需求计划的技能
              ┌─企业筹资管理─┼── 制定企业资金筹集方案的技能
              │            └── 资金到位过程跟踪的技能
              │
              │            ┌── 设计投资前期项目财务论证的技能
企业财务管理部 ─┼─企业投资管理─┼── 编制资金使用计划的技能
              │            └── 对投资财务风险监控的技能
              │
              │                  ┌── 编制企业成本、利润相应报表的技能
              ├─企业成本、利润管理─┤
              │                  └── 具体落实成本核算及利润分配政策的技能
              │
              └─企业财务分析与评价── 配合主管完成报告编制、报告撰写的技能
```

经营背景续集

小李的企业在曲折发展中前进，中间有很多困难和问题，小李通过参加各类培训学习，不仅提高了自己的学识水平和企业管理技能，也使相应的问题得到了解决。小李在思考，经营一段时间后有必要对企业的经营业绩进行评价，尤其是从财务的角度对企业的各项活动进行管理。但是，对企业进行筹资、投资、利润分配的管理，小李不是很专业，需要学习相关知识，因此，他报名参加了本地著名培训机构的财务管理培训班。

培训体系表

培训项目	企业财务管理培训	
培训内容安排	具体内容	重点提示
企业财务管理概述	一、企业财务管理的概念和特点 二、企业财务管理的目标 三、企业财务管理的内容 四、企业财务管理的过程 五、现代企业财务管理的新要求	企业财务管理的目标 企业财务管理的内容 企业财务管理的过程
企业筹资管理	一、企业筹资概述 二、企业筹资管理的原则 三、企业筹资的渠道与方式 四、影响企业筹资方式选择的因素	企业筹资管理的原则 企业筹资的渠道与方式
企业投资管理	一、企业投资概述 二、企业投资的原则 三、企业投资的程序 四、企业投资需注意的事项	企业投资的原则 企业投资的程序
企业成本、利润管理	一、企业成本管理 二、企业利润管理	企业成本的构成、成本管理的内容和目标 企业利润的构成及利润分配
企业财务分析与评价	一、企业财务分析 二、企业财务分析的内容 三、企业偿债能力分析 四、企业运营能力分析 五、企业盈利能力分析	企业偿债能力分析 企业运营能力分析 企业盈利能力分析

走进培训课堂

小李报名成功后，对培训课程充满了期待，让我们和小李一起进入精彩的培训课堂吧。

任务一　企业财务管理概述

经典透视

A 公司的"全员参与财务管理"新理念

　　A 公司财务部有 4 名会计。虽然公司的会计人员很少，但他们的财务工作对整体公司的运作起了强大的约束作用。因为 A 公司推行的是"全员参与财务管理"的模式。在公司的走廊以板报的形式，由财务人员每天按照合同的具体条目更新现金回收状况。它的出现，引起了公司每个人的关注：业务人员经常来查对，讨论并通过它来跟进自己负责合同的收款进度；主管也可以通过它来获得对二级经销商回款情况的估计。这样，每个人都可以从这里获得重要的信息。在公司，应收账款在收回前只不过被看成一项市场费用，如果还没有收到货款，就不能算销售已经完成，也就没有客户满意度，当然也不会给相应的销售人员支付佣金。"人人参与财务管理"的模式，极大地调动了销售人员的积极性，杜绝了销售人员只管签订合同而不管实际收款的情况。

　　很多企业建立了销售收款责任制，销售人员不但要推销产品，还要负责收款，并把催讨货款与销售人员的奖金挂起钩来，这是防范应收账款风险的有效措施，但需注意激励和约束的平衡关系。如果企业的业务量较大，可以建立应收账款的计算机管理系统，利用计算机对客户实施适时监控。

　　小思考：A 公司的"全员参与财务管理"理念对中小企业是否有效？为什么？

一、企业财务管理的概念和特点

1. 企业财务管理的概念

　　财务一般是指与钱物有关的事务，即理财的事务。商品货币经济是财务产生和发展的客观基础。企业财务是指企业在生产经营过程中的财务活动及其与有关各方发生的财务关系。

　　企业财务活动，即企业的资金运动，与商品经济的存在和发展是分不开的。就制造业企业而言，企业资金从货币资金形态开始，顺序通过供应、生产、销售 3 个阶段，分别表现为货币资金、供应资金、生产资金、成品资金等各种不同的形态，然后又回到货币资金。企业取得营业收入，使资金完成从货币形态开始，经过形态的变化，又回到货币资金这一资金循环。这一资金的循环过程，称为资金的周转。

　　企业财务关系，即企业财务活动中与各方面发生的一定的经济关系，如企业与投资者、企业与债权人、企业与债务人、企业与税务机关、企业与被投资单位、企业内部部门及企业与员工之间的经济关系。但从实质上考察，它体现了人与人之间的关系。

财务管理是在一定的整体目标下，关于资产的购置（投资）、资本的融通（筹资）和经营中现金流量（营运资金）及利润分配的管理。财务管理是企业管理的一个组成部分，它是根据财经法规制度，按照财务管理的原则，组织企业财务活动，处理财务关系的一项经济管理工作。

2. 企业财务管理的特点

企业财务管理具有以下特点。

（1）涉及面广。首先，就企业内部而言，财务管理活动涉及企业生产、供应、销售等各个环节，企业内部各个部门与资金不发生联系的现象是不存在的。其次，现代企业的财务管理也涉及企业外部的各种关系，主要包括企业与股东之间、企业与债权人之间、企业与政府之间、企业与金融机构之间、企业与供应商之间、企业与客户之间、企业与内部职工之间等的关系。

（2）综合性强。现代企业制度下的企业管理是一个由生产管理、营销管理、质量管理、技术管理、设备管理、人事管理、财务管理、物资管理等诸多子系统构成的复杂系统。

（3）政策性强。企业财务活动的一收一支，往往涉及投资者、企业、职工等几个方面的经济利益关系，受国家财经制度和财经纪律的影响。

（4）灵敏度高。企业要想生存，必须能以收抵支，到期偿债。企业要发展，必须扩大收入。收入增加意味着人、财、物相应增加，都将以资金流动的形式在企业财务上得到全面的反映，并对财务指标的完成产生重大的影响。所以说，财务管理是一切管理的基础和中心。

二、企业财务管理的目标

财务管理目标是企业全部的财务活动需要实现的最终方向。企业财务管理目标主要包括利润最大化、资本利率最大化或每股收益最大化，以及企业价值最大化或股东财富最大化。

1. 利润最大化

利润最大化目标即假定在企业的投资预期收益确定的情况下，财务管理行为将朝着有利于企业利润最大化的方向发展。

以追逐利润最大化为财务管理的目标，是因为利润不仅可以直接反映出企业创造剩余产品的多少，而且可以从一定程度上反映出企业经济效益的高低和对社会贡献的大小。同时，利润还是企业的补充资本和扩大经营规模的源泉。因此，以利润最大化作为企业财务管理目标是有一定道理的。

2. 资本利率最大化或每股收益最大化

资本利率是指利润额与资本额的比率。每股收益是指利润额与普通股股数的比值。所有者作为企业的投资者，其投资目标是取得资本收益，具体表现为净利润与出资额或股份数的对比关系。这一目标的优点是把企业实现的利润同投入资本或股本数进行对比，能够说明企业的盈利水平，可以在不同资本规模的企业或同一企业不同期间之间进行比较，揭示其盈利水平的差异。其缺点是该指标仍然没有考虑每股盈余取得的时间性，没有考虑每股盈余的风险，没有考虑企业的股利方针对股票市价的影响。

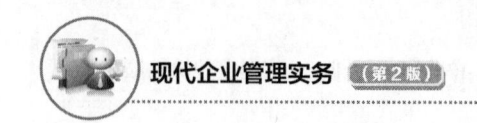

3. 企业价值最大化或股东财富最大化

企业价值不是账面资产价值,而是企业全部财产的市场价值,它反映了企业潜在或预期的获利能力。投资者在评价企业的价值时,是以投资者预期的时间为起点的,并将未来的收入按预期的投资时间的同一口径进行折现,未来收入的多少按可能实现的概念进行计算。可见这种计算办法考虑了货币的时间价值和风险问题。企业所得收益越多,实现的收益的时间越近,应得的报酬越是确定,则企业价值或股东财富越大。

知识链接

2018年中国上市公司市值排行榜

2018年12月30日,21数据新闻实验室汇总上海、深圳、香港、纽约等15个交易所上市公司最新市值数据,发布了"2018年中国上市公司市值500强榜单"。2018年中国上市公司市值20强如表9-1所示。

表9-1 2018年中国上市公司市值20强

排名	变化	公司简称	最新市值/亿元	今年市值增长幅度/%	行业
1	1↑	阿里巴巴	25507	-10.50	信息技术
2	1↓	腾讯控股	23767	-26.28	信息技术
3	—	工商银行	18793	-11.69	银行
4	1↑	中国石油	14901	5.98	石油石化
5	1↑	中国移动	14109	4.02	通信
6	2↓	建设银行	13863	-8.83	银行
7	—	台积电	13836	2.98	信息技术
8	1↑	农业银行	13054	7.02	银行
9	1↓	中国平安	11990	-5.18	保险
10	—	中国银行	10036	-9.19	银行
11	—	贵州茅台	8417	-3.94	食品饮料
12	2↑	中国石化	7498	5.90	石油石化
13	—	招商银行	7231	0.70	银行
14	2↓	中国人寿	5669	-27.95	保险
15	2↑	中海油	5564	32.88	石油石化
16	1↓	百度	4662	-12.26	信息技术
17	1↑	交通银行	3964	-4.13	银行
18	2↓	中国神华	3774	-14.16	煤炭
19	9↑	长江电力	3483	1.54	公共事业
20	13	恒生银行	3401	9.71	银行

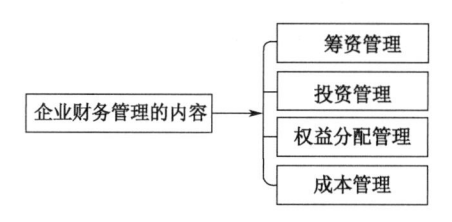

三、企业财务管理的内容

企业财务管理是一项系统的管理工作。随着现代企业制度的建立,企业财务管理的内涵和外延及其功能地位发生了深刻变化。财务管理是一项综合性强的经济管理活动,其主要内容如图 9-1 所示。

```
                          ┌── 筹资管理
                          ├── 投资管理
企业财务管理的内容 ──────┤
                          ├── 权益分配管理
                          └── 成本管理
```

图 9-1　企业财务管理的内容

四、企业财务管理的过程

一般来讲,企业财务管理应该按照如图 9-2 所示的过程开展。

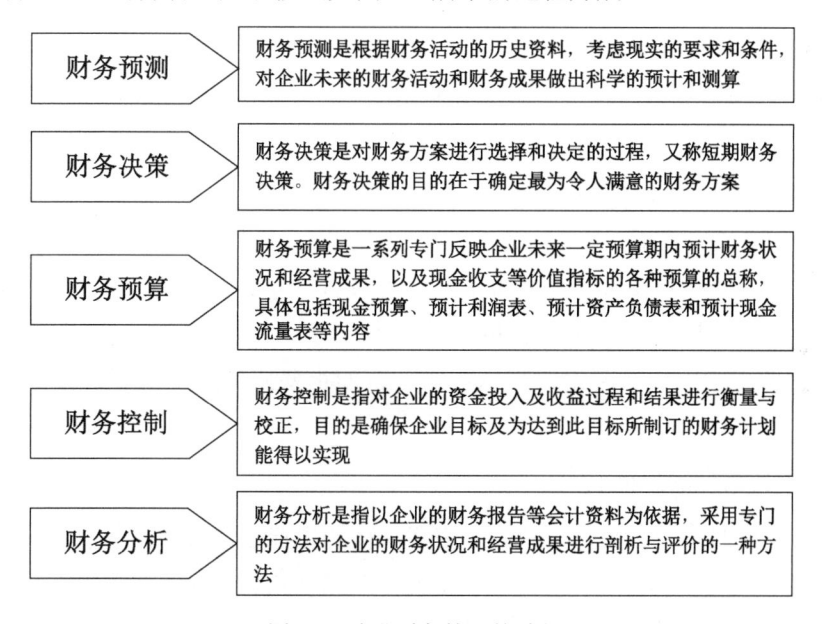

财务预测	财务预测是根据财务活动的历史资料,考虑现实的要求和条件,对企业未来的财务活动和财务成果做出科学的预计和测算
财务决策	财务决策是对财务方案进行选择和决定的过程,又称短期财务决策。财务决策的目的在于确定最为令人满意的财务方案
财务预算	财务预算是一系列专门反映企业未来一定预算期内预计财务状况和经营成果,以及现金收支等价值指标的各种预算的总称,具体包括现金预算、预计利润表、预计资产负债表和预计现金流量表等内容
财务控制	财务控制是指对企业的资金投入及收益过程和结果进行衡量与校正,目的是确保企业目标及为达到此目标所制订的财务计划能得以实现
财务分析	财务分析是指以企业的财务报告等会计资料为依据,采用专门的方法对企业的财务状况和经营成果进行剖析与评价的一种方法

图 9-2　企业财务管理的过程

五、现代企业财务管理的新要求

现代企业处于瞬息万变、高度风险性的市场经济环境中,这对企业财务管理工作提出更高的要求,财务管理观念也要不断创新、与时俱进,建立起适应知识经济时代的理财新观念。

1. 做好企业财务管理目标的创新

在科技创新和其成果转化过程中,财务管理目标的重新定位是十分必要的。企业的财务管理目标由企业价值最大化调整为:在保证社会效益和经济效益的同时获取优秀人才,形成

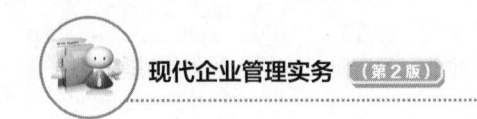

最佳的良性结构知识流。

2. 做好企业财务关系的创新

企业财务关系由内外协调转向侧重于企业内部人本化管理。因此，企业决策阶层及财务人员应当从企业奖励制度、人事选拔等方面去调动科技人才的积极性，这将决定企业能否生存，因而成为企业财务关系中最重要的组成部分。

3. 做好企业筹资管理

企业在做筹资决策时，在筹资渠道与方式的选择上，应尽可能地把视野放在国际资本大市场上，选择最适合自己的资源和融资方式。知识、技术创新和具有专业技术的人力资源已成为增强企业竞争力的关键因素。企业价值最大化已从过去以资本筹资为主转向以无形资产筹资为主。

4. 做好企业投资管理

人力资源、无形资产和风险投资将成为企业投资决策的重点。在新的资产结构中，以知识为基础的专利权、商标权、商誉、计算机软件等无形资产和以人才引进和开发为主的人力资源的比例将大大增加。在这种情况下，人力资源、无形资产和风险投资必然成为财务管理的新领域。

5. 做好企业收益的分配

财务资本与知识资本共享资本收益。其中，物质资本的提供者提供财务资本，凭借资本所有权分配企业收益；直接生产者从事生产经营活动，直接赚取工资收入；企业的经营管理者组织指挥生产、经营企业，不仅获得工资收入，而且凭借管理知识资本参与企业收益的分配；技术创新者一方面获得工资收入，另一方面也要凭借技术知识资本参与企业收益的分配。

6. 做好财务指标的分析

随着知识经济时代的到来，反映知识资本价值的指标必将成为企业财务评价指标体系的重要组成部分。无论是企业的管理者，还是企业的投资者、债权者等相关利益主体，都必将十分关心和重视反映企业知识资本价值的指标。

任务二　企业筹资管理

经典透视

跃进汽车制造公司筹集资金

跃进汽车制造公司是一个多种经济成分并存，具有法人资格的大型企业集团。该公司现有58个生产厂家，还有物资、销售、进出口、汽车配件4个专业子公司，一个轻型汽车研究所和一所汽车工学院。该公司现在急需 1 亿元的资金用于轿车技术改造项目。为此，总经理赵广斌于 2004 年 5 月 10 日召开了由生产副总经理张望、财务副总经理王朝、销售副总经理林立、某信托投资公司金融专家周民、某经济研究中心经济学家武教授、某大学财务学者郑教授组成的专家研讨会，讨论该公司的筹资问题。下面是他们的发言和有关资料的摘要。

总经理赵广斌首先发言："公司轿车技术改造项目经专家、学者的反复论证已于 2003 年获国家批准正式立项。这个项目的投资额预计为 4 亿元，生产能力为 4 万辆。项目改造完成后，公司的两个系列产品的各项性能可达到国际同类产品的先进水平。现在项目正在积极实施中，但目前资金不足，准备在 2004 年 7 月前筹措 1 亿元资金，请大家发表自己的意见，谈谈如何筹措这笔资金。"

生产副总经理张望说："目前筹集的 1 亿元资金，主要用于投资少、效益高的技术改进项目。这些项目在两年内均能完成建设并正式投产，到时将大大提高公司的生产能力和产品质量，估计这笔投资在改造投产后 3 年内可完全收回。所以应发行 5 年期的债券筹集资金。"

财务副总经理王朝提出了不同意见，他说："目前公司的全部资金总额为 10 亿元，其中自有资金 4 亿元，借入资金 6 亿元，自有资金比率为 40%，负债比率为 60%，这种负债比率在我国企业中处于中等水平，与世界发达国家如美国、英国等相比，负债比率已经比较高了，如果再利用债券筹集 1 亿元资金，负债比率将达到 64%，显然负债比率过高，财务风险太大。所以，不能利用债券筹资，只能靠发行普通股或优先股筹集资金。"

金融专家周民认为："目前我国的资金市场还不够完善，证券一级市场和二级市场尚处于发展初期，许多方面还很不规范，投资者对股票投资还没有充分的认识，再加之今年股市的'扩容'速度过快。因此，在目前条件下想发行 1 亿元普通股是很困难的。发行优先股还可以考虑，但根据目前的利率水平和生产情况，发行时年股息不能低于 16.5%，否则也无法发行。如果发行债券，因要定期付息还本，投资者的风险较小，估计以 12%的利率便可顺利发行债券。"

来自某经济研究中心的武教授认为："目前我国的经济建设正处于改革开放的大好时期，我国已经加入世界贸易组织，汽车行业可能会受到冲击，销售量会受到影响。在进行筹资和投资时应考虑这一因素，不然盲目上马，后果肯定是不理想的。"

销售副总经理林立认为："在将来一段时期内销售量不成问题。这是因为公司生产的中档轿车和微型车，这几年销售情况一直很好，畅销全国 29 个省、市、自治区，2002 年受进口汽车的影响，全国汽车滞销，但公司的销售状况仍创历史最高水平，居全国领先地位。在近几年全国汽车行业质量评比中，连续获奖。至于我国入关后，关税将大幅度下降，确实会给我国的汽车行业带来冲击，但这种冲击已被国家近期来一系列政策的施失逐步得以消化，外加在入关初期，国家对轿车行业还准备采取一定的保护措施。所以，入关不会产生大的影响。"

财务副总经理王朝说："公司属于股份制试点企业，目前所得税税率为 33%，税后资金利润率为 16%，若这项技术改造项目上马，由于采用了先进设备，投产后预计税后资金利润率将达到 18%。"所以，他认为这一技术改造项目应付诸实施。

来自某大学的财务学者郑教授听了大家的发言后指出："以 16.5%的股息率发行优先股不可行，因为发行优先股所花费的筹资费用较多，把筹资费用加上以后，预计利用优先股筹集资金的资金成本将达到 19%，这已高于公司税后资金利润率 1%，所以不可行。但若发行债券，由于利息可以在税前支付，实际成本在 9%左右。"他还认为，目前我国正处于通货膨胀时期，利息率比较高，这时不宜发行较长时期的负担较高的利息或股息。所以，郑教授认为，应首先向银行筹措 1 亿元的技术改造贷款，期限为一年，一年以后，再以较低的股息率发行优先股股票来替换技术改造贷款。

财务副总经理王朝听了郑教授的分析后，也认为按 16.5%的股息率发行优先股，的确会给公司带来沉重的财务负担。但他不同意郑教授后面的建议，他认为，在目前的条件下向银行筹措 1 亿元技术改造贷款几乎不可能；另外，通货膨胀在近一年内不会消除，要想消除通货膨胀，利息率有所下降，至少需要两年时间。金融专家周民也同意王朝的看法，他认为一年后利息率可能还要上升，两年后利息率才会保持稳定或有所下降。

（资料来源：王化成. 财务管理教学案例[M]. 北京：中国人民大学出版社，2001：148-149.）

小思考：

1．归纳一下这次筹资研讨会上提出了哪几种筹资方案。
2．对会上的几种筹资方案进行评价。
3．你若在场，听了与会同志的发言后，会做出什么决策？

一、企业筹资概述

企业筹资，是指企业为了满足其经营活动、投资活动、资本结构调整等需要，应用一定的筹资方式，筹措和获取所需资金的一种行为。资金是企业的血液，是企业设立、生存和发展的物质基础，是企业开展生产经营活动的前提条件。任何一家企业，为了形成生产经营能力，保证生产经营正常运行，必须拥有一定数量的资金。

筹资活动是企业一项重要的财务活动，如果说企业的财务活动是以现金收支为主的资金周转活动，那么筹资活动则是资金周转的起点。企业筹资的作用主要有以下两个。

1. 满足经营运转的资金需要

企业筹资能够为企业生产经营活动的正常开展提供财务保障。筹集资金，作为企业资金周转活动的起点，决定着企业资金活动的规模和生产经营发展的程度。在企业新创时期，要按照企业战略所确定的生产经营规模核定长期资本和流动资金的需要量。在企业日常生产经营活动运行期间，需要维持一定数额的资金，来满足生产经营活动的需要。

2. 满足投资发展的资金需要

企业在成长初期，往往因扩大生产经营规模或对外投资需要大量的资金。企业生产经营规模的扩大有两种形式：一种是新建厂房、增加设备，这是外延式的扩大再生产；另外一种是引进技术、改进设备，提高固定资产的生产能力，培训工人，提高劳动生产率，这是内涵式的扩大再生产。不管是外延式的扩大再生产还是内涵式的扩大再生产，都会产生扩张性的筹资动机。同时，企业由于战略发展和资本经营的需要，还会积极开拓有发展前途的投资领域，以联营投资、股权投资和债权投资等形式对外投资。扩张经营规模和对外产权投资，往往会产生大额的资金需求。

二、企业筹资管理的原则

企业筹资管理的基本原则是在严格遵守国家法律法规的基础上，分析影响筹资的各种因素，权衡资金的性质、数量、成本和风险，合理地选择筹资方式，提高筹资效果。

1. 遵守国家的法律法规，合法筹措资金

不论是直接筹资还是间接筹资，企业最终都通过筹资行为向社会获取资金。企业的筹资活动不仅能为自身的生产经营提供资金来源，也会影响投资者的经济利益，影响社会的经济秩序。企业的筹资行为和筹资活动必须遵守国家的相关法律法规，依法履行法律法规和投资合同的约定责任，合法合规筹资，依法披露信息，维护各方的合法权益。

2. 分析生产经营情况，正确预测资金的需要量

企业筹集资金，首先要合理预测资金的需要量。筹资规模和资金需要量要匹配一致，既避免因筹资不足，影响生产经营的正常进行，又防止筹资过多，造成资金的闲置。

3. 合理安排筹措时间，适时取得资金

企业筹集资金，还需要合理预测资金需要的时间。要根据资金需求的具体情况，合理安排资金的筹集时间，适时获取所需的资金。使筹资与用资在时间上相衔接，既避免过早筹集资金形成的资金投放前闲置，又防止取得资金的时间滞后，错过资金投放的最佳时间。

4. 了解各种筹资渠道，选择资金来源

企业所筹集到的资金都要付出资本代价，不同的筹资渠道和筹资方式所取得的资金，其资本成本各有差异。企业应当在考虑筹资难易程度的基础上，针对不同来源的资金成本进行分析，尽可能选择经济可行的筹资渠道与方式，力求降低筹资成本。

5. 研究各种筹资方式，优化资本结构

企业筹资要综合考虑股权资金和债务资金的关系、长期资金与短期资金的关系、内部筹资与外部筹资的关系，合理安排资本结构，保持适当的偿债能力，防范企业财务危机，提高筹资效益。

三、企业资筹的渠道与方式

1. 企业筹资的渠道

总体而言，我国企业筹资的渠道有 8 种，如图 9-3 所示。

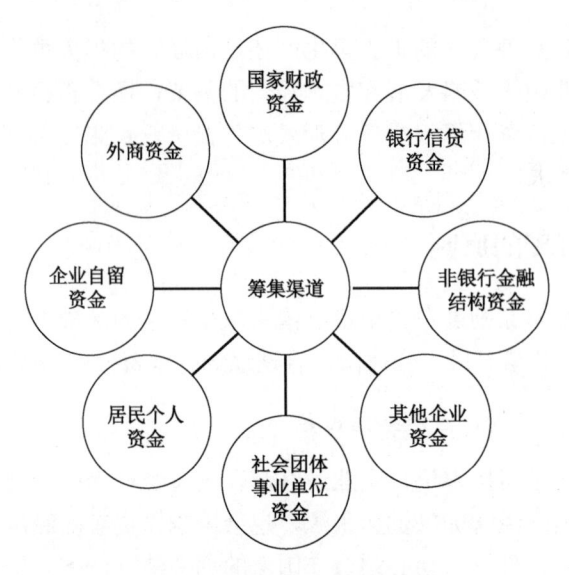

图 9-3　我国企业筹资的渠道

2. 企业筹资的方式

筹资方式是企业取得资金的具体形式，一般情况下，企业的筹资方式有 7 种，如图 9-4 所示。

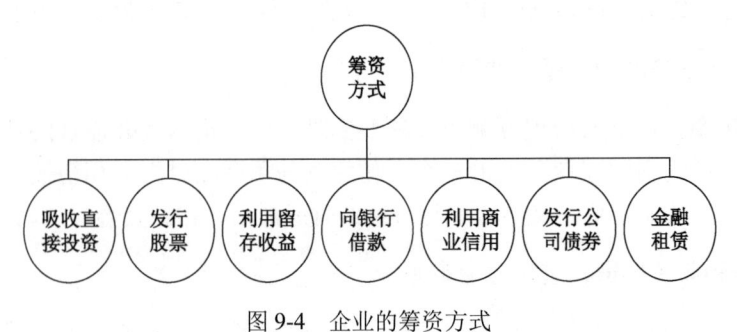

图 9-4　企业的筹资方式

四、影响企业筹资方式选择的因素

影响企业筹资方式选择的因素众多，在具体选择时企业需要根据自身经营的需求进行合理选择，重点要考虑以下方面。

1. 企业筹集资金的额度

不同筹资方法各有优缺点，很多筹资方式在筹集资金的额度上都有限制，企业筹集资金数量需要与其资金需求量成正比，企业需要根据企业资金的需求状况来选择适合的筹资方式。

2. 企业自身的经营状况

不同的筹资方式所需要的条件不同，企业所要承担的责任也不同。因此，在选择筹资方式时还需要充分结合企业自身的经营状况，选择既符合政策规定又利于企业长远发展的方式。

3. 筹资成本

这里的成本是指企业通过某种方式取得资金而需要支付的各种费用的总和。筹资成本的高低直接影响企业筹资方式的选择，是企业最终选择筹资方式的依据。当前的几种主要筹资方式，借款筹资的成本主要是利息，债券筹资的成本主要是利息和发行费，股票筹资的成本主要是股息、发行费及抵税成本等，这些筹资方式中成本最高的是股票筹资，最低的是吸收资金联营筹资，在多种筹资方式均可选用的条件下，企业可以对不同方式的筹资成本进行比较，在同等资金收益下尽量选择低成本的筹资方式。

4. 筹资所要承担的风险与预期收益

筹资风险与筹资收益是影响企业选择筹资方式的最关键因素。筹资风险主要是指假定企业违约可能导致的潜在风险。在各种筹资方式中，直接吸收资金的联营筹资风险最小；发行股票筹资时间长，其还本付息的风险也比较小；融资租赁筹资方式，企业即使违约也只是无法继续享受资产使用权及其他优惠条件，不会给企业带来巨大风险，如令企业产生经营危机甚至破产；银行借款及债券筹资所承担的风险最大，一旦企业无法支付本息，债权人可以通过法律程序拿走资金，给企业带来较大风险。另外，企业在考虑筹资风险时也要考虑筹资收益，只有预计收益大于筹资总成本时，筹资方案才有实施的必要性。

任务三　企业投资管理

经典透视

赵凤侠的投资之路

赵凤侠是陕西省扶风县人。40多岁的她看上去精明干练。她凭着过人的勇气胆识、敏锐的市场战略，将天马贸易有限公司办成了一家年销售额2.6亿元，产品远销新加坡、日本的地方龙头企业。她创立的"公司+协会+基地+农户"模式，带动了2.5万农户一起致富，使户均年收入增长了2.1万元。她的公司先后被陕西省、农业部指定为"农民专业合作经济组织项目示范单位"。曾当选扶风县第七届政协常委、陕西省第十届人大代表的"辣椒皇后"赵凤侠，曾有一段艰苦的奋斗历程。

1984年，她组织村上姐妹，利用农闲时间在西安市、宝鸡市小百货批发市场搞服装毛线生意。商海中的不断磨炼让赵凤侠认识到，当代女性不但要自己致富，还要带动更多的乡亲共同致富。她勇敢地招收了近百名家庭困难的农村妇女，办起了刺绣厂，竟给职工带来了年均3000多元的收入，比当地农民的年均收入多了3倍。

从此，赵凤侠的胆子更大了。1986年，她搞起了辣椒购销业务，屡次只身下江南，将陕西辣椒打入江西市场。赵凤侠还想把全县农民生产的3000多吨辣椒全部推销出去，她带领公司员工跑遍了湖南、江西、天津、四川、广东、新疆等省（区、市）和本省十多个县、市的辣椒市场。

2001年，赵凤侠以西部大开发为契机，和外商签订了销售4000吨辣椒的合同，并引进了

先进的技术设备在全省建成首家自动化辣椒烘干生产线，使扶风县及周边县区的辣椒种植、收购、加工、销售一条龙服务体制更加完善，大大提高了辣椒生产的质量。

如今，她的公司已建成高标准化辣椒示范基地3000亩，无公害基地2万亩，辣椒良种科研基地200亩，生产基地10万亩，年销售辣椒7600多吨。每年季节性安置农村闲散妇女4100多人，增加妇女收入440万元，取得了良好的经济效益和社会效益。

赵凤侠的事业成功了，却时刻不忘家乡的父老乡亲。近年来，她先后捐资50多万元，帮贫扶困、修路建校，受到老百姓的高度赞扬。

小思考：通过这个案例，请思考投资最重要的是什么。

一、企业投资概述

1. 企业投资的概念

所谓投资，是指特定的经济主体（包括国家、企业和个人）为了在未来可预见的时期内获得收益或使资金增值，在一定的时期向一定领域的标的物投放足够数额的资金和实物等货币等价物的经济行为。从特定的角度来看，投资就是企业为获取收益而向一定对象投放资金的经济行为。

2. 企业投资的目的

投资的目的是指投资者投资的意图和所要获得的效益。投资的目的主要有以下几种。
（1）资金的保障。这是最常见的投资目的，是为了保持金钱的购买力。
（2）资本的增值。对某些投资者来说，他们要求的不单是保值，更需要增值。
（3）经常性的收益。

知识链接

证券交易所

证券交易所是依据国家有关法律，经政府证券主管机关批准设立的，集中进行证券交易的有形场所。我国有4个证券交易所：上海证券交易所、深圳证券交易所、香港证券交易所、台湾证券交易所。证券交易所应当创造公开、公平的市场环境，提供便利的条件，从而保证股票交易的正常运行。证券交易所的职责主要包括：提供股票交易的场所和设施；制定证券交易所的业务规则；审核批准股票的上市申请；组织、监督股票交易活动；提供和管理证券交易所的股票市场信息。最早的证券交易所是1613年成立的荷兰的阿姆斯特丹证券交易所。中国最早的证券交易所是1905年设立的上海众业公所。1949后，一度取消证券交易。1990—1991年，上海和深圳相继设立证券交易所。

二、企业投资的原则

企业在投资活动中应该遵循基本的原则才能降低投资风险。总结各类企业的投资活动，分析发现投资的原则主要有如下几个。

1. 进行广泛的市场调查，发现投资机会

市场不断变化和发展，产生出一个又一个新的投资机会。投资机会是企业投资活动的起点，也是企业投资决策的关键。财务管理人员必须认真进行市场调查和市场分析，寻找投资机会，并从动态的角度加以把握。

2. 科学决策，避免决策的盲目性

在市场经济条件下，企业投资都会面临一定的风险，为了保证投资决策的正确有效性，必须按科学的投资决策程序，进行投资项目的可行性分析。投资项目可行性分析的主要任务是对投资项目技术上的可行性和经济上的有效性进行论证，运用各种方法计算出有关指标，以便合理确定不同项目的优劣，选择最佳投资方案。

3. 充足资金供应，保障投资的连续性

企业的投资项目，特别是大型投资项目，建设工期长，所需资金多，一旦开工，就必须有足够的资金来支持。因此，在投资项目上马之前，必须科学预测投资所需资金的数量和时间，采用适当的方法筹措资金，保证投资项目顺利完成，尽快产生投资效益。

4. 正视投资风险，实现收益目标

收益与风险是共存的。一般而言，收益越大，风险也越大，收益的增加是以风险的增大为代价的，而风险的增加将会引起企业价值的下降，不利于财务目标的实现。企业在进行投资时，必须在考虑收益的同时认真考虑风险，只有在收益和风险达到比较好的均衡时，才有可能不断增加投资效益，实现财务管理的目标。

知识链接

股票与债券

股票是股份证书的简称，是股份公司为筹集资金而发行给股东作为持股凭证并借以取得股息和红利的一种有价证券。每股股票都代表股东对企业拥有一个基本单位的所有权。

债券是一种金融契约，是政府、金融机构、工商企业等直接向社会借债筹措资金时，向投资者发行、同时承诺按一定利率支付利息并按约定条件偿还本金的债权债务凭证。债券的本质是债的证明书，具有法律效力。

三、企业投资的程序

企业在进行投资时，不仅要按照科学的投资原则进行，还要遵循一定的科学决策程序。

企业投资的程序主要包括以下步骤，如图9-5所示。

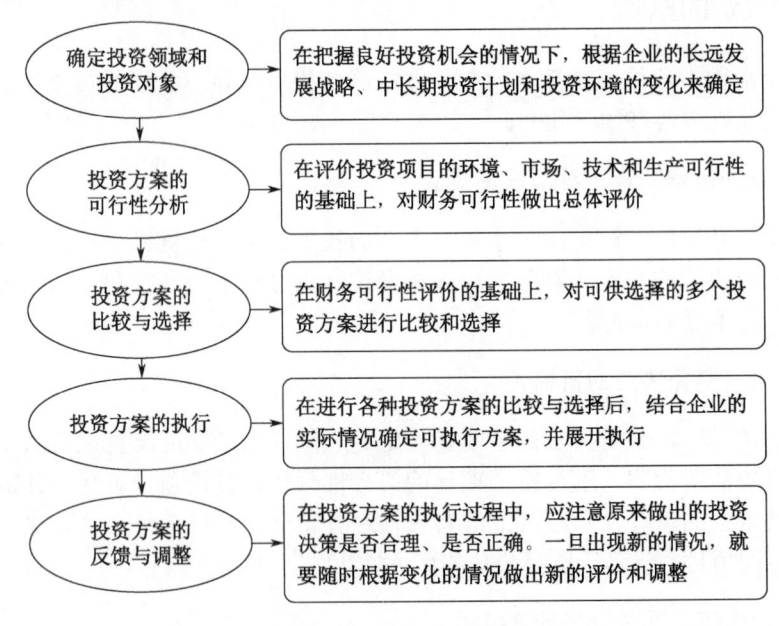

确定投资领域和投资对象	在把握良好投资机会的情况下，根据企业的长远发展战略、中长期投资计划和投资环境的变化来确定
投资方案的可行性分析	在评价投资项目的环境、市场、技术和生产可行性的基础上，对财务可行性做出总体评价
投资方案的比较与选择	在财务可行性评价的基础上，对可供选择的多个投资方案进行比较和选择
投资方案的执行	在进行各种投资方案的比较与选择后，结合企业的实际情况确定可执行方案，并展开执行
投资方案的反馈与调整	在投资方案的执行过程中，应注意原来做出的投资决策是否合理、是否正确。一旦出现新的情况，就要随时根据变化的情况做出新的评价和调整

图9-5 企业投资的程序

四、企业投资需注意的事项

很多企业在根基稳固、实力雄厚、资金运转良好的时候，都会考虑通过投资的方式扩大生产规模或者增加总资产。但是，不少企业却因为把握不好投资的时机和方法导致投资失败。那么，企业在投资时应该注意哪些事项呢？

1. 组建一个优秀的项目实施团队

无论你的资金实力有多雄厚，市场、原料供给条件多优越，所置设备多先进，对项目起决定作用的最终还是人，是项目实施团队，企业的核心竞争力存在于人的身上，而不存在于公司的资产上，企业的核心竞争力深深根植于人的技巧、知识、能力和团队合作精神之中。选择项目实施团队远比选择项目本身重要得多，企业选择投资项目时一定要选择好适合项目特征、有项目实施管理经验和运作能力的项目实施团队。

2. 注重项目准备阶段的分析

对投资项目的前期分析是战略决策从书面走向实践的关键一步。企业应从法律、市场前景、财务和整合资源能力等多个角度对实施项目的可行性进行分析。投资的前期分析是企业可性分析的前提，是可行性研究报告的基础。但许多企业不注意这项基础性工作，或对这项工作只做简要的分析，甚至根本不做分析，这对所投资项目是极不负责任的，这样做的结果成功是偶然的，失败是必然的。

3. 加强投资项目的风险控制

企业在进行项目投资的过程中，受到来自各方面风险的影响。因此，企业的投资要想达到预期的效果，必须加强投资项目的风险控制，对风险进行预期研判，并采取相应的应对措施，对项目的运行过程进行动态管理，随时应对市场带来的变化，要使得投资项目的风险必须在企业的可预见范围之内。

4. 注意与企业现有产业相衔接

投资是为了获利，要获利就得发挥企业的优势，节约各种支出。企业的优势是什么？当然是对现在从事产业的了解和成熟地运作。投资要获利还得控制成本，提高现有资源的利用率是节约支出最有效的办法。企业进行新的投资时，首先应当考虑是否能与现有产业相衔接，投资现有产品的技术提升、生产能力提升，或投资现有产品的上、下游，成功的机会会多一些。无论投资什么项目，企业管理水平的高低都是决定企业获利的关键因素。由于企业的类型不同，管理的方式方法差异也很大，企业选择投资项目时要了解项目行业的特征和管理的特点，注意与企业现有产业相衔接。

5. 注意与所在地区的产业相衔接

随着我国改革开放和经济发展，现国内已形成了许多专业生产区域的格局，原料集散市场、产品的集中展示集散市场，对行业布局非常重要。在这些区域里所有生产资源、技术资源、市场资源、劳动力资源相对集中并配套，形成了一些一小时经济圈、半小时经济圈，在这一经济圈内许多费用都是国内最低的，甚至是世界最低的，如果企业投资能与地区优势相结合，成功的可能性也将大大提高。

6. 注意与现有营销体系相衔接

产品的销售是任何项目都必须重点考虑的问题，投资项目的成败最终取决于项目产品是否能按预期实现销售，并获取收益，销售是项目投资的关键一环。由于产品的性质不同，营销体系也不尽相同，而建立一个与产品特征相符的营销体系，往往需要较长的时间和花费较多的人力、物力和财力，其花费往往是难以估计的。企业在投资项目时应考虑项目产品的营销特点是否与现有产品的营销特点相一致或相仿，注意与现有营销体系相衔接。

7. 注意对项目投资总额的控制

项目投资总额的多少，决定了项目技术含量的高低、投产后产品的总成本水平的高低。在项目投资过程中可能会改变施工方案，在施工过程中可能会发现未知事项、遇到其他变化事项，这都容易造成超预算投资，如果对投资总额不加以严格控制，就可能突破原有预算，投资效益、投资回报率就会出现偏差，如果企业的资金不足，甚至会产生烂尾工程，所以企业在投资项目时必须根据自身的财力，注意对项目投资总额的控制，更不能投那些资金没有着落的项目。

任务四 企业成本、利润管理

经典透视

沃尔玛的天天低价

沃尔玛是世界上最大的商业零售企业,沃尔玛是如何居于世界 500 强第一位的,有人认为沃尔玛的竞争力是天天低价,有人认为是物流配送,有人认为是增值服务。

那么,沃尔玛是如何实现天天低价的?应该是由于沃尔玛有主导竞争力的成本控制能力。

1. 天天低价源于成本控制

零售企业的竞争力应该包括 3 个层面:竞争的资源、竞争的能力和竞争的优势。提升零售企业的竞争力也要从这 3 个层面入手,每一个层面都是不可缺少的。

一是表现层,即竞争优势,它是企业竞争能力的外在表现。其要素都是顾客可以直接感知的,如产品质量、服务实现诺言、价格诚实、沟通守信、分销便利和环境舒适等。

二是中间层,即竞争能力,它是竞争优势形成的内在原因。包括业态创新能力、店铺扩张能力、营销管理能力、成本控制能力和财务运作能力等方面。

三是核心层,即竞争资源,它是竞争能力形成的关键因素。包括企业的人员、设备和企业所拥有的业务流程、制度和文化。

沃尔玛成功的原因是什么?就此问题,一些国外专家研究得出的结果是,沃尔玛的竞争优势就在于价格的优势——天天低价。不过,天天低价是价钱属性,不是产品、不是服务、不是环境,而是价格。

沃尔玛有 5 项竞争能力,最为核心的是成本控制能力,其他的业态创新能力、快速扩张能力、财务运作能力和营销管理能力,都是围绕着成本控制能力来运行的。这 5 项能力最终都在不同的方面节省了沃尔玛的整体运营成本,都是为运营成本服务的、为竞争优势服务的。

在业态创新上,创新的都是围绕着低成本运营的这些业态进行的。例如,营销管理,在营销管理时,通过天天低价这个稳定的促销手段,大大降低了促销的费用,同时增加了单位成本和每个员工的销售额,即单位成本下降了。

2. 成本控制源于竞争资源

沃尔玛的成本控制能力来源于竞争资源,也就是说,企业资源是围绕着控制成本运行的。

同时,沃尔玛的低成本的业务流程是非常重要的。另外,沃尔玛还有两种设备来保证成本控制,一个设备是配送中心,还有一个是信息系统。

有人问过沃尔玛前全球总裁李斯阁,沃尔玛成功的因素是什么?他自己的认识是什么?李斯阁给出这样一个回答,成功的因素在于配送中心、信息系统和企业文化。

沃尔玛的低成本的业务流程是围绕低成本运行形成的业务流程,如低成本采购、批量采购、集中订货,这使它的成本大大下降。

由于采购价格较低,又有自己的配送系统,因此沃尔玛可以以低成本对店铺进行配送,这种配送就使它可以实现天天低价格的销售,天天低价格的销售使它的销售量大大增加,销售量增加使得采购量增加，采购量的增加又返回到低成本采购上，形成了业务流程的低成本运行。

大约 80 个沃尔玛店铺就需要建立一个配送中心，10 万平方米的店铺面积一般需要有 1 万平方米左右面积的配送中心。沃尔玛的配送中心有 6 种类型，如服装的配送中心、进口商品的配送中心、退货的配送中心等。

在中国，沃尔玛的物质设备就是信息系统。沃尔玛的信息系统建设投入累计已经达到 7 亿美元，很多扫描系统在全球零售业都是最早开始用的。不断进行信息系统的开发和建设，使沃尔玛总部在一个小时之内可以对全球的店铺库存和销售情况进行盘点，可以及时了解销售情况，也可以使得厂商了解自己的产品卖得如何，使商场和厂家的库存大大降低，利润增加。这两种设备都是围绕着成本控制进行的。

3. 制度文化的核心是控制成本

沃尔玛拥有独特的组织制度和文化，这些制度和文化在本质上都是为控制成本服务的。

沃尔玛的员工对顾客提倡的是忠于顾客。忠于顾客的内涵就是提供有价值的商品给顾客，忠于顾客的外延就是实行天天低价，为顾客节省每一分钱。

沃尔玛在企业和员工间建立了伙伴关系。每一位员工都是沃尔玛的合伙人，是伙伴关系的外延，每位员工在退休的时候、离开沃尔玛的时候都会分享一部分利润分成。另外，员工还可以以比较低的价格购买沃尔玛的股份。

小思考：沃尔玛实现天天低价的秘诀是什么？成本控制在企业管理中的作用又是什么？

一、企业成本管理

1. 成本的含义

成本是商品经济的价值范畴，是商品价值的组成部分。人们要进行生产经营活动或达到一定的目的，就必须耗费一定的资源（人力、物力和财力），其所耗费资源的货币表现及其对象化称为成本。随着商品经济的不断发展，成本概念的内涵和外延都在不断地变化发展中。

2. 成本的构成

成本的构成内容要服从管理的需要，并且随着管理的发展而发展。国家规定成本的构成主要包括以下几项。

（1）原料及主要材料、辅助材料、燃料等费用，表现为商品生产中已耗费的劳动对象的价值。

（2）折旧费用，表现为商品生产中已耗费的劳动资料（手段）的价值。

（3）工资，表现生产者的必要劳动所创造的价值。

在实际工作中，为了促使企业厉行节约，减少损失，加强企业的经济责任，对于一些不形成产品价值的损失性支出（如工业企业里的废品损失、停工损失等），也列入产品成本之中。此外，对某些应从为社会创造的价值中进行分配的部分（如财产的保险费用等），也列入

产品成本之中。

3. 成本管理的内容

成本管理是在企业生产经营过程中各项成本核算、成本分析、成本决策和成本控制等一系列科学管理行为的总称。成本管理一般包括成本预测、成本决策、成本计划、成本核算、成本控制、成本分析、成本考核等。

（1）成本预测。

成本预测是指根据企业成本统计的历史资料和市场调查预测，研究企业外部环境和内部影响因素的变化，对成本变化的影响，运用专门的方法，科学地估算一定时间内的成本目标、成本水平，以及成本变化的趋势。预测是成本决策的基础，只有在成本预测的基础上，提供多个不同成本控制的思路方案，才可能有决策的优选。

（2）成本决策。

成本决策是指按照既定的总目标，在充分搜集成本信息的基础上，运用科学的决策理论和方法，从多种可行方案中选定一个最佳方案的过程。它是以提高经济效益为最终目标、强调划清可控与不可控因素，在全面分析方案中的各种约束条件、分析比较费用和效果的基础上，进行的一种优化选择。它是成本管理工作的核心，成本管理的思路、方法都由成本决策确定。

（3）成本计划。

成本计划是指在成本预测和成本决策的基础上，根据计划期的生产任务和利润目标，通过"由下而上"和"由上而下"的两条路线，在充分发挥和调动全体员工积极性的基础上，汇总编制而成的、具有可操作性的成本控制计划体系。成本计划一经决策机构批准，就具有了权威性，必须坚决贯彻、执行，不得随意改动。它是成本控制和成本考核的依据。

（4）成本核算。

成本核算是指通过对成本的确认、计量、记录、分析、核算等一系列活动，确定成本控制效果。其目的是为成本管理的各个环节提供准确的信息。只有通过成本核算，才能全面准确地把握企业生产经营管理的效果。企业劳动生产率的高低、固定资产的利用程度、原材料和能源的消耗情况、生产单位（车间）的管理水平等，都会直接或间接地表现在成本上。

（5）成本控制。

成本控制是指企业根据一定时期预先建立的成本管理目标，由成本控制主体在其职权范围内，在生产耗费发生以前和成本控制的过程中，对各种成本影响的因素和条件采取一系列预防和调节措施，以保证成本管理目标实现的管理行为。

（6）成本分析。

成本分析主要是运用成本核算所提供的信息，通过同行比较和关联分析，包括对成本指标和目标成本的实际完成情况、成本计划和成本责任的落实情况，上年的实际成本、责任成本，国内外同类产品成本的平均水平、最高水平，进行比较，分析确定导致成本目标、计划执行差距的原因，以及可挖潜的空间。同时，通过分析，把握成本变动规律、总结经验教训，寻求降低成本的途径。

（7）成本考核。

成本考核是指把成本的实际完成情况与应承担的成本责任进行对比，考核、评价目标成本计划的完成情况。其作用是对每个成本责任单位和责任人在降低成本上所做的努力和贡献给予肯定，并根据贡献的大小，给予相应的奖励，以稳定和提升员工进一步努力的积极性。同时，对于缺少成本意识，成本控制不到位，造成浪费的单位和个人，给予处罚，以促其改进、改善。

4. 成本管理的目标

成本管理的基本目标是提供信息、参与管理，但在不同层面又可分为总体目标和具体目标两个方面。

（1）成本管理的总体目标。

成本管理的总体目标是为企业的整体经营目标服务，具体来说包括为企业内外部的相关利益者提供其所需的各种成本信息以供决策，以及通过各种经济、技术和组织手段控制成本。在不同的经济环境中，企业成本管理系统总体目标的表现形式不同，而在竞争性经济环境中，成本管理系统的总体目标主要依竞争战略而定。

（2）成本管理的具体目标。

成本管理的具体目标可分为成本计算的目标和成本控制的目标。成本计算的目标是为所有信息使用者提供成本信息，包括为外部和内部使用者提供成本信息。外部信息使用者需要的信息主要是关于资产价值和盈亏情况的，因此成本计算的目标是确定盈亏及存货价值，即按照成本会计制度的规定，计算财务成本，满足编制资产负债表的需要。而内部信息使用者利用成本信息除了解资产及盈亏情况，主要是用于经营管理，因此成本计算的目标即通过向管理人员提供成本信息，提高人们的成本意识；通过成本差异分析，评价管理人员的业绩，促进管理人员采取改善措施；通过盈亏平衡分析等方法，提供管理成本信息，有效地满足现代经营决策对成本信息的需求。

成本控制的目标是降低成本。在历史的发展过程中，成本控制的目标经历了通过提高工作效率和减少浪费来降低成本、通过提高成本效益比来降低成本和通过保持竞争优势来降低成本等几个阶段。到现在在竞争性经济环境中，成本控制的目标因竞争战略而不同。采取成本领先战略的企业的成本控制的目标是在保证一定产品质量和服务的前提下，最大限度地降低企业内部成本，具体表现为对生产成本和经营费用的控制。而采取差异化战略的企业成本控制的目标则是在保证企业实现差异化战略的前提下，降低产品全生命周期成本，实现持续性的成本节省，具体表现为对产品所处生命周期不同阶段发生成本的控制，如对研发成本、供应商部分成本和消费成本的重视和控制。

二、企业利润管理

1. 利润的含义

利润是指企业在一定期间的经营成果，是衡量企业经营业绩的重要指标。利润包括收入减去成本和费用后的净额，直接计入当期的利得和损失等。

2. 利润的构成

一般企业的利润包括营业利润、利润总额和净利润。

（1）营业利润是企业生产经营活动所产生的利润，是企业利润的主要来源。

其计算公式如下：

营业利润=（主营业务收入+其他业务收入）-（主营业务成本+其他业务成本）

-税金及附加-管理费用-财务费用-销售费用

-资产减值损失±公允价值变动损益±投资收益

（2）利润总额是指营业利润加上营业外收入减去营业外支出后的金额。

其计算公式如下：

利润总额=营业利润+营业外收入-营业外支出

（3）净利润是指企业当期的利润总额减去所得税后的余额，即企业的税后利润。

其计算公式如下：

净利润=利润总额-所得税

3. 利润分配

利润分配是指将企业实现的净利润，按照国家财务制度规定的分配形式和分配顺序，在企业和投资者之间进行的分配。利润分配的过程与结果，是关系到所有者的合法权益能否得到保护，企业能否长期、稳定发展的重要问题，为此，企业必须加强利润分配的管理和核算。企业利润分配的主体是投资者和企业；利润分配的对象是企业实现的净利润；利润分配的时间即确认利润分配的时间，是利润分配义务发生的时间和企业做出决定向内向外分配利润的时间。

知识链接

中央企业 2017 年年度利润排行榜如表 9-2 所示。

表 9-2　中央企业 2017 年年度利润排行榜

排 名	企 业 名 称	营业收入/亿美元	利润/亿美元
1	国家电网公司	315199	9571
2	中国石油化工集团公司	267518	1258
3	中国石油天然气集团公司	262573	1868
4	中国建筑股份有限公司	144505	2493
5	中国移动通信集团公司	107117	9614
6	中国铁路工程总公司	96979	924
7	中国铁道建筑总公司	94877	1192
8	东风汽车公司	86194	1415
9	中国华润总公司	75776	2580
10	中国南方电网有限责任公司	71242	2330

（资料来源：《财富》，中商产业研究院整理）

任务五　企业财务分析与评价

经典透视

大起大落的"巨人"

在中国民营企业发展史上，曾经出现过一个大起大落的"巨人"，它就是珠海巨人高科技集团公司（以下简称巨人集团）。巨人集团从1989年8月用4000元资金创业，以年均500%的速度增长，到1995年已拥有职工数千人，实现技工贸总收入10亿元，在全国民营科技企业中名列第6位。但到1996年，巨人集团猝然衰败。关于它的主要信息如下。

（1）1989年8月，史玉柱和3个伙伴用仅有的4000元钱承包了天津大学深圳科工贸发展公司计算机部。他利用《计算机世界》先打广告后付款的时间差，做了一个8400元的广告。广告打出后13天，8月15号，史玉柱的银行账户上第一次收到了3笔款项，共15820元。巨人事业由此起步。

（2）1992年7月，巨人公司实行战略转移，将管理机构和开发基地从深圳迁往珠海。9月，巨人公司升为珠海巨人高科技集团公司。

（3）1993年是中国计算机业的灾年，伴随着计算机业步入低谷，史玉柱赖以发家的本行也受到重创。巨人集团迫切需要寻找新的产业支柱。由于当时全国正值房地产热，他决定抓住这一时机，进入房地产业。他原来想盖一幢18层的自用办公楼，此时一改初衷，设计一变再变，楼层节节拔高，一直长到70层，投资从2亿元涨到12亿元。尽管房地产是他完全陌生的一个领域，尽管巨人大厦已超过他的资金实力十几倍，但他还是要以小博大，盖一幢珠海市的标志性建筑，盖一幢全国最高的楼。

（4）对于巨人大厦的筹资，史玉柱想"三分天下"，1/3靠卖楼花，1/3靠贷款，1/3靠自有资金。巨人大厦的楼花在初期卖得很火，从香港特别行政区融资了8000万港元，从其他城市融资了4000万元，短短数月获得现款1.2亿元。

（5）如果按巨人集团当时的计算机单一产业结构，根本无法支持大厦所需资金的1/3。史玉柱冥思苦想，想出了一个绝妙的资金运作方式，用卖楼花所筹的一亿多元资金，发展一个新兴产业，所赚利润再反哺巨人大厦。因此，史玉柱瞄准了生物工程，组织科技人员开发了脑黄金、巨不肥等产品。从此，巨人集团迈开了产业多元化的步伐。

（6）1995年2月，巨人集团发动了促销计算机、保健品、药品的"三大战役"，接着以集中轰炸的方式，一次性推出计算机、保健品、药品三大系列的30个产品。继而，广告宣传覆盖了50多家省级以上的新闻媒体，营销网络铺向全国50万个商场，联营的17个正规工厂和100个配套厂开始24小时运转……不到半年，巨人集团的子公司从38个发展到228个，员工从200人发展到2000人。

（7）如此大规模的闪电战术，确实创造出了奇迹：30个产品上市后的15天内，订货量就突破了3亿元。更显赫的成果是，新闻媒体对巨人集团形成一次大聚焦，上百家新闻单位在一个月内把笔锋集中在巨人集团身上。其中，《人民日报》在半个月内，4次以长篇通讯形

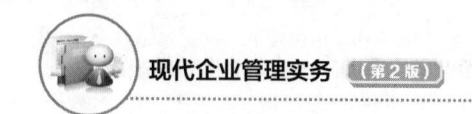

式报道了巨人集团，新华社 5 次发通稿。几位国家领导人曾视察巨人集团，对其巨大的成就和经验给予了充分的肯定。

（8）但是，巨人集团还是在 1996 年猝然衰败了。其主要诱因是巨人大厦未能按时竣工，预购楼花的债主于 1996 年年底前来索还预购款，债主盈门。按照我国法律的规定，预购楼花若不能按期交付使用，必须退款，还要处以一定数额的罚金。巨人大厦不能按期交付使用，数以百计的债主上门讨债，再加上新闻媒体的介入，一下子将巨人集团的信誉从天堂砸进了地狱。

（9）让人瞠目结舌的是，巨人大厦从 1994 年 2 月动工到 1996 年 7 月，史玉柱竟未申请过一分钱的银行贷款，全凭自有资金和卖楼花的钱支撑。

（10）到 1996 年年底资金紧缺、信誉扫地时，他再去四处求贷，只能四处碰壁。他曾企图用 1.7 亿元的巨人集团的资产做抵押，向银行申请 350 万元的短期贷款，但遭到了拒绝。

小思考：大起大落的巨人集团给我们的启示是什么？

一、企业财务分析

财务分析是指以企业的财务报告等会计资料为依据，采用专门的方法对企业的财务状况和经营成果进行剖析与评价的一种方法。通过财务分析，有利于企业经营者进行经营决策和改善经营管理；有利于投资者做出投资决策和债权人制定信用政策；有利于考核各部门和单位的工作业绩；有利于税务机关和政府部门加强税收征管和宏观调控。

二、企业财务分析的内容

财务分析信息的需求者主要包括企业所有者、企业债权人、企业经营决策者和政府等。不同主体出于不同利益考虑，对财务分析有着各自不同的要求。

（1）企业所有者作为投资人，关心其资本的保值和增值状况，因此较为重视企业获利能力指标，主要进行企业盈利能力分析。

（2）企业债权人因不能参与企业剩余收益的分配，首先关注的是其投资的安全性，因此更重视企业偿债能力指标，主要进行企业偿债能力的分析，同时也关注盈利能力的分析。

（3）企业经营决策者必须对企业经营理财的各个方面，包括运营能力、偿债能力、获利能力及发展能力的全部信息予以详细的了解和掌握，主要进行各方面综合的分析，并关注企业财务风险和经营风险。

（4）政府兼具多重身份，既是宏观的经济管理者，又是国有企业的所有者和重要的市场参与者，因此政府对企业财务分析的关注点因所具身份的不同而有差异。

尽管不同企业的经营状况、经营规模、经营特点不同，作为运用价值形式进行的财务分析，归纳起来其分析的内容不外乎偿债能力分析、运营能力分析、盈利能力分析、发展能力分析和综合能力分析 5 个方面。

三、企业偿债能力分析

偿债能力是企业偿还各种到期债务的能力，是反映企业财务状况和经营能力的重要指标。偿债能力分析是企业财务分析的一个重要方面，通过这种分析可以提示企业的财务风险。偿债能力包括短期偿债能力和长期偿债能力。

1. 短期偿债能力分析

短期偿债能力是指企业流动资产及时足额偿还流动负债的能力。通过分析流动负债与流动资产之间的关系，可以了解企业的财务风险，判断企业短期偿债能力。衡量企业短期偿债能力的指标主要有流动比率、速动比率和现金流动负债率。

流动比率是企业流动资产与流动负债的比率，衡量企业流动资产在短期债务到期前，可以变为现金用于偿还负债的能力。其计算公式如下：

$$流动比率=流动资产/流动负债$$

速动比率是企业速动资产与流动负债的比率。其计算公式如下：

$$速动比率=速动资产/流动负债$$

现金流动负债比率是企业经营活动现金净流量与流动负债的比率。该比率反映本期经营活动所产生的现金净流量足以抵付流动负债的倍数。其计算公式如下：

$$现金流动负债比率=经营活动现金流量/流动负债$$

2. 长期偿债能力分析

长期偿债能力是指企业偿还长期负债的能力。通过长期偿债能力的分析，债权人和投资人可以全面了解企业的偿债能力及财务风险。反映长期偿债能力的财务指标主要有资产负债率、产权比率、利息保障倍数等。

资产负债率也称负债比率或举债经营比率，是企业负债总额与资产总额的比率，它反映债权人提供的资金总额的比例，以及企业资产对债权人权益的保障程度。其计算公式如下：

$$资产负债率=负债总额/资产总额\times 100\%$$

该比率越高，企业偿还债务的能力越差；反之，偿还债务的能力越强。

产权比率也称负债股权比率，是负债总额和股东权益总额的比率，它反映企业所有者权益对债权人权益的保障程度。其计算公式如下：

$$产权比率=负债总额/所有者权益总额\times 100\%$$

四、企业运营能力分析

运营能力是指企业资金利用的效率，它表明企业管理人员经营管理、运营资金的能力。企业生产经营周转的速度越快，表明企业资金利用的效果越好、效率越高、企业管理人员的经营能力越强。企业的资金周转状况与供、产、销各个经营环节密切相关，任何一个环节出现问题，都会影响企业资金的正常周转。

（1）应收账款周转率是企业一定时期内赊销收入净额与应收账款平均余额之比，它是衡量企业应收账款周转速度及管理效率的指标。

其计算公式如下：

$$应收账款周转率=赊销收入净额/应收账款平均余额$$

（2）存货周转率也称存货利用率，它是企业一定时期的销售成本与平均存货的比率。

其计算公式如下：

$$存货周转率=销售成本/平均存货$$

（3）流动资产周转率是销售收入与流动资产平均余额的比率。

它反映全部流动资产的利用效率。其计算公式如下：

$$流动资产周转率=销售收入/流动资产平均余额$$

（4）固定资产周转率也称固定资产利用率，它是企业销售收入与固定资产平均净值的比率。其计算公式如下：

$$固定资产周转率=销售收入/固定资产平均净值$$

五、企业盈利能力分析

企业盈利能力是指企业获取利润的能力，它是衡量企业经营效果的重要指标。企业盈利能力分析的主要指标有资产报酬率、股东权益报酬率、销售净利率、成本费用净利率等。

（1）资产报酬率也称资产收益率、资产利润率或投资报酬率，它是一定时期企业的净利润与资产平均总额的比率。其计算公式如下：

$$资产报酬率=净利润/资产平均总额\times100\%$$

（2）股东权益报酬率也称净资产收益率或所有者权益报酬率，它是一定时期企业的净利润与股东权益平均总额的比率。其计算公式如下：

$$股东权益报酬率=净利润/股东权益平均总额\times100\%$$

（3）销售净利润是企业净利润与销售收入净额的比率。其计算公式如下：

$$销售净利率=净利润/销售收入净额\times100\%$$

（4）成本费用净利率是企业净利润与成本费用总额的比率。它反映的是企业生产经营过程中发生的耗费与获得收益之间的关系。其计算公式如下：

$$成本费用净利率=净利润/成本费用总额\times100\%$$

技能提升

当利益出现矛盾时

宏伟公司是一家从事 IT 产品开发的企业，由 3 位志同道合的朋友共同出资 100 万元，三人平均分配股权比例共同创立。在企业发展初期，创始股东都以企业的长远发展为目标，关注企业的持续增长能力，所以，他们注重加大研发力度，不断开发新产品，这些措施有力地提高了企业的竞争力，使企业实现了营业收入的高速增长。在开始的几年间，企业的销售业绩以每年 60% 的增速提升。然而，随着利润的不断快速增长，3 位创始股东开始在收益分配上产生了分歧。股东王力、张伟倾向于分红，而股东赵勇则认为应将企业取得的利益用于扩大再生产，以提高企业的持续发展能力，实现长远利益的最大化。由此产生的矛盾不断升级，最终导致坚持企业长期发展的赵勇被迫退出，出让持有的1/3股份而离开企业。

但是，此结果引起了与企业有密切联系的广大供货商和分销商的不满，因为许多人的业务发展壮大都与宏伟公司密切相关，他们深信宏伟公司的持续增长能力将为他们带来更多的机会。于是，他们提出如果赵勇离开企业，他们将断绝与企业的业务往来。面对这一情况，企业的两位股东提出他们可以离开企业，条件是赵勇必须收购他们的股份。赵勇的长远发展战略需要较多投资，这样做将导致企业陷入没有资金维持生产的境地。这时，众多供应商和分销商伸出了援助之手，他们或者主动延长应收账款的期限，或者预付货款，最终使赵勇又重新回到了企业，成为企业的掌门人。

经历了股权风波后，宏伟公司在赵勇的领导下，不断加大投入，实现了企业规模化发展，在同行业中处于领先地位，企业的竞争力和价值不断提升。

小思考：

1．赵勇坚持企业长远发展，而其他股东要求更多分红，你认为赵勇的目标是否与股东财富最大化的目标相矛盾？

2．拥有控制权的大股东与供应商和客户等利益相关者之间的利益是否矛盾？如何协调？

3．像宏伟公司这样的公司，其所有权和经营权是合二为一的，这对企业的发展有什么利弊？

4．重要利益相关者能否对企业的控制权产生影响？

去工作吧！

在培训之后，小李对企业财务管理知识有了很多的了解，他不仅知道财务管理对企业的重要性，还明白了财务分析可以更加全面地反映企业的经营效率，他已经开始自己企业的财务评价工作了。

"码"上提升

资源列表	二维码
1．10种最直接的个人投资理财方式 2．初创企业如何顺利筹募到创业资金 3．如何打理你的小额闲置资金	

参 考 文 献

[1] 陈阿兴，武云亮．特许经营[M]．北京：中国对外经济贸易出版社，2006．
[2] 张建伟，盛振江．现代企业管理[M]．北京：人民邮电出版社，2011．
[3] 周三多．管理学[M]．北京：高等教育出版社，2005．
[4] 邬适融．现代企业管理——理念、方法、技术[M]．北京：清华大学出版社，2008．
[5] 徐盛华．现代企业管理学[M]．北京：清华大学出版社，2011．
[6] 曲建国．现代企业管理[M]．北京：清华大学出版社，2012．
[7] 张泽起．现代企业管理[M]．北京：中国传媒大学出版社，2008．
[8] 冯开红．企业管理实务[M]．北京：电子工业出版社，2013．
[9] 苗长川．现代企业经营管理[M]．北京：清华大学出版社，2007．
[10] 申纲领．现代企业管理学[M]．北京：教育科学出版社，2013．
[11] 黄罡，韩英锋，李利斌．企业经营管理沙盘模拟教程[M]．北京：北京交通大学出版社，2013．
[12] 尹丽萍，肖霞．现代企业经营管理[M]．北京：首都经济贸易大学出版社，2002．
[13] 刘冀生．企业战略管理[M]．北京：清华大学出版社，2003．
[14] 秦雄海．现代商业企业经营与管理[M]．上海：立信会计出版社，2011．
[15] 李青．现代企业管理[M]．北京：中国商业出版社，2007．
[16] 黄诗义．现代企业管理学[M]．北京：企业管理出版社，2009．
[17] 张德．人力资源开发与管理[M]．3版．北京：清华大学出版社，2009．
[18] 吴健安．市场营销学[M]．北京：高等教育出版社，2011．
[19] 仇向洋．营销管理[M]．北京：北京师范大学出版社，2010．
[20] 刘昱涛．市场营销实务[M]．北京：电子工业出版社，2013．
[21] 杨武生．企业形象设计[M]．武汉：华中科技大学出版社，2013．
[22] 杨月坤．企业文化[M]．北京：清华大学出版社，2011．
[23] 申元月．生产运作管理[M]．山东：人民出版社，2005．
[24] 潘艾华．生产管理实务[M]．北京：师范大学出版社，2011．
[25] 王道平，谭跃雄．生产运作管理[M]．湖南：湖南大学出版社，2004．
[26] 张仁侠．生产与运作管理[M]．北京：中央电大出版社，2011．
[27] 陈修齐．电子商务物流管理[M]．北京：电子工业出版社，2007．
[28] 阎子刚，刘雅丽．供应链物流管理[M]．北京：机械工业出版社，2007．
[29] 石道元．电子商务基础与实训[M]．上海：上海财经大学出版社，2007．
[30] 赵刚．供应链管理[M]．2版．北京：电子工业出版社，2008．
[31] 邓汝春．供应链管理[M]．大连：大连理工大学出版社，2008．

[32] [美]鲍尔索克斯,等. 供应链物流管理[M]. 3版. 马士华,黄爽,赵婷婷,译. 北京：机械工业出版社,2010.

[33] 马士华,林勇. 供应链管理[M]. 北京：机械工业出版社,2010.

[34] 张光明. 供应链管理[M]. 武汉：武汉大学出版社,2011.

[35] 于晓霖,陈仁华. 质量管理[M]. 上海：上海交通大学出版社,2010.

[36] 上海市质量协会. 质量安全与质量管理[M]. 北京：中国标准出版社,2009.

[37] [美]埃文斯,等. 质量管理与质量控制[M]. 7版. 焦叔斌,译. 北京：中国人民大学出版社,2010.

反侵权盗版声明

电子工业出版社依法对本作品享有专有出版权。任何未经权利人书面许可，复制、销售或通过信息网络传播本作品的行为；歪曲、篡改、剽窃本作品的行为，均违反《中华人民共和国著作权法》，其行为人应承担相应的民事责任和行政责任，构成犯罪的，将被依法追究刑事责任。

为了维护市场秩序，保护权利人的合法权益，我社将依法查处和打击侵权盗版的单位和个人。欢迎社会各界人士积极举报侵权盗版行为，本社将奖励举报有功人员，并保证举报人的信息不被泄露。

举报电话：（010）88254396；（010）88258888
传　　真：（010）88254397
E-mail：dbqq@phei.com.cn
通信地址：北京市万寿路 173 信箱
　　　　　电子工业出版社总编办公室
邮　　编：100036